国际中文教育用
中国文化和国情教学
参考框架

应用解读本

中外语言交流合作中心　组编

图书在版编目(CIP)数据

《国际中文教育用中国文化和国情教学参考框架》应用解读本 / 中外语言交流合作中心组编；祖晓梅主编 . —北京：北京大学出版社，2023.4
ISBN 978-7-301-33894-0

Ⅰ.①国… Ⅱ.①教…②祖… Ⅲ.①汉语–对外汉语教学–教学参考资料 Ⅳ.① H195.4

中国国家版本馆 CIP 数据核字 (2023) 第 063594 号

书　　　名	《国际中文教育用中国文化和国情教学参考框架》应用解读本 《GUOJI ZHONGWEN JIAOYU YONG ZHONGGUO WENHUA HE GUOQING JIAOXUE CANKAO KUANGJIA》YINGYONG JIEDUBEN
著作责任者	中外语言交流合作中心　组编 祖晓梅　主编
责 任 编 辑	路冬月
标 准 书 号	ISBN 978-7-301-33894-0
出 版 发 行	北京大学出版社
地　　　址	北京市海淀区成府路 205 号　100871
网　　　址	http://www.pup.cn　　新浪微博：@ 北京大学出版社
电 子 信 箱	zpup@pup.cn
电　　　话	邮购部 010-62752015　发行部 010-62750672　编辑部 010-62753374
印 刷 者	北京虎彩文化传播有限公司
经 销 者	新华书店
	720 毫米 ×1020 毫米　16 开本　21 印张　320 千字 2023 年 4 月第 1 版　2024 年 4 月第 5 次印刷
定　　　价	68.00 元

未经许可，不得以任何方式复制或抄袭本书之部分或全部内容。
版权所有，侵权必究
举报电话：010-62752024　电子信箱：fd@pup.pku.edu.cn
图书如有印装质量问题，请与出版部联系，电话：010-62756370

《国际中文教育用中国文化和国情教学参考框架》应用解读本

中外语言交流合作中心　组编

总策划：马箭飞　宋永波
监　制：夏红卫　邵亦鹏

专家委员会：（按姓氏音序排列）
程　龙　崔永华　邓晓霞　丁安琪　方欣欣　郭　鹏　胡利国
李　泉　林秀琴　刘谦功　宋立文　王学松　吴勇毅　吴中伟
原绍峰　张　英　周小兵

主　编：祖晓梅
编写组成员：

吴星云　梁晓萍　王晓慧　范　磊　尹晓静　李尚冉　郑　洁
马嘉俪　马佳楠　呼丽娟

责任编辑：路冬月

前 言

2022年，《国际中文教育用中国文化和国情教学参考框架》（以下简称《参考框架》）正式发布。这是国际中文教育领域首部文化教学参考框架，力求全面、系统、客观地介绍中国文化和当代国情，为海内外中文教学机构在课程设置、课堂教学、教材编写、学习者能力测评等方面提供参考和依据。

《〈国际中文教育用中国文化和国情教学参考框架〉应用解读本》（以下简称《应用解读本》）是《参考框架》配套资源的一部分，旨在为实施《参考框架》提供教学实践指导。《参考框架》主要通过划定中国文化和国情教学范围、确定教学目标、描述教学内容、划分教学层级来回答"教什么"的问题。《应用解读本》则主要通过阐述教学原则、列举教学活动、归纳教学评估方式、解析教学方案等来回答"怎么教"和"怎么评"的问题。

《应用解读本》的第一章到第三章主要阐述了中国文化和国情教学的基础理论依据。第一章"文化教学的目标和内容"对《参考框架》提出的文化教学目标和内容做进一步解析，并阐述了文化教学目标与国际中文教育总目标的关系、文化教学的内容和选取原则。

第二章"文化教学的原则和方法"是本书的重点内容。传统的文化教学以教师为中心，以传授文化知识为主要模式。《应用解读本》提倡认知学习和体验学习相结合的文化教学新思路，强调以学习者为中心、文化教学过程化、文化教学与语言教学相结合、培养跨文化交际综合能力等理念。在这一章中，作者论述了文化教学内容的呈现和分级的原则，并根据《参考框架》中文化知识、文化理解、跨文化意识、文化态度等教学目标，归纳和列举了师生共同参与的文化教学活动。这些教学活动突出了过程化、体验性、互动性、任务型的特点。

第三章"文化教学的评估"强调了文化教学不仅测试学习者"知道什么"，而且评估学习者"能做什么"的理念。本章依据《参考框架》的文化教学目标和跨文化交际能力的特点，列举了六种文化教学评估的方法。这些评估方法体现了总结性评估与形成性评估相结合、教师评估与学习者互评和自评相结合的特点。

《应用解读本》第四章到第六章是文化教学的内容与应用。主要对《参考框架》中"社会生活""传统文化""当代中国"三大板块下的32个二级文化项目提供一些教学实践的参考。每个文化项目的教学方案包括文化教学内容概要和文化教学参考两大部分，其中文化教学参考又包括了教学目标、关键词、讨论题举例、教学活动举例等内容，旨在为不同的文化主题和教学层级的文化教学实践提供一些可操作性的方案。

《应用解读本》最后一部分是文化教学案例。六个案例分别从《参考框架》"社会生活""传统文化""当代中国"三个板块中选取某个文化话题作为内容，描述课堂中文化教学的实施过程。每个案例包括教学对象、教学目标、教学时长、教学材料和教学步骤等内容。教案的结尾还对本课在文化点选取、教学方法采用、文化教学与语言教学结合点等方面进行了解读，并提出了相应的教学建议。

《应用解读本》是一项重大课题合作攻关的成果，是集体智慧的结晶。感谢主编祖晓梅教授团队对《应用解读本》研制做出的重要贡献。感谢为本书审定、把关的北京大学出版社及专家团队。本书的研制过程中还收到了中外学者、教师、学习者的积极反馈和建议。这些都为《应用解读本》的顺利完成和质量保证奠定了基础。在这里对所有参与和支持《应用解读本》研发的师生一并表达感谢。

中华文化博大精深，中国社会不断发展，而国际中文教育的环境和对象复杂多样，我们希望《参考框架》和《应用解读本》的出版能对国际中文教师更好地介绍中国文化和当代社会有所启发和帮助，为增进文化理解、促进民心相通、实现文明交流互鉴做出独特的贡献。后续我们也将根据读者的使用情况和反馈不断修订完善。

编写组
2023年3月

目 录

《国际中文教育用中国文化和国情教学参考框架》的理念解读

第一章 文化教学的目标和内容 ·········· 3
第一节 《参考框架》的文化教学目标 ·········· 3
第二节 《参考框架》的文化教学内容 ·········· 7

第二章 文化教学的原则和方法 ·········· 12
第一节 文化教学的原则 ·········· 13
第二节 文化教学内容的呈现和编排 ·········· 20
第三节 文化教学的活动类型 ·········· 26

第三章 文化教学的评估 ·········· 49
第一节 文化教学评估的原则 ·········· 49
第二节 文化教学评估的方法 ·········· 52

参考文献 ·········· 60

《国际中文教育用中国文化和国情教学参考框架》的教学内容与应用

第四章 "社会生活"的文化教学内容与应用 ·········· 67
第一节 饮食 ·········· 67

第二节　居住 ·· 74
第三节　衣着 ·· 81
第四节　出行 ·· 88
第五节　家庭 ·· 95
第六节　节庆 ··· 102
第七节　休闲 ··· 110
第八节　消费 ··· 117
第九节　就业 ··· 124
第十节　语言交际 ·· 127
第十一节　非语言交际 ··· 136
第十二节　人际交往 ··· 142
第十三节　语言与文化 ··· 149

第五章　"传统文化"的文化教学内容与应用 ························· 157
第一节　历史 ··· 157
第二节　文化遗产 ·· 166
第三节　文学 ··· 174
第四节　艺术 ··· 184
第五节　哲学 ··· 196
第六节　宗教 ··· 203
第七节　发明 ··· 207
第八节　中外交流 ·· 217

第六章　"当代中国"的文化教学内容与应用 ························· 224
第一节　地理 ··· 224
第二节　人口与民族 ··· 232
第三节　政治 ··· 238
第四节　经济 ··· 244

第五节　社会保障 …… 250

第六节　教育 …… 253

第七节　语言文字 …… 260

第八节　文学艺术 …… 270

第九节　科技 …… 278

第十节　传媒 …… 284

第十一节　对外关系 …… 289

《国际中文教育用中国文化和国情教学参考框架》的教学案例

教案一：中国珍稀动物 …… 297

教案二：中国的家庭 …… 300

教案三：中国茶文化 …… 305

教案四：教育家孔子 …… 310

教案五：中国脱贫减贫的故事 …… 315

教案六：中国画与中国文化 …… 319

《国际中文教育用中国文化和国情教学参考框架》的理念解读

第一章 文化教学的目标和内容

文化教学是国际中文教育的重要组成部分，确定文化教学的目标和内容是《国际中文教育用中国文化和国情教学参考框架》（以下简称《参考框架》）的核心任务之一。在外语教育领域，学习标准、教学框架和教学大纲都包含了文化教学的目标和内容。《国际汉语教学通用课程大纲（修订版）》（2014）（以下简称《汉语大纲》）包括了文化能力的目标，美国《面向世界的语言学习标准》（2015）（以下简称《语言学习标准》）将文化纳入其5C标准中的一项，《欧洲语言共同参考框架：学习、教学、评估》（2001）（以下简称《欧洲框架》）关注社会文化能力、跨文化意识和技能的目标。《参考框架》根据新时期国际中文教育的特点、需求和总目标，确定了文化教学的目标和内容。本章第一节阐述国际中文教育的总目标和文化教学的目标，并探讨了二者之间的关系；第二节讨论国际中文教育中文化教学内容的范围和文化点的选取。

第一节 《参考框架》的文化教学目标

国际中文教育是中文作为第二语言的教育，最终目标是培养具有人文素质、国际视野和跨文化交际能力的新时代世界公民。《参考框架》依据新时期国际中文教育的特点和目标，把文化教学的目标划分为文化知识、文化理解、跨文化意识和文化态度四个维度。

一、国际中文教育的总目标

国际中文教育领域对教育和教学目标的认识经历了一个发展过程。从20世纪80年代以来,国际中文教育的名称从"对外汉语教学""汉语国际教育"逐渐转变为现在的"国际中文教育",同时教学目标也经历了从"汉语语言能力"到"汉语交际能力"再到"跨文化交际能力"的变化。如今,培养学习者跨文化交际能力已经成为国际中文教育领域的共识(张英,2006;毕继万,2009;祖晓梅,2015;崔永华,2020),并成为国际中文教育的总目标。

(一)语言交际能力

交际能力这一概念是Hymes在20世纪70年代提出来的,并在80年代之后成为外语教学的主要目标。语言交际能力包括很多要素,西方学者认为语言交际能力包含了语法能力、社会语言能力、话语能力、交际策略等要素(Canale & Swain,1980;van Ek,1986),其中社会语言能力、话语能力、交际策略都与文化紧密相关。在国际中文教育领域,文化背景知识被看作是交际能力的一个组成部分。语言交际能力的要素包括语言内容、语言技能、交际技能和文化背景知识。(吕必松,1990)

把语言交际能力作为教学目标,有助于促进语言教学与文化教学的结合。因为语言交际能力强调交际行为的得体性,而得体性与特定文化密切相关,所以与语言交际相关的文化习俗、价值观念等成为语言教学的重要内容。在80年代,国内学界提出了"交际文化"的概念(张占一,1984),强调与培养交际能力相关的文化因素。因此,"对外汉语教学以培养交际能力为目的,已成为教师和学习者的共识"(刘珣,2000:296)。

但是随着时代的发展,中外学者逐渐意识到以母语者为参照的交际能力的培养目标存在一定局限性。特别是在强调世界语言文化多样性的今天,语言交际能力"解决的还只是同一文化中不同语境的交际行为的问题,并不能满足第二语言教学的需要，更不能满足跨文化交际环境的要求"（毕继万，2009：17）。尽管如此，语言交际能力的目标依然是强调语言使用的得体性，重视语言使用的社会语境和相关社会文化因素，对国际中文教育的文化教学仍然具有重要意义。与语言交际相关的文化习俗、社会规约和价值观念等都是文化教学的重要内容。

（二）跨文化交际能力

跨文化交际能力最初是跨文化交际学的概念，在20世纪90年代被引入外语教育领域，逐渐成为全世界外语教育领域公认的教学目标。《语言学习标准》《欧洲框架》和《汉语大纲》的教学目标都包含了跨文化交际能力的因素。

什么是跨文化交际能力？Deardorff（2006）根据23位跨文化交际领域知名学者的调查得出的定义是："交际者基于自身的跨文化知识、技能和态度在跨文化环境中进行得体、有效交际的能力。"这个定义指出了跨文化交际能力是一种包含知识、技能和态度的综合能力，而跨文化交际能力的显著特征是交际行为的得体性和有效性，这个定义中并没有语言交际能力的要素。

在外语教育领域，Byram（1997）的跨文化交际能力模式具有广泛影响。根据Byram的模式，跨文化交际能力包括好奇和开放的态度、对自己文化和目的语文化的知识、解释和关联的技能、发现和交往的技能、批判性的文化意识等五个要素。概括来说，跨文化交际能力包括态度、知识、技能和文化意识四个要素，是语言交际能力和跨文化能力的综合体现。

中外学者都强调外语教育和国际中文教育应该具有更高层次和更广泛的教育目标，也就是培养学习者的综合素质、国际视野、跨文化理解和交往能力，而不应只局限于语言交际能力的工具性教学目标。（Byram，2008；吴勇毅，2021）Byram（2008）指出"跨文化交际能力既包括语言交际能力，又不限于语言交际能力，而是获得了一种新的视野"。《参考框架》制定文化教学目标时，参考并吸收了外语教育和国际中文教育领域关于跨文化交际能力研究的成果。

二、《参考框架》的文化教学目标

《参考框架》结合国际中文教育新时期的特点和需求，并参考《语言学习标准》《欧洲框架》《汉语大纲》中相关的文化教学目标，把国际中文教育中的文化教学目标划分为文化知识、文化理解、跨文化意识和文化态度四个维度。

文化知识是指了解中国文化和国情的概况和特点，即了解中国独特的文化产物、文化传统、当代国情和社会发展、中国人的行为和观念等。文化知识是培养文化理解、跨文化意识和积极文化态度的基础。

文化理解是指理解中国文化和国情的多样性和动态发展性，理解文化产物、习俗、制度等背后的文化观念。只有理解文化观念，才能把握中国文化的本质特征。

跨文化意识是指理解中外文化的异同，对跨文化差异具有敏感性。跨文化意识还包括理解自身行为和观念是受到自身文化制约和影响的。

文化态度是指克服刻板印象和偏见，培养尊重和移情的态度。刻板印象、偏见和文化优越感是跨文化交际的主要障碍。移情，也称为同理心，是指能够站在别人的立场上看待问题。移情既是一种与别人共情的态度，也是一种能够换位思考的技能。具有尊重和移情的态度是跨文化交际能力的出发点。

《参考框架》不仅确定了文化教学的四个维度的总体目标，还根据学习者的年龄和认知特点，分别描述了小学、中学、大学及成人三个不同层级的文化教学目标。

小学阶段：

识别中国标志性的文化产物和惯常的行为习俗；

了解中国标志性的文化产物和行为习俗的基本常识；

关联中国文化和本国文化的相应文化因素。

中学阶段：

了解中国社会生活、传统文化和当代国情的基本知识；

理解中国人民生活、文化传统和当代国情的多样性；

比较中国文化与本国文化的主要异同。

大学及成人阶段：

理解中国社会生活、传统文化和当代国情的特点和体现的文化观念；

调查和分析中国文化的动态发展和影响因素；

客观评价中国文化和本国文化的特点以及文化间的差异。

需要指出的是，《参考框架》定位于国际中文教育中的文化通识教育，并未明确将语言交际能力列入文化教学的目标。但对于大多数中文学习者来说，语言交际能力始终是跨文化交际能力的重要组成部分。语言交际能力是在实现上述文化教学目标中培养和发展的。

第二节 《参考框架》的文化教学内容

一、《参考框架》采用的文化定义

《参考框架》采用外语教育界和国际中文教育界普遍接受的人类学和社会学广义的文化概念，把文化界定为特定人群的整体生活方式，包括人类创造的一切物质产品和精神产品（Seelye，1997；胡文仲、高一虹，1997；毕继万，2009）。"从外国学习者的角度出发，对文化做宽泛的理解：文化包括中国人的生活方式、价值观念、处世哲学、思想文化、习俗文化以及中国历史、当代国情等等。"（李泉、丁秋怀，2017）因此，《参考框架》的文化内容包括文化的核心要素：物质的和非物质的文化产物、生活方式、价值观念等。"国情"一般指一个国家的历史文化传统、自然地理环境、社会经济发展状况以及国际关系等各个方面的总和。在《参考框架》中，"国情"可以理解为当代社会文化，重点在中国当代的政治、经济、文化、生活等内容。

二、《参考框架》的文化教学范围

《参考框架》以广义的文化概念为基础,根据文化内容的系统性、中国文化的独特性、与国际中文教育的相关性和教学的实用性等原则,划分了国际中文教育领域文化教学的范围。文化教学内容分为"社会生活""传统文化""当代中国"3个一级文化项目,32个二级文化项目,并列举了700多个文化点作为教学内容参考。

"社会生活"板块包括13个二级文化项目,如饮食、居住、衣着、出行、家庭、节庆、休闲、消费、就业、语言交际、非语言交际、人际交往、语言与文化等,与外语教育领域中常用的"小文化""交际文化""文化习惯""行为文化""习俗文化"等概念大致对应。这部分关注中国人的日常生活、行为习俗和观念态度,与培养语言交际能力和跨文化能力关系最为密切,因此是国际中文教学中最相关的文化内容。

"传统文化"板块包括8个二级文化项目,如历史、文化遗产、文学、艺术、哲学、宗教、发明、中外交流等,与外语教育领域常提到的"大文化""文化产物""成就文化""知识文化"等概念大致对应。这部分关注中国悠久的历史、物质的和非物质的文化遗产、文明成就、中外文化交流和对世界文明的贡献等。

"当代中国"板块包括11个二级文化项目,如地理、人口与民族、政治、经济、社会保障、教育、语言文字、文学艺术、科技、传媒、对外关系等,与外语教育领域常提到的"信息文化""制度文化"等概念大致对应。这部分主要采用社会学的文化概念,关注中国当代社会在地理、人口、民族、政治、经济、社保、教育、传媒、对外关系等方面的概况和特点等。

表 1-1　《参考框架》文化教学内容

一级文化项目	二级文化项目
社会生活	饮食、居住、衣着、出行、家庭、节庆、休闲、消费、就业、语言交际、非语言交际、人际交往、语言与文化
传统文化	历史、文化遗产、文学、艺术、哲学、宗教、发明、中外交流
当代中国	地理、人口与民族、政治、经济、社会保障、教育、语言文字、文学艺术、科技、传媒、对外关系

三、《参考框架》的文化点选择

《参考框架》"社会生活""传统文化""当代中国"三大板块中共列举了700多个文化点。在文化内容选择方面，体现了以下几个特点：

（一）代表性

由于国际中文教育中的文化教学无法全面介绍中国文化和国情，《参考框架》选择了能够代表中国文化特征的典型文化产物、行为习俗、社会制度、价值观念等。根据对外国学习者的调查，汉字、孔子、长城、道教、瓷器、京剧、功夫、《西游记》、中国烹饪、针灸、高铁、社会主义制度、"天人合一"、孝顺等中国元素在外国人心中具有高度识别性。通过学习这些典型的中国文化产物、符号、形象和现象等，学习者可以了解和把握中国文化的主要特征，从而提高对中国文化的兴趣。

文化内容的代表性还体现在经典性上。《参考框架》选择的家国情怀、人际和谐、亲情和孝顺、重视教育、与自然和谐相处、尊人卑己礼貌原则等文化点，都是经过数千年历史沉淀的经典内容，充分展示了中国文化的独特魅力。

（二）时代性

国际中文教育界学者普遍认为文化内容的选取应秉持古今兼顾、以今为主的原则。当代生活最能真实反映现代中国的特征和文化生命力，也是与学习者生活联系最紧密的文化因素。因此，《参考框架》选择了具有时代性和当代特点的内容作为文化教学的重点，如高铁、移动支付、5G、新能源汽车、网购、快递、生态文明建设等。这些新的文化点可以让学习者了解真实的中国文化和国情的特点，从而提高他们学习中国文化的兴趣，增强学习动力。

时代性并不意味着忽视传统文化，而是要挑选具有现代意义和当代价值的传统文化，以体现传统文化在现代生活中的传承和发扬。如孝顺、谦虚、人际和谐、尊师重道、家国情怀、"天人合一"等传统思想和美德，至今仍在影响现代中国人的行为和观念，并成为社会主义核心价值观的一部分。《参考框架》所选的正是这些具有现代意义的传统文化。

（三）差异性与共通性

国际中文教育的目标是培养学习者的跨文化交际能力。虽然《参考框架》主要描述了中国文化和国情的内容，没有列出中国文化和其他文化的异同点，但跨文化的差异性是选择中国文化内容的考量因素之一。因为中国文化的独特性往往在与其他国家文化的比照中凸显出来，如四合院、二十四节气、药膳、春运、尊人卑己的礼貌原则等都与其他文化有所不同。另外，人际交往、语言交际、价值观念、思维方式等方面的中外差异往往也是引起跨文化交流障碍和误解的原因。选择具有显著跨文化差异的文化内容既可以突出中国文化的独特性，也有利于培养学习者的跨文化意识和语言交际能力。

文化内容的选择还应该体现文化共通性。正如赵金铭（2014）所指出的，"更重要的是，不仅觉察到不同民族之间的文化差异，还认识到人类文化的某些共通性"。跨文化交际的最终目标是达到理解、尊重和共情，《参考框架》选择了不同文化背景的学习者共同关心的文化内容或文化点，如环境保护、交通管理、减贫脱贫、大学生就业、人口老龄化、全球化与经济、外交关系与政策等。另外，中国普通人奋斗的故事、他们的梦想和烦恼也是外国学习者关心和感同身受的文化话题。选择具有文化共通性的内容可以促进民心相通，增强学习者对中国文化和中国社会的亲近感，并产生情感共鸣。

(四)针对性

国际中文教育领域的文化教学与语言教学密切相关，这是其突出特点之一。针对性指的是选择与语言学习和交际能力相关的文化因素进行文化教学。《参考框架》"社会生活"板块把"语言交际""非语言交际""语言与文化"等列为二级文化项目，并列出如"红娘""状元""喜酒"等汉语文化词语，以及谐音、敬辞与谦辞、亲属称谓、打招呼与道歉等言语行为、尊人卑己的礼貌原则等。学习这些与语言相关的文化因素，可以提升语言交际的得体性，并加深对语言与文化的关系的理解。特别是在语言课堂上进行文化教学时，应该优先选择这些与语言相关的文化因素。

针对性还体现在根据学习者的认知发展阶段选择相应的文化内容和话题。《参考框架》按照学习者的认知特点和发展阶段分为小学、中学、大学及成人三个层级。儿歌、民歌、珍稀动物、成语故事、神话故事、生肖、珠算等具体、浅显的内容适合小学生学习。餐桌礼仪、义务教育、亲子关系、自然地理、重要城市、四大发明等具有一定概括性的文化内容，更适合中学生学习。而酒文化、大学生就业、恋爱与婚姻、治国方略、经济与全球化、外交关系与政策等内容，则更适合大学生及成人的生活经历、知识背景和认知思维能力。

第二章　文化教学的原则和方法

　　文化"教什么"和"怎么教"是国际中文教育领域文化教学的两个基本问题。《参考框架》主要阐述了文化教学的目标和内容，回答了"教什么"的问题。本章重点讨论实现文化教学目标的教学原则和方法，以回答文化"怎么教"的问题。第一节详述文化教学的总体原则，第二节讨论文化教学内容的呈现和编排，第三节列举文化教学的活动类型。

　　在外语教育领域和国际中文教育领域，人们一直在探讨文化教学"怎么教"的问题，并提出了很多文化教学的理念、模式和方法，如"体演文化教学法"（Walker，2010）、"体验文化学习模式"（Moran，2001）、"文化包与文化丛"（Seelye，1993）、"人种学方法"（Byram，1989；胡文仲、高一虹，1997）等。这些文化教学的理念、模式和方法对国际中文教育的文化教学有一定的启示作用。

　　国际中文教育的总目标是培养学习者的跨文化交际能力。《参考框架》明确了文化教学目标，包括文化知识、文化理解、跨文化意识和文化态度。这些目标旨在培养学习者在文化学习方面的跨文化交际的综合能力。《参考框架》涵盖的文化内容十分广泛，包括"社会生活""传统文化"和"当代中国"三个板块。因此，我们需要根据具体教学目标和内容要求以及学习者的特点，采用综合性的教学理念和方法。

第一节 文化教学的原则

文化教学原则体现了文化教学理念和总体思路。为了实现《参考框架》文化教学的目标，国际中文教育中的文化教学应该遵循以下几个原则：

一、以学习者为中心

以学习者为中心是现代教育的基本特征和要求。国际中文教育的文化教学定位于通识教育，是更广泛的育人教育或素质教育的一部分。《参考框架》的文化教学目标从学习者能够了解什么和能做什么的角度出发制定，体现了以学习者为中心的理念。具体来说，学习者通过文化学习，需了解中国文化的特点，理解中国文化的内涵，对中外文化异同具有敏感性，以及对中国文化的特点和文化间的差异具有尊重和移情的态度。因此，文化教学模式和方法的选择应从学习者达到这样的目标出发而制定。

以学习者为中心，首先体现在文化教学要充分考虑学习者的需求、兴趣和特点。建构主义学习理论认为，新的文化知识只有与学习者的认知水平相适应且与他们的生活产生联系，才能融入已有知识系统中，激发学习的内在动机，并最终把知识转变为技能。因此，实现以学习者为中心的文化教学原则，需要进行学习需求的调查，了解学习者的文化知识背景、学习中文和中国文化的动机、喜欢或感兴趣的文化内容和教学方法，以及对课程的期待和建议等。在文化教学计划中加入学习者的反馈意见，不仅体现了以学习者为中心的原则，还有助于提高文化教学的针对性和有效性。

以学习者为中心，还体现在让学习者最大程度地参与到文化教学过程中，成为文化教学的主体。传统的文化教学以教师为中心，以讲授文化知识为主要方式，学习者仅作为文化知识的接受者。建构主义学习理论特别强调学习者作为意义建构者的身份和在学习过程中的主体地位。《参考框架》旨在培养学习者包括文化知识、文化理解、跨文化意识、文化态度、语言交际能力等要素在内的综合能力，要实现这个目标就需要让学习者最大程度地参与到学习之中。学习者参与文化学习包括参与课堂教学的师生互动和生生互动，也包括参与课外的文化体验和探究活动。

以学习者为中心，并不意味着忽视教师的角色和作用。中文教师凭着丰富的文化知识和教学经验成为中国文化学习的主导者和引领者，但是在以学习者为中心的文化教学中，教师的角色由传统的文化知识传播者转变为文化学习促进者。在实现《参考框架》的文化知识、文化理解、跨文化意识和文化态度的四个目标的过程中，教师需扮演不同的角色：文化知识的传播者、探索文化意义的引导者、跨文化交际的协调者、文化态度转变的促进者。在以学习者为中心的教学过程中，教师应提供多种"支架式"的帮助，发挥设计、组织、监督、反馈、评估文化教学过程和活动的作用。

二、认知学习与体验学习相结合，实现文化教学的过程化

外语教育中的文化教学有两种主要模式：一是以教师讲授和学习者阅读为主的认知学习模式，二是以学习者进行任务活动为主的体验学习模式。认知学习模式主要把文化看作知识，注重文化内容的学习，而体验学习模式主要把文化看作过程，注重文化技能和文化态度的培养。认知学习模式在了解文化知识和加深文化理解方面发挥重要的作用，但是在培养文化技能和文化态度方面效果不佳。外语教育领域很多学者指出，培养跨文化交际能力更多涉及的是过程，而不仅仅是事实。（Seelye，1993；Fantini，1997）《参考框架》旨在培养文化的知识、技能、态度和语言交际能力等的综合能力，因此应该采用认知学习和体验学习相结合的方式。

体验学习模式的突出特点是"做中学"。依据Kolb（1984）的体验文化学习理论，学习过程包括直接体验、反思性观察、原则概括和实践应用四个主要环

节。《参考框架》的四个目标与体验文化学习理论正好相适应。国际中文教育中文化教学的过程主要包括四个阶段：描述文化、解释文化、比较文化、评价文化。学习者通过参与课堂讲解、阅读、讨论、小组任务等活动，以及课后的体验、采访、调查等活动，完成对中国文化的产物、制度、习俗、观念等的描述、解释、比较和评价。

课堂教学是国际中文教育中文化教学的主要形式，特别是在海外，课堂教学的作用更为重要。课堂文化教学主要包括教师讲解、师生互动和生生互动三种途径。教师讲解主要向学生提供中国文化的信息和呈现中国文化的特点。师生互动是学习者在教师的指导下，通过问答和讨论等方式，对文化信息和知识进行初步的描述、解释、比较和评价。生生互动则是学习者通过小组或双人活动，完成如看图说话、角色扮演、比较异同、专题讨论等交际任务，进一步描述、解释、比较和评价中国文化的特点，从而完成文化知识、技能、态度的综合训练过程。

三、文化教学与语言教学相结合

国际中文教育一个显著特点是文化教学与语言教学相结合。语言既是文化的载体，也是学习文化的交流工具。在国际中文教育领域，过去一直强调语言作为文化载体的功能，并特别关注与语言学习和使用相关的文化因素，提出了"交际文化""语言中的文化因素"等概念。新时期的文化教学不仅包括中文课堂的文化教学，还包括文化知识课程、文化专题讲座、文化体验活动等。不同类型的文化教学与语言教学相结合的特点各有差异（吴中伟，2022），因此我们需要理解不同类型课程中文化教学和语言教学的关系，并探讨有效的结合模式。

语言课堂中，文化教学与语言教学的关系最为紧密。学者们提出了结构—功能—文化相结合的教学原则，特别重视语言所体现的文化因素，并提出了"语义文化"和"语构文化""语用文化"等概念（陈光磊，1997），以此说明语言教学与文化教学密切相关。例如，"红娘""状元""生肖""中庸"等汉语词语中包含特定的中国文化内涵，这是语义文化的内容；问候、道歉、称赞等言语行为体现了中国人惯常的行为方式和文化规则，这些是语用文化的例子。

除了教师解释语言相关的文化因素外，组织学习者开展任务型活动也是实现文化教学与语言教学相结合的重要途径。任务型活动具有关注意义和与现实生活紧密联系的特点。以文化为主题或话题的语言学习是有意义的活动，如通过看图说话任务描述中国文化特点，通过角色扮演任务学习中国人得体的行为，通过调查和采访任务理解不同文化的观念和态度，以及通过辩论任务来澄清对中国文化的争议和误解。学习者在完成这些交际任务的过程中，使用所学的中文相关词语和句式来讨论文化主题，体现了结构—功能—文化的有机结合。

在以中文为教学语言的文化知识课中，文化教学和语言教学的关系也很密切。外语教育领域中的内容教学法（Content-Based Instruction，简称CBI）强调语言学习和内容学习并重。在文化知识课中，文化教学与语言教学相结合是内容教学法的核心思想，主要表现为以中文作为交流工具来讨论文化主题。学习者在用中文描述文化特点、解释文化内涵、比较文化异同、客观评价文化差异的过程中，同样也在锻炼中文听说读写技能和得体使用中文的能力。

四、在跨文化比较和对话中培养跨文化意识和态度

国际中文教育本质上是跨文化交际的活动，其总目标是培养学习者的跨文化交际能力。为实现这一目标，采用文化比较和文化对话的方法对提高跨文化意识和跨文化交际能力具有重要作用。外语教育和跨文化交际领域都倡导文化比较的方法（Byram，1989；毕继万，2009），文化对话则是跨文化交际领域倡导的应对文化误解和冲突的有效方法（普罗瑟，2013）。《参考框架》主要描述了中国文化和国情的教学内容，并未涉及中外文化的异同，因此通过文化比较和文化对话来培养学习者的跨文化意识和对不同文化的积极态度成为关键。

文化比较是一种常见的外语课堂教学活动，可以通过教师讲解、师生互动、

生生互动来实现。通过中国文化与其他文化的比较，学习者不仅可以更加深刻地理解中国文化的特点，还可以更好地理解自己文化的特点，因为自我文化意识是跨文化意识的重要维度（Deardorff，2006）。值得注意的是，文化比较不仅强调中外文化的差异性，还包括寻找中外文化的共通性。比较文化的差异性是为了增强对文化的敏感性，而寻找文化的共通性则是激发情感共鸣，促进民心相通。

文化对话是更广泛意义上的文化比较形式。国际中文教育的学习者具有多样性，当来自不同文化背景的学习者在学习中国文化的过程中，描述自己文化的特点，倾听其他文化的故事，并表达自己对文化的理解和观点时，就自然形成了文化对话的局面。文化对话可以起到协商意义、澄清误解、减少偏见的作用，特别是在培养尊重与共情的态度方面具有独特优势。教师的责任是在文化教学过程中为学习者创造更多文化对话的机会，创造轻松有趣的文化对话氛围。

文化比较和文化对话的关键在于平等交流的态度。无论是外语教育还是国际中文教育，都强调平等交流，避免文化中心主义的态度和优越感。当文化对话中出现文化误解甚至偏见时，重在澄清、解释和协商，而非强求他人完全接受或认同自己的文化行为和观点。只有采取求同存异、平和理性的态度，才能促进民心相近和相通，实现中国文化所倡导的各美其美、美美与共、文明交流互鉴的理念。

五、文化教学的目标、内容和活动与学习者特点相适应

国际中文教育的教学对象具有多样性，他们的认知特点和中文水平是影响文化教学效果的两个重要因素。Bloom（1956）把思维能力分为知识、理解、应用、分析、评价、创造等六种类型，思维能力的发展和语言技能的提高应该遵循从简单到复杂、从具体到抽象、从单一到综合层层递进的原则。《参考框架》旨在为海内外不同年龄和不同中文水平的学习者提供中国文化和国情教学方面的指导，只有根据学习者的认知特点和中文水平选择合适的教学内容和方法，才能真正提

高文化教学的效果。

《参考框架》依据学习者的年龄和认知水平，把文化教学目标和内容分为三个层级：小学、中学、大学及成人。不同层级的文化教学难易有别，教学目标和内容要与学习者的认知水平相适应。以"家庭"主题为例，小学阶段的教学目标包括：（1）了解中国家庭的人口数量和家庭成员之间的称谓；（2）了解中国家庭生活中的角色关系；（3）理解中国家庭尊老爱幼的特点和观念。教学内容涉及家庭成员、亲属称谓、家庭角色、家庭观念等方面。中学阶段的教学目标包括：（1）了解中国的基本家庭结构，理解中国家庭模式的多样性；（2）了解中国家庭亲子关系、兄弟姐妹关系的特点；（3）理解中国家庭教育的特点和父母对孩子的期待。教学内容涉及家庭结构、亲子关系、家教方式等方面。大学及成人阶段的教学目标包括：（1）了解中国人恋爱方式的特点和择偶的标准；（2）了解中国家庭婚姻关系的特点和夫妻角色的分工；（3）了解中国汉族和少数民族的婚俗特点及表达的文化观念；（4）理解中国人的养老观念和孝顺观念。教学内容涉及婚恋、赡养的行为和观念等方面。文化教学活动也要适应不同层级学习者的思维特点，体现简单与复杂、具体与抽象的区别。例如，小学阶段侧重对具体文化产物和习俗的辨识与记忆，可采用地图定位、看图说话、动作模仿等教学活动；中学阶段侧重对文化的理解和具体文化现象的比较，可采用师生问答、情景模拟、比较异同等教学活动；大学及成人阶段侧重对文化的综合分析和客观评价，可采用案例分析、专题讨论、项目与演讲、分组辩论等教学活动。

六、课堂教学与课外文化实践相结合，培养语言文化学习的能力

《参考框架》包含文化知识、文化理解、跨文化意识和文化态度等四个维度的教学目标，以及3个一级文化项目、32个二级文化项目的教学内容。仅仅依靠有限的课堂教学难以实现和完成这些目标和内容。根据《语言学习标准》的5C标准，社区标准强调课堂学习与社区实践相结合。Byram（1997）认为培养跨文化交

际能力可通过三种途径实现：课堂学习、田野工作和独立研究。为了实现文化教学的目标、完成文化教学的内容，应该把课堂教学与课外文化实践结合起来，培养学习者的语言文化学习能力。

文化体验是课外文化实践的一部分，包括参观博物馆和各种展览，体验中国饮食、节日、艺术、体育、中医等文化。文化体验活动为学习者提供了亲身感受中国文化的机会，有利于学习者理解中国文化的多样性，把握中国文化的特点，减少刻板印象和误解；同时，还为学习者提供了与中国人真实交流的机会，有利于提高学习者的中文交际能力。因此，课外文化体验是课堂文化教学的必要补充和延伸。可以采用课外文化体验与课堂汇报、讨论相结合的方式，培养学习者的语言交际和文化学习能力。

独立研究也是课外文化实践的一部分，体现了现代教育对探索性学习的重视。独立研究包括在网络上查找和收集感兴趣的中国文化的信息，调查和采访中国人的行为、观念和态度，深入研究某个文化主题或解决某个现实问题等。独立研究有助于学习者更系统、更深刻地理解中国文化，培养文化学习的自主性和创造性，同时锻炼中文表达能力，为未来学术学习打下良好基础。因此，独立研究是课堂文化教学的拓展，可以通过研究项目和口头报告相结合的方式，培养学习者的文化分析和语言表达能力。

七、使用现代教育技术进行文化教学

现代教育技术的发展为文化教学提供了丰富、有效且有趣的教学手段。新教育技术把文化教学的内容、方法和技术整合在一起，不仅呈现更丰富生动的文化信息，还提供参与度更高和互动性更强的文化学习环境，强化以学习者为中心的教学理念。国际中文教育的文化教学应充分利用现代技术，实现最佳教学效果，如使用多媒体呈现文化内容、利用网络增进师生的互动和交流、采用线上线下混合式教学模式等。

使用多媒体呈现文化内容具有直观、生动、形象的特点，有利于加深学习者对文化的感知和记忆，把握中国文化的特点，激发其学习文化的兴趣和好奇心。如在学习"科技"主题时，可以展示"天宫""嫦娥""神舟"等各种航空航天设备的视频，让学习者直观感受中国航天事业的发展和成就。多媒体展现比语言描述更有效果和感染力。

随着互联网技术的发展和社交媒体的兴起，线上教学逐渐成为国际中文教育的主要方式。一些线上教学平台如雨课堂、Zoom和腾讯会议等，通过提供直播课、录播课等服务，为文化教学提供了便利。教师还可以利用平台的投票、分组、共享屏幕、弹幕和词云等功能来增强文化教学的参与性、互动性和趣味性。例如，利用弹幕和词云功能学习文化词语的内涵，利用投票功能调查学习者对中国文化的感知和态度等。另外，教师还可以通过社交媒体建群，进行讨论、答疑、资源分享和展示学习成果等活动。

随着信息化和智能化技术在教育领域的应用，文化教学越来越多地采用线上线下混合式教学模式。这种教学模式融合了传统课堂教学和网络教学的优势，既发挥了教师在文化教学中的引导和监控作用，又调动了学习者在学习过程中的主动性与创造性。混合式教学模式整合并优化了文化教学资源，一些线上教学形式不受时空限制，能够充分发挥资深教师的示范作用，共享优秀的教学资源，而线下教学可以发挥本土教师熟悉本国文化和学习者需求的优势，使教学更具针对性，便于师生情感交流。

第二节 文化教学内容的呈现和编排

《参考框架》的文化教学内容十分丰富，包含众多文化点。只有在合理有效地呈现和编排这些内容的情况下，才能实现文化教学的目标，让学习者更好地了解和理解中国，培养敏感的跨文化意识和积极的文化态度。在呈现和编排文化教学内容时，需要考虑文化教学的目标和要求，同时考虑学习者在认知和语言水平等方面的特点和需求。

一、文化内容的呈现

《参考框架》列举了700多个文化点，为实际教学中的内容选择提供了参考。但是如何向学习者呈现这些内容，还需要注意以下几点：

（一）强调中国文化的多样性和动态性

中国文化的丰富多彩和日新月异是其真实性的体现和魅力所在。展示中国文化的多样性，有利于减少学习者对中国的刻板印象或偏见。《参考框架》中的四大菜系、各地民居、少数民族服饰、七大方言、地方戏曲等文化内容都是中国文化多样性的体现。另外，在展示中国文化特征时，也要强调中国人的行为和观念等方面的多样性，避免形成对中国文化的过度概括，如认为中国人过年都吃饺子、中国人说话总是很含蓄等，这并不符合中国文化多样性的特点，容易导致对中国的刻板印象。

中国文化的动态性也是其突出特点之一。特别是自从改革开放以来，中国社会在经济、科技方面，以及人民的生活水平和行为观念等方面，都发生了巨大变化。在展示中国文化特点时，要特别注意这些发展变化。例如，中国人的出行方式从自行车变为汽车，从绿皮火车变为动车、高铁，不仅展现了中国人生活水平提高所带来的出行方式改变，也显示了中国经济的发展成就。这种动态性能够展示出中国文化的发展性和真实性，是克服固定印象和成见的有效途径之一。

（二）关注文化因素之间的联系，把中国文化看作一个有机整体

文化的产物、习俗、制度、观念等各个因素之间具有内在联系。《参考框架》所包括的中国文化因素也不例外。例如，黄山和泰山既是中国自然地理的名山，又是中国的物质文化遗产，同时也是中国人旅游的热门目的地。泰山和黄山的相关文化点将地理环境、文化产物、人们的休闲方式等文化因素联系在一起，

展现出中国文化的复杂性和统一性。因此，在展示中国文化特点时，需要关注文化因素之间的联系，才能使学习者对中国文化形成更全面、更立体的印象。

中国文化是一个有机的系统。《参考框架》中"当代中国"板块主要关注中国当代的国情和社会发展，但是国家和民族是由个体构成的，国家的发展影响每个中国人的生活和福祉，而社会的发展也是通过个体生活来体现的。因此，在展示中国社会发展特点和成就时，需要突出中国治国方略、经济发展成就与人民生活之间的联系。例如，中国的人口、退休、医疗、社会救助等政策与百姓生活息息相关。通过讲述中国人的故事来展现中国的故事，更具有人情温度，有利于增加学习者情感的共鸣。

（三）强调文化产物、习俗背后体现的文化观念

文化观念和精神是中国文化最本质的特征，也是《参考框架》提出的文化理解目标的主要内容之一。学习中国文化"不仅仅获得中国文化的一些表面的知识，而且能进入中国文化的深层，进入中国人的心灵世界，感受和把握中国文化内在的精神和核心价值，获得一种对于中国文化的有深度的认识"（叶朗、朱良志，2008：前言）。尽管《参考框架》没有单独把文化观念作为一个文化主题列出，但是文化观念作为文化教学的核心内容，贯穿于"社会生活""传统文化""当代中国"的所有文化主题中。

文化产物和文化习俗都体现了文化观念。例如，中国传统民居四合院的建筑形式和院落布局体现了中国的家庭观念和"天人合一"的自然观；中国人对长辈、领导和初次见面的陌生人使用敬辞和谦辞，体现了尊人卑己的礼貌原则和以谦逊为美德的价值观；在介绍中国茶文化时，重点不是茶叶的品种和味道，而是中国人饮茶习俗所体现的生活情趣和宁静淡泊的人生境界。通过挖掘文化产物和文化习俗背后的文化观念，可以更好地实现文化理解目标，帮助学习者把握中国文化的本质特征。

(四)增加跨文化的维度,强调文化间的交流互鉴

中国文化源远流长,博大精深,它的发展是与世界文化交流互鉴的产物。在呈现中国文化内容时,我们应该增加跨文化的视角,"文化呈现不能是单向的,至少应该是双向的"(周小兵等,2019)。《参考框架》在"传统文化"板块列举了佛教传入、"丝绸之路"、东学西传、西学东渐、汉字文化圈等古代中外文化交流的实例,目的是强调中国文化与世界的密切关系。在呈现中国文化时,我们应该展示中国文化是如何影响周边国家并对世界文化做出贡献的,同时也要展示世界文化对中国的影响,以体现中国文化海纳百川、包容开放的特点。

全球化时代是世界各国文化接触最为频繁的时代,当代中国与世界的交流互鉴更加显著。《参考框架》在"当代中国"板块包括了外交关系、友好城市、人文交流、"一带一路"倡议、人类命运共同体等内容,旨在突出当代中国与世界的联系。因此,在介绍当代中国的特点时,不能忽视全球化的影响以及中外文化互相影响和交融的维度。从世界的角度讲述中国故事,不仅可以让外国学习者更深入地了解中国文化,还能增加他们对中国文化的亲近感和共情态度。

(五)以真实客观的态度呈现中国文化的特点

中国拥有悠久的历史和灿烂的传统文化,当代又取得了很多举世瞩目的发展成就,但在发展过程中仍然存在一些不足和挑战。在真实客观呈现中国文化的特点时,我们也不能回避这些不足。例如,在环境保护方面,中国取得了绿水青山的显著成果,但也面临空气、水、土地资源保护方面的不足;虽然中国经济发展使中国人的生活条件有了很大改善,但是城乡之间仍然存在着很大差距。外国学习者希望了解一个真实而全面的中国,对于他们来说,真实是可信、可爱和可敬的基础。

客观的态度还意味着对任何文化既不炫耀,也不贬损。国际中文教育领域一些学者强调,呈现文化内容需要的态度是对自己的文化不炫耀、不自美,对其他文化不贬损、不排斥。(李泉,2011;陆俭明,2015)外语教育领域也有学者

指出，在选择和展示文化材料的时候应避免文化优越感，去除意识形态的色彩。（Byram，1989）我们不能一味美化中国传统文化和当代社会发展成就而回避其中存在的问题，这种做法不是实事求是的态度，反而会带来文化优越感的嫌疑。只有以真实客观的态度展现中国文化的特点，才会增加外国学习者对中国的信任感和亲近感，促进民心相通和交流。

二、文化内容的编排

根据学习者的年龄和认知特点，《参考框架》把文化教学分为小学、中学、大学及成人三个层级。虽然文化教学内容不能像语言那样明确地分出等级，但是文化内容有具体与抽象、简单与复杂的区别。因此，在编排文化教学内容时，应综合考虑学习者的认知水平和中文水平，并体现以下特点：

（一）从简单到复杂，从具体到抽象

在编排文化教学内容时，应该优先考虑学习者的心智发展阶段。如果某些文化内容跟学习者的经历相距太远，他们可能难以理解和接受，也会失去学习的兴趣和动力。（Seelye，1993；柯顿等，2020）因此，文化教学内容应该遵循从简单到复杂、从具体到抽象的递进原则，根据学习者认知发展水平的特点进行编排。以"地理"主题为例，小学阶段重点学习中国国旗、地理位置、面积、首都、名山大川、珍稀动物等；中学阶段重点学习中国的自然地理概况、行政区划、重要城市等；大学及成人阶段重点学习中国经济地理特点、地理环境对中国文化的影响、环境保护的挑战和举措等。这样的文化内容编排基本符合不同学习阶段的认知发展特点。

当文化教学融入语言教学时，文化教学内容的编排还需要考虑学习者的中文水平。《国际中文教育中文水平等级标准》（2021）制定了与中文水平等级相适应的文化话题和任务。一些学者认为，文化教学内容编排应体现由浅入深、由近及远、由简至繁、由表层文化到深层文化的递进式演绎，使中国文化内容在初级、中级、高级阶段大纲中实现层递式分布（张英，2004；于小植，2022），并与中文的词汇、语法、功能项目相适应。例如，在初级阶段，可以选择显性且具体的文化因素，如问候、感谢、告别、道歉等言语行为，就餐、购物、气候、爱好等日常生活话题；在中级阶段，可以选择更复杂的言语行为策略、特定的汉语文化词语、中国文化常识等；在高级阶段，可以选择传统文化知识、当代社会热点问题等，以及价值观念、交际风格、思维方式等深层的文化因素。

（二）逐步深化，螺旋上升

文化内容是丰富和复杂的，一个文化主题或话题往往包含不同的侧面和深度，无法直线排列或者一次处理完毕。在语言教学中涉及的文化内容可能是个别的或零散的，为了帮助学习者更好地理解文化知识，Byram（1997）提出了螺旋式上升的编排方式，即在不同的学习阶段重复同一文化主题或话题，但是每次内容的侧重点和深度有所不同。通过这种方法，学习者可以逐步全面地了解一个文化主题或话题，从而形成深入的理解。以称赞的言语行为为例，它体现了中国人在语言交际中的特点，可以在不同阶段的语言材料中反复出现。在初级阶段，学习者可以学习中国人惯常的回应称赞方式，如"哪里哪里""还差得远呢"等；在中级阶段，学习者可以学习不同语境中多样化的回应称赞策略，如当别人夸奖外貌或肯定工作表现时，使用不同的回答策略；而在高级阶段，学习者可以学习影响中国人回答称赞的礼貌原则和价值观念。这样的内容编排与学习者的语言水平相适应。

螺旋式上升的编排原则同样也适用于不同年龄段的学习者。在小学、中学、大学及成人阶段，都可以不断重复某一个文化主题或话题，但是每个年龄段的文化内容深浅程度会有所不同。例如，"家庭"主题的内容十分丰富，涉及家庭环境、成员关系、家庭观念等方面。小学阶段侧重家庭结构、亲属称谓、家庭活动、家务分工等；中学阶段重点学习家庭类型、亲子关系、家教方式等；而大学及成人阶段侧重恋爱方式、择偶标准、夫妻关系、赡养老人等话题。经过不同阶段的学习，学习者可以逐步全面了解中国家庭的特点。这种编排符合学习者思维发展阶段的特点。

第三节　文化教学的活动类型

国际中文教育的文化教学旨在培养学习者在文化学习方面的知识、技能、态度的综合能力。为此需要把认知学习和体验学习结合起来，体现文化教学的过程化。为了突出这一新思路，本书采用"文化教学活动"的概念，而不是"教学方法"。因为教学方法更多是从教师的视角出发的，而教学活动更强调师生共同参与和以学习者为中心的特点。这些文化教学活动不仅包括课堂文化教学活动，还包括课内外文化体验活动。这些教学活动遵循以学习者为中心的理念，体现文化教学过程化、体验性、互动性和任务型的特点。

基于《参考框架》的文化知识、文化理解、跨文化意识和文化态度四个维度的目标，并参考Bloom（1956）关于思维能力的分类方法（知识、理解、应用、分析、评价、创造），我们把课堂文化教学活动分为文化知识活动、文化理解活动、跨文化意识活动、文化态度活动和课内外文化体验活动五大类。因为知识、技能、态度和文化意识之间具有内在关联性，很多教学活动涉及了知识、态度等多种因素，综合了应用、分析、评价和创造等多项技能。因此，本书的文化教学活动的分类只是从教学角度出发的大致分类。

一、文化知识的教学活动

《参考框架》的文化知识目标是了解中国传统文化、当代中国、社会生活的概况和特点。主要的教学活动包括提示与讲解、识别性活动、故事分享、看图说话等。

（一）提示与讲解

提示与讲解是外语教育领域文化教学最传统且最常用的教学活动之一，主要通过教师讲授文化知识和信息来实现。许多中外学者都指出，讲授是文化教学的主要方法之一。（Byram，1997；刘珣，2000）国际中文教学界提出的"文化导入法""文化阐释法"等方法，就是关于教师如何讲解文化的方法。《参考框架》的文化知识目标也主要通过教师提示和讲解的方法来实现。在语言课上以文化提示为主，在文化知识课上则以文化讲解为主。

提示与讲解的方法可以在短时间内让学习者迅速了解中国文化的信息，有利于学习者准确把握中国文化的特点。对于大多数教师来说，讲解的方法简便易行且不需要特别的训练。但是，讲解方法的主要局限在于学习者的参与性和自主性不强，可能会影响他们的兴趣和动机。此外，单纯的知识传授不利于学习者文化技能和积极态度的培养。特别是在语言课上，过多地强调文化知识的讲解可能会挤占学习者语言产出的时间，从而导致文化教学与语言教学脱节。

对提示与讲解的建议：

（1）提示与讲解要突出重点，不要试图面面俱到。特别是在语言课堂上，应简洁明了地提示相关文化要点，避免过多地讲解和延展。

（2）在讲解过程中，可以通过多媒体、实物、肢体动作、数据、实例和故事等方式展现文化信息，以加强学习者对中国文化特点的理解和把握。

（3）在讲解过程中，可以穿插与学习者的意义协商，讲解后安排讨论环节，这样不仅可以增加学习者的参与度，还可以引导他们深入思考和理解。

（4）教师在提示文化因素时应使用适合学习者水平的语言。初级阶段可以借助学习者的母语或媒介语解释文化要点或者提供文化关键词等，有利于学习者更好地理解文化内容。

（二）识别性活动

识别性活动是一种涉及感知和记忆的认知活动，具体形式包括地图定位、图片和实物辨认、连线匹配等。这种活动涉及的语言因素较少，特别适合年幼学习者。《参考框架》在小学阶段的分级目标之一是识别中国标志性的文化产物和惯常的行为习俗。

通过识别性活动，学习者能够识别和定位那些代表中国文化的标志性产物、形象、符号、行为习俗等，迅速直观地把握中国文化最重要的特点，加深对文化的印象和记忆。识别性活动直观生动、易于操作，并具有一定的趣味性，能增强学习者学习中国文化的兴趣。另外，地图定位、图片和实物辨认等也适合小学生的认知特点和学习风格。

在《参考框架》的"社会生活""传统文化""当代中国"三个板块中，有很多主题都可以作为识别性活动的内容，例如：

（1）国家标志物，如国旗、国徽、邮票等；

（2）地理标志物，如山川、重要城市等；

（3）公共场所、社会场景、交通等的各种标识；

（4）节日、庆典的象征物；

（5）物质和非物质文化遗产；

（6）少数民族的聚居地、服饰、民居建筑等；

（7）菜系、方言、珍稀动物、物产等的分布；

（8）重要的历史事件、历史人物等。

对识别性活动的建议：

（1）选择最能体现中国文化特点的图片、实物、地图等素材，会加深学习者对中国文化特点的印象和把握。

（2）根据学习者的特点选择适当的识别内容和方式。例如，在小学阶段侧重识别具体的文化产物和习俗，在语言课堂选择与社会语境匹配的言语行为活动等。

（3）语言课堂中的识别性活动最好与特定文化词语的学习和描述文化特点的

活动相结合，体现文化教学与语言教学的融合。

（三）故事分享

故事分享是理解和学习中国文化的有效方法之一。在外语教育领域，讲述故事是一种常用的教学方法，因为叙事结构或故事形式是重要的认知手段。学习者无论年龄大小，都喜欢听故事。文化教学中的故事分享既包括教师分享自己的文化经历、讲述中国文化的故事，又包括学习者分享他们的文化经历、讲述他们国家文化的故事等。在语言课堂上，还包括学习者复述学过的与中国文化相关的故事。故事包括真实的故事和虚构的故事。

故事分享作为文化教学活动，具有以下优势：

（1）故事简单易懂、便于记忆，有利于加深学习者对中国文化的印象和理解。

（2）故事具有人情温度和感情色彩，会增强文化内容的感染力和情感共鸣。特别是与现实相关的真实故事，会增强学习者对中国文化的兴趣和亲近感。

（3）在语言课堂上阅读故事和讲述故事是锻炼学习者阅读能力和描述能力的好方法。

故事的话题范围很广，《参考框架》中的"社会生活""传统文化""当代中国"三大板块在某种意义上就是讲述中国人的生活故事、中华文明的故事和中国社会发展的故事，大部分文化主题都可以通过故事来体现。例如：

（1）教师和学习者的真实生活经历；

（2）中国老百姓生活和奋斗的故事；

（3）中国古今著名人物的故事；

（4）中国重要的历史事件的故事；

（5）中国当代政治和经济发展的故事；

（6）中外文化交流和民间友好往来的故事；

（7）神话、寓言、民间传说的故事；

（8）文学艺术作品和影视剧的故事。

对故事分享的建议：

（1）故事的内容应该与所学的文化主题密切相关，避免使用与文化主题无关的奇闻轶事来满足学习者的好奇心。

（2）讲述故事时要注重情节和细节，使用简洁、生动有趣的语言。让故事本身来说明主题，避免空洞说教和盲目煽情。

（3）教师不仅是中国故事的讲述者，也是学习者故事的倾听者。应鼓励学习者分享他们在相似情境下的个人经历或文化故事，达到文化联结和跨文化交际的目的。

（4）在语言课堂进行故事分享活动时，最好提供便于理解故事背景和情节线索的图片，同时提供相关的词语和句式，以训练学习者用中文描述文化故事的能力。

（四）看图说话

看图说话是一种综合识别和描述两大功能的认知性活动，是了解和理解中国文化特点的有效方式，也是语言课堂中常见的活动形式。看图说话特别适合在初级或低年级课堂中进行。看图说话主要分为两种形式：一种是对图片上的文化物品、日常生活场景、文学故事等进行描述；另一种是对真实的数据和图表等进行叙述。

看图说话的教学活动可以直观而形象地展现中国文化的特点，有利于培养学习者的观察力、想象力和语言描述能力。图片和数据具有生动直观的特点，能吸引学习者的注意力，并激发其学习中国文化的兴趣。在语言课堂上，通过看图说话可以训练学习者的描述能力，有效促进语言教学与文化教学的结合。

看图说话的范围十分广泛。《参考框架》中的行为习俗、历史事件、文学故事、当代社会的发展数据等都可以作为看图说话的内容。例如：

（1）家庭生活和校园活动；

（2）节日、庆典的习俗；

（3）衣食住行和社交情景；

（4）语言行为和非语言行为；

（5）神话、寓言和文学艺术故事；

（6）历史事件、古代发明和当代科技成果；

（7）当代国情概况和发展数据图表。

对看图说话的建议：

（1）选择突出文化特点并与主题相关的图片，既有利于学习者把握文化的特点，也便于进行描述。

（2）选择来源可靠的真实数据和图表，避免使用虚假、过时或来源不明的数据和图表，以免形成片面印象或造成误导。

（3）在语言课堂上进行看图说话时，可以提供相关的词语和句式等，把学习文化知识与训练语言描述技能结合起来。

（4）对于小组任务，可以采用信息差、拼图等形式，加强学习者之间的互动，提高语言产出的质量。

二、文化理解的教学活动

《参考框架》中，文化理解的目标包括理解中国文化的多样性和动态性，理解传统文化与当代社会生活的联系，理解文化产物、习俗、制度所体现的中国文化内涵和观念。主要的教学活动包括课堂讨论、语言分析、小组讨论等。

（一）课堂讨论

课堂讨论是课堂师生互动的主要环节之一，也是文化教学的常用方法。师生互动突出了以学习者为中心、以教师为主导的原则。Seelye（1997）把文化教学目标概括为提问"谁、什么、什么时间、什么地点、为什么"的5W问题。祖晓梅（2014）指出，师生问答是语言课堂文化教学的基本方法。课堂讨论可以在课堂教学的不同阶段进行，如教师提示和讲解之后的讨论、课文理解部分的问答、学习者小组活动之后的全班讨论等。

课堂讨论的方法可以增强学习者在文化教学中的参与性和自主性。在教师引导下，学习者对中国文化信息进行深入的思考和讨论，有助于加深对中国文化的理解。语言课堂的师生讨论包括学习者的语言产出和话语调整，不仅有利于文化的理解，还有利于语言的习得，从而实现语言教学和文化教学的结合。

《参考框架》的文化教学目标包括文化知识、文化理解、跨文化意识和文化态度四个维度，针对任何文化主题的课堂讨论都应该围绕这四个维度来展开。

下面是"饮食"主题的课堂讨论活动示例：

---

1. 文化知识的问题

　　（1）中国人一日三餐主要吃什么？喜欢什么口味的菜？

　　（2）中国四大菜系是什么？有什么特点？

2. 文化理解的问题

　　（1）中国人为什么喜欢吃火锅？表达了什么含义？

　　（2）四川菜比较辣的原因可能是什么？

3. 跨文化意识的问题

　　（1）中国人很喜欢喝茶，你们国家的人呢？

　　（2）在餐桌礼仪方面，中国和你们国家有什么不同？

4. 文化态度的问题

　　（1）你认可中国人请客吃饭点很多菜的做法吗？

　　（2）人们对中国饮食有什么印象？你的看法是什么？

对课堂讨论的建议：

　　（1）提问具体而真实的问题，避免笼统抽象或明知故问的问题，让学习者知道如何回答，并愿意回答这些问题。

（2）提问要对应《参考框架》的四个教学目标，包括描述、解释、比较和评价的系统性问题。

（3）教师在提问后应有追问、反馈和意义协商，促进学习者对中国文化特别是对隐含的文化意义的理解。

（4）语言课堂的师生问答可以与课文理解的练习相结合，让学习者使用所学的词语和句式来回答有关文化的问题，从而培养他们解释和说明的语言技能。这样可以实现文化教学与语言教学的结合。

（二）语言分析

语言作为文化的载体，在表达中体现和象征文化。语言分析是外语教育中文化教学的常用方法之一，有助于理解语言中蕴含的文化内涵、表达的观念和态度等主观文化因素。语言分析包括对日常生活或交际场景的话语分析，以及对文化典籍和文学作品的文本细读。语言分析可以在教师讲解和举例中运用，也可以由学习者在小组活动中完成。

语言分析的方法体现了语言教学中文化教学的特点和优势。通过分析语言，可以更好地理解隐含的文化意义，提高对语言与文化关系的认识，激发学习者对文化的兴趣和探索精神。对日常生活和人际交往的话语进行分析，还可以提高对语言使用的社会语境和文化规则的敏感性，从而培养得体的语言交际能力。同时，语言分析的方法也是训练学习者语言阅读能力和表达能力的一种有效途径，能够实现语言教学与文化教学的自然结合。

语言分析的素材非常丰富，教材的课文和辅助阅读材料、现实生活中的真实语料、文化典籍和文学作品等都可以作为语言分析的对象。例如：

（1）菜单、广告、旅游手册、学生课表等；

（2）日常生活和人际交往的会话；

（3）谚语、俗语、成语等；

（4）诗词、歌词等；

（5）小说、散文、戏剧、影视剧的文本；

（6）文化典籍的节选内容；

（7）政治家、哲学家、文学艺术家等的语录；

（8）报纸或网站的新闻报道、文章等。

对语言分析的建议：

（1）文化教学中的语言分析的重点不在于语言形式，如字词、语法、语篇等，而是话语或文本所表达或体现的文化内涵、社会语境和文化规则等。

（2）语言分析材料的语言难度要适合学习者的中文水平。初、中级阶段可以选择日常会话或简单的成语、谚语来进行分析，高级阶段可以分析文化典籍和文学作品的原文。

（3）文化知识课中，可以选择与文化主题相关的谚语或格言，并适当提供翻译，有助于加深学习者对文化内涵的理解。

（4）可以让学习者查找自己文化中表达相似文化主题的语言材料，并比较两者文化内涵的异同，这有利于培养跨文化意识，也可以增进对语言和文化关系的理解。

（三）小组讨论

小组讨论是课堂生生互动的主要形式之一，也是文化教学的常用方法。小组讨论可以帮助学习者深入理解中国文化现象背后的原因和文化内涵，而以问题为导向的小组讨论则可以培养学习者的分析能力。另外，小组讨论还能够减少学习焦虑，提高学习兴趣。相较于师生互动的讨论，小组讨论可以提高学习者语言产出的质量，体现了文化教学与语言教学的结合。

小组讨论的话题范围很广，《参考框架》"当代中国"板块中有很多文化主题都是适合小组讨论的话题。例如：

（1）义务教育的挑战和对策；

（2）环境保护的挑战与对策；

（3）城市交通问题和治理方案；

（4）解决大学生就业问题的对策；

（5）减贫脱贫的举措和成效；

（6）经济全球化对中国和世界的影响；

（7）人口老龄化的原因和对策；

（8）中国在国际事务中的角色和作用。

以下是"环境保护"主题的小组讨论活动示例：

现象	原因	解决办法
1. 空气污染	私家车太多	发展公共交通
2. _____	_____	_____
3. _____	_____	_____
4. _____	_____	_____

语言表达：

跟……有关系；……是……造成的；……引起了……；解决的办法有……；最好的途径/措施之一是……。

对小组讨论的建议：

（1）小组讨论的内容应该是学习者所熟悉和关心的文化问题，最好与他们的生活有直接联系，这样才能使学习者感兴趣，愿意参与并表达自己的观点。

（2）小组讨论的话题要考虑学习者的认知特点和语言水平。在小学和中学阶段适合讨论具体的问题，如环境污染的原因等。在大学及成人阶段适合讨论更复杂的文化问题，如高考改革、应对老龄化的社会对策等。

（3）为了达到更好的讨论效果，分组时应该考虑性别、文化背景、语言水平等方面的差异，让学习者了解不同的文化视角，并增强学习者之间的互动性。

（4）在语言课堂中开展小组讨论时，最好提供任务单，列出讨论的内容和要求，并提供相关的词语和句式，以便将文化讨论与语言表达训练结合起来。

三、跨文化意识的教学活动

《参考框架》中，跨文化意识的目标包括理解中国文化与学习者本国文化的异同，培养对中外文化异同的敏感性。主要教学活动包括比较异同、案例分析等。

（一）比较异同

文化比较是提高跨文化意识和语言交际能力的有效方法。比较异同的活动分为联结和对比两种形式。联结是指学习者在学习中国文化产物和习俗特点时，联想到自己文化的相关产物和情景；而对比活动是指学习者直接对中外文化的异同进行比较。比较异同的活动可以在教师讲解、师生互动和生生互动的过程中进行。其中，生生互动中的比较异同是最为有效的教学活动。

比较异同的活动不仅可以使学习者更好地理解中国文化的特点，也能在比较中更好地理解自己的文化，增强跨文化意识。文化联结的活动把中国文化与学习者的生活相关联，可以增强他们学习中国文化的动机和兴趣。另外，在语言课堂中进行文化比较活动，也有助于训练学习者进行比较的语言表达能力，促进文化学习与语言学习的结合。

比较异同的范围非常广泛，《参考框架》的"社会生活""传统文化""当代中国"所包含的文化产物、行为习俗、社会制度、观念态度等方面都可以作为中外比较的话题，例如：

（1）国情和地理环境；

（2）节日、庆典的习俗；

（3）家庭模式和家庭观念；

（4）言语行为、非言语行为和人际交往模式；

（5）教育制度、理念和方法；

（6）哲学、宗教思想和文学艺术风格；

（7）政治和经济制度的模式、政策等；

（8）价值观、信仰、伦理道德、思维模式和审美观等。

以下是"节日"主题的文化比较活动示例：

中国的春节	你们国家的传统节日
时间：中国农历正月初一	时间：
来历："年"的传说	来历：
习俗：吃饺子、放鞭炮、给压岁钱、贴春联等	习俗：
重要性：中国最重要的传统节日	重要性：
文化主题：团圆、喜庆、吉祥	文化主题：

对比较异同的建议：

（1）在文化比较过程中，不仅要找出文化差异，还应该关注文化共同点。

（2）比较的内容应适合学习者的知识背景。小学、中学阶段可侧重具体的文化产物和习俗的比较，大学及成人阶段应更加关注价值观念、文化模式和社会政策等方面的比较。

（3）小组进行比较任务时，可以提供任务单，使活动更有操作性。例如，教师列出中国文化的特点，学习者对照着找出自己文化中的相应特点。

（4）比较活动之后应该有讨论环节，尤其要注意对文化差异的原因进行提示或讨论，避免过度概括和负面态度的出现。

（二）案例分析

案例分析是跨文化交际能力训练中广泛应用的方法之一，也是外语教育领域文化教学的常用手段。案例分析通常描述跨文化交际中出现误解或冲突的真实案例，通过分析找出引起误解或冲突的文化原因并探讨应对的策略。

案例分析大多选择跨文化交际中出现的真实案例，这些真实案例贴近学习者的生活，可以激发他们学习文化的兴趣和动机。案例分析的方法可以让学习者深入理解引起误解和冲突的文化原因，增强跨文化的敏感性。案例分析的方法还有助于提高学习者分析问题和解决问题的能力，并培养在跨文化交际中得体的行为和沟通技巧。语言课采用案例分析的方法也会训练学习者用中文进行描述、解释、比较和评价等的语言表达能力。

案例分析特别适合与交际相关的文化因素的学习，《参考框架》的"社会生活"板块中的语言交际、非语言交际、交往、语言与文化等主题都可以作为案例分析的话题。例如：

（1）词语的文化内涵和象征意义；

（2）言语行为、交际风格、礼貌原则；

（3）非语言交际的肢体语言、时间观念、空间利用等；

（4）送礼、宴请、寒暄等社交习俗；

（5）人际关系的模式和观念；

（6）对其他文化的刻板印象、偏见等；

（7）价值观、思维方式、信仰、态度等；

（8）文化适应、文化认同与文化身份。

以下是"交往"主题的案例分析活动示例：

伊藤在中国留学期间，在校外租房子住。她的房东张阿姨对她很热情，在她生病时还给她送过饭。为了表达感谢，她回国探亲时给张阿姨买了一份礼物。可是张阿姨收到礼物后却说："你太客气了，不用给我买礼物。"然后就把礼物放在了椅子上，在她们谈话的过程中一直没有看那个礼物一眼。这让伊藤有点儿失望，她觉得张阿姨不喜欢她的礼物。

讨论：

（1）张阿姨为什么不打开礼物？原因可能是什么？

> （2）在你们国家，送礼物和接受礼物时会说什么？会当场打开礼物吗？
> （3）这个案例让你了解到中国文化的什么特点？

对案例分析的建议：

（1）选择具有真实性、时效性和典型性的跨文化交际案例，特别是那些学习者在实际交际中会经常遇到的情况或容易产生困惑和误解的问题。

（2）教师可以采用他人的现成案例、新闻报道中的案例等，但是分析教师和学习者亲身经历的跨文化交际案例更有针对性和趣味性。

（3）案例分析大多涉及主观文化因素，对学习者的知识背景、分析能力、语言表达能力要求较高，因此这种活动更适合在大学及成人阶段进行。

（4）在分析案例的文化原因和解决方案时，应充分考虑社会语境的影响，并尊重学习者解释原因和应对策略方面的多样性，不必追求统一答案。

四、文化态度的教学活动

《参考框架》的文化态度目标包括以尊重、宽容、共情的态度看待和评价中国文化的特点和文化间的差异，超越刻板印象和文化偏见。主要教学活动包括课堂调查、分组辩论等。

（一）课堂调查

课堂调查是对学习者感知、观念、态度等方面的调查，是主观文化因素的有效教学方法之一，常用于跨文化交际能力训练中。课堂调查主要包括两种方式：一种是调查全班学习者对中国文化的感知、观念和态度等，形成小规模民调；另一种是学习者之间互相调查对某些文化现象的感知、观念和态度等。课堂调查在语言课和文化知识课中均可采用。

课堂调查可以帮助学习者理解并反思自己的价值观和文化视角，提高文化的自我意识，而文化自我意识也是跨文化意识的组成部分。此外，学习者通过调查可以了解其他人的态度和观念，培养对不同文化视角和价值观的尊重和共情态度。由于具有广泛的参与性、互动性和趣味性，课堂调查受到学习者的欢迎。语言课堂的调查活动能够提高语言互动的质量，促进语言的习得。

课堂调查的范围广泛，与《参考框架》中"当代中国""传统文化""社会生活"三大板块的内容相关的文化话题可以作为课堂调查的内容。例如：

（1）学习中文和中国文化的动机和态度；

（2）对中外教育理念和师生关系的看法；

（3）对中外择偶标准和家庭观念的看法；

（4）对工作与生活关系的看法和理想；

（5）对历史和现代名人的感知和评价；

（6）对中国文化和其他文化的感知和态度；

（7）对政治、经济制度和政策的评价和态度；

（8）对中外关系和世界和平的感知和愿景。

以下是"教育"主题的课堂调查活动示例：

你同意以下的说法吗？	同意	不确定	不同意
（1）上大学应该选择容易就业的专业。	☐	☐	☐
（2）上大学期间应该专心学习，不应该打工。	☐	☐	☐
（3）文科知识不是实用知识，所以要少学。	☐	☐	☐
（4）名牌大学的学生比普通大学的学生更容易找到工作。	☐	☐	☐
（5）上大学可以改变人的命运。	☐	☐	☐

对课堂调查的建议：

（1）展示调查的量化结果可以增强活动的参与性和趣味性，也让学习者更直观地了解同伴的感知、观念、态度。可利用线上投票平台来实现这种结果。

（2）调查后的讨论环节很重要，可以让学习者阐述自己选择的理由，澄清一些观点，避免形成刻板的印象和态度。

（3）调查的内容涉及主观文化因素，容易引起争议或情感反应，采用匿名方式可以保护学习者的隐私，也更容易获得真实客观的结果。

（4）把调查的结果与中国人对相关问题的感知、观念、态度作比较，可以深入理解中国人的想法，提高跨文化意识。

（二）分组辩论

分组辩论是一种表达性和评价性的教学活动，通常针对学习者感兴趣并存在争议的现实社会问题进行意见交换，适合在文化知识课和高年级的语言课中展开。分组辩论活动给学习者提供了探索和评价现实问题的机会，也提供了表达自己文化的感知、观念和态度的机会。同时，分组辩论也有利于培养学习者的分析能力和思维能力，以及对不同文化观点的宽容态度。由于具有自主性、创造性和竞争性，这种活动特别能激发学习者表达的兴趣。语言课堂的辩论活动是训练综合语言表达能力的有效方法，可以促进语言教学与文化教学的结合。

分组辩论的话题大多与现实生活紧密联系，并存在不同观点或争议，《参考框架》的"社会生活"和"当代中国"板块中一些有争议或存在着较大跨文化差异的问题可以作为分组辩论的题目。例如：

（1）学生在校园里是否应该穿校服？

（2）实体店购物和网络购物的利弊是什么？

（3）严格的教育还是宽松的教育更有利于学生的成长？

（4）大学生找工作应该追求稳定还是追求创新？

（5）推广普通话与保护方言如何平衡？

（6）保护文化遗产和发展旅游事业之间是否存在矛盾？

（7）经济发展和环境保护可以同时实现吗？

（8）全球化对国家经济发展的利弊是什么？

对分组辩论的建议：

（1）提醒学习者在辩论中尊重别人的意见和观点，学会礼貌地表达不同意见或反驳他人观点，避免情绪化的表达或过激的言辞。

（2）教师作为辩论的裁判，应持有客观公平的态度，给予辩论双方均等的发言机会，避免流露个人的倾向性。

（3）辩论对学习者的思维能力、知识储备、语言表达能力要求比较高，更适合在年龄较大或者中文水平较高的学习阶段进行。

（4）语言课堂的分组辩论，可以提供陈述观点和反驳别人观点的词语和句式，使文化讨论问题与训练说明、举例、解释、反驳等语言表达能力相结合。

五、文化体验的教学活动

《参考框架》确定的最终目标是培养学习者跨文化交际能力的综合能力。体验型学习模式被公认是培养文化学习能力的有效途径，课内外文化体验的教学活动包括表演性活动、动手活动、课外调查和采访、项目与演讲等。这些活动以学习者为中心，具有高度参与性、广泛应用性和强烈创造性，是培养语言和文化学习能力的重要手段。

（一）表演性活动

表演性活动是培养跨文化交际能力的一种有效训练方法，也是"体演文化教学法"所倡导的教学方法。表演性活动包括两种类型：一种是日常行为、社会情境、交际活动的角色扮演和情景模拟；另一种是文艺表演，如诗歌朗诵、戏剧表演、影视剧配音等。表演性活动可以在课堂上展开，也可以作为课外文化体验活动的一种形式，因其趣味性、想象力和创造性而备受学习者欢迎。

表演性活动是有意义且富有创造性的学习方式，能够激发学习者对文化的兴趣和热情。角色扮演和情景模拟有利于培养学习者对社会语境和文化规则的敏感性，而文艺表演在美育、德育、情感教育方面具有优势，能够增强学习者对中国文化的亲近感和共情态度。语言课堂中的表演性活动可以训练学习者在真实情境中运用语言的准确性和得体性，促进语言学习和文化学习的融合。

表演性活动的内容大多涉及具有故事性和情境性的文化内容，《参考框架》中"社会生活"板块的衣食住行、语言交际、非语言交际、交往等主题以及"传统文化"中的文学、艺术等内容均适合表演性活动。例如：

（1）就餐、购物、约会、招聘、旅游等；

（2）家庭生活和校园生活；

（3）节日、庆典的习俗；

（4）问候、介绍、道歉、请求等言语行为；

（5）肢体语言、谈话距离等非语言行为；

（6）神话、寓言、民间故事等；

（7）诗歌、散文、小说、戏剧等文学作品；

（8）当代流行的影视剧。

以下是"语言交际"主题的角色扮演活动示例：

称赞的回答方式	
情景：	回答方式：
1. 男同学称赞女同学穿的衣服很好看。	1. 哪里哪里。
2. 老师夸奖学生写的作文很好。	2. 还差得远呢！
3. 客人称赞你的爱人漂亮、能干。	3. 谢谢，是吗？
4. 学生称赞他的老师知识丰富，讲课生动。	4. 谢谢，我也这样觉得。
5. 中国人称赞一个外国人汉语说得好。	5. 过奖过奖！

对表演性活动的建议：

（1）表演性活动的内容复杂程度和语言难度应与学习者的特点相适应。小学、中学阶段可以多进行日常生活的角色扮演和情景模拟，大学及成人阶段可采用影视剧配音、戏剧表演等形式。

（2）表演性活动之后应该有讨论环节，让学习者对表演内容所涉及的文化因素有更深的理解，把体验活动与观察反思结合起来。

（3）文艺表演应该给学习者留出更多课外准备和排练的时间，并采用成绩加分、评选最佳表演者等方法奖励积极参与的学习者。

（4）鼓励学习者在表演活动中发挥想象力和创造力，允许并尊重他们对文学原作进行重新解读、改编和再创造。

（二）动手活动

动手活动是体验学习模式的典型方法，突出了"做中学"的特点。在动手活动中，学习者可以通过听觉、视觉、触觉、动觉等多种感官体验来亲身感受中国文化的环境和特点。动手活动是大部分学习者喜爱的文化体验活动，尤其适合年龄较小的学习者。动手活动可以在课堂上进行，也可以作为课外文化体验活动的一种形式。

动手活动生动直观，可以增强学习者对中国文化的印象和好感。同时，动手活动具有游戏性和创造性，能激发学习者学习文化的兴趣和动力。动手活动特别适合具体的文化产物和行为习俗等方面的学习，《参考框架》中"社会生活"和"传统文化"板块的很多主题可以成为动手活动的内容。例如：

（1）玩传统和现代的儿童游戏；

（2）画中国画，写书法字；

（3）制作剪纸、风筝、中国结、脸谱等手工艺品；

（4）学做中国菜，品尝中国茶；

（5）体验和学习武术、象棋、太极拳等传统体育项目；

（6）体验和学习舞蹈、乐器、戏曲表演等；

（7）时装表演，展示传统服饰和民族服饰的魅力；

（8）体验中医的针灸、穴位按摩等。

对动手活动的建议：

（1）在进行动手活动之前，可以简单介绍相关的文化知识，让学习者不仅知道做什么和怎么做，还了解这种文化产物或习俗的特点和含义。

（2）为了提高学习者参与活动的兴趣和热情，可以增加动手活动的竞赛性因素。例如，通过评选优胜者、颁发小奖品等方式来激励学习者积极参与。

（3）语言课堂的动手活动，最好与描述文化特点和表达喜爱或感受的语言练习结合起来，并学习一些特殊的文化产物的名称。

（三）课外调查和采访

课外调查和采访是外语教育领域所倡导的实地考察或田野工作的主要形式，具有体验性学习和探究性学习的特点。通过课外调查和采访，学习者可以了解中国文化的真实面貌，理解中国人行为和观念的多样性。课外调查和采访是课堂文化教学的延伸和补充，是语言课堂和文化课程常用的教学活动。

课外调查和采访的范围非常广泛，既包括对中国人行为和观念的调查和采访，也包括对自己国家民众的调查和采访，了解他们对中国文化的感知和态度等。调查和采访从"局内人"和局外人双重角度来理解中国文化的本质特点，可以避免形成刻板印象和文化成见，并培养换位思考的共情态度。另外，课外调查和采访也为学习者提供了与中国人真实交往的机会，有利于培养中文的交际能力。《参考框架》中"社会生活"和"当代中国"的很多文化主题都可以作为课外调查和采访的内容。例如：

（1）喜欢的休闲、娱乐、旅游、体育活动；

（2）人际交往的方式和观念；

（3）衣食住行的方式和生活的理念；

（4）家庭活动、成员关系与家庭观念；

（5）改革开放对中国社会和人民生活的影响；

（6）民众关心的政治、经济、民生、大学生就业等的议题；

（7）崇拜的政治人物、民族英雄、科学家等；

（8）对中国或其他国家的印象以及印象的来源。

以下是"就业"主题的课外调查和采访活动示例：

> **采访1—2个中国人，做好笔记或录音，准备下次课堂汇报和讨论。**
> （1）你是通过什么方式找到工作的？
> （2）你对现在的工作是否满意？主要原因是什么？
> （3）你理想的工作是什么？为什么？
> （4）你认为大学生就业难吗？就业难的主要原因是什么？
> （5）你对找工作的大学毕业生有什么建议？

对课外调查和采访的建议：

（1）根据学习者的特点和语言水平确定调查和采访的内容。小学、中学阶段侧重采访中国人具体的行为和偏好，大学及成人阶段侧重调查和采访对某些文化问题的感知、观念、态度等。

（2）课外调查和采访后应有课堂汇报和讨论的环节，通过汇报调查和采访的结果，了解中国人行为和观念的多样性，避免产生过度概括和误解。

（3）鼓励学习者使用中文进行调查和采访，在调查和采访中培养真实情境下的人际交往技能和语言交际能力。

（4）采用小组调查和采访的方式，可以强化学习者的合作精神，增加互动和沟通的机会，克服一些学习者单独活动的害羞心理，也增加课外活动的乐趣。

（四）项目与演讲

项目与演讲是外语教育中文化教学的常用方法之一。项目指的是学习者利用课外时间对某个文化问题进行探索和研究，而演讲则是通过课堂宣讲研究成果和产品来展示他们的文化知识、技能和态度。项目与演讲可以是个人独立进行的研究，也可以是小组合作完成的课题。项目与演讲是语言课和文化知识课中常见的教学活动。

项目与演讲活动的目的在于培养学习者理解、分析和评价文化的综合能力，为进一步的专业学习打下基础。同时，项目与演讲把分析能力和表达能力、文化学习与语言学习相结合，是提高语言文化学习综合能力的有效方法。

项目与演讲的范围和内容非常广泛。《参考框架》中"社会生活""传统文化""当代中国"的任何文化主题都可以作为项目与演讲的题目。例如：

（1）中国重要的城市和名胜古迹等；

（2）重要历史事件的意义和影响；

（3）政治制度和经济模式的特点；

（4）古今著名人物的主要思想和贡献；

（5）文学艺术作品、影视剧的主题和艺术特点；

（6）高考制度和改革；

（7）中国脱贫减贫的举措和意义；

（8）中外文化交流的重要事件和意义。

以下是"文化遗产"主题的项目与演讲活动示例：

题　　目：介绍中国或你们国家的一个名胜古迹

内容要求：介绍一个名胜古迹的位置、特点、相关故事、价值、受欢迎的原因等

形式要求：PPT展示，包括文字、图片、视频等，至少10页

演讲要求：演讲8分钟，准备2个互动题目供大家讨论

备用句型：……位于……，是……；……的独特之处在于……；因……而得名；

　　　　　……因……而受到……欢迎

对项目与演讲的建议：

（1）根据学习者认知水平或语言水平来确定研究题目和范围。小学、中学阶段的研究项目主要侧重于呈现和描述文化特点，大学及成人阶段重点在于概括和分析复杂的社会文化问题，也允许学习者选择自己感兴趣的文化话题进行研究。

（2）对项目与演讲的内容和形式提出明确的评估要求，并在选题、搜寻资料、撰写大纲、完成初稿和演讲的各个环节提供指导和反馈意见。

（3）鼓励学习者采用新的技术手段展示研究成果，如音频、视频等，使之更具趣味性和创造性。

（4）语言课堂的演讲活动可以与语言的听说读写综合训练相结合，提供书面语和口语表达方面的评价标准和具体要求，从而促进文化学习与语言学习的紧密结合。

第三章　文化教学的评估

文化教学评估是文化教学的重要组成部分，是检验《参考框架》确定的文化教学目标是否实现、教学内容是否完成以及教学活动是否有效的主要途径。然而，在外语教育领域和国际中文教育领域，如何评估文化教学效果一直是一个重要的课题，也是实践上的难题。尽管在教学内容和教学方法方面出现了很多新思路和新模式，但是文化教学评估仍然主要依赖于文化知识测试，没有将语言教学中的文化因素作为主要评估内容。

自从跨文化交际能力被确立为外语教育的主要目标之后，广大学者和教师形成了一个基本共识：跨文化交际能力是包括了知识、技能、态度、语言交际能力的综合能力，因此需要采用综合性、动态性和多样化的评估方法。（Byram, 1997；Fantini, 2009）根据Deardorff（2006）的调查，跨文化交际能力的主要评估方法包括访谈、案例分析、项目与演讲、档案袋、教授评估、前测后测等。以上这些对文化教学评估的探讨和实践对国际中文教育领域的文化教学评估提供了一些参考。

第一节　文化教学评估的原则

《参考框架》提出的文化教学目标包括文化知识、文化理解、跨文化意识和文化态度四个维度，涵盖了认知、技能、态度等不同层面。因此，文化教学需要根据跨文化交际能力的特点、文化教学的目标和学习者的特点等，采用多样化和过程化的评估方式。另外,在语言教学中融入文化教学时,也需要进行文化教学评估,以体现国际中文教育领域文化教学的特点和需求。基于此,文化教学评估应遵循以下几个原则:

一、单项技能评估与综合能力评估相结合

外语教学领域的文化教学评估以文化测试最为常见,主要评估学习者对目的语文化知识的掌握情况。可是这种测试更多是检验学习者记忆文化信息的能力,无法真正考查学习者的文化理解力和洞察力,更不能深入评估学习者的跨文化意识和文化态度。因此,外语教学界反思客观测试方式的局限性,一致认为客观测试的方法只是文化教学评估的一种方式,而不能成为文化教学评估的唯一方式。(胡文仲、高一虹,1997;Byram,2000;Fantini,2009)Fantini(2009)建议评估跨文化交际能力应该包括直接和间接的指标、定量和定性的信息、单项和综合的信息等方面。

国际中文教育领域的文化教学评估应该根据教学目标中的不同维度和层面采用不同的评估方法。例如对应文化知识目标,可以采用知识测试的方法;对应文化理解目标,可以采用笔试主观题的方法;对应跨文化意识目标,可以采用案例分析的方法;对应文化态度目标,可以采用自我报告的方法。由于跨文化交际能力包括文化的知识、技能、态度和语言交际能力等多个方面,且它们之间存在内在关联性,因此除了单项评估之外,还建议采用综合能力评估,如面试、项目与演讲、档案袋等,这些方法是考查学习者文化知识、技能、态度和语言交际能力的综合评估方式。

二、形成性评估与总结性评估相结合

传统的文化教学评估通常侧重于课程结束时的总结性评估,主要考查学习者对课程内容的掌握情况。许多跨文化交际和外语教育领域的学者强调跨文化交际

能力的形成是一个动态的过程，而不是一个静止的结果（Deardorff，2006），无论是文化的知识、技能和态度，还是语言交际能力，都是在不断学习、互动、体验、实践中发展起来的，因此评估跨文化交际能力也应该关注和强调学习者文化学习能力的发展和变化，并将形成性评估和总结性评估结合起来。

形成性评估是评估学习者跨文化交际能力发展和变化的有效方式，其主要目的是给师生提供可参考的反馈意见，以改进和强化学习者的文化学习过程。形成性评估体现了以学习者为中心的原则，将学习者从被动接受评价转变为评价的主体和积极参与者。形成性评估通常采用非正式的考试形式，如平时测验、教师课堂观察、学生作业、单元或阶段考试等。将形成性评估与总结性评估结合意味着增加平时成绩的比例，减少期末考试的比例。另外，跨文化交际领域常采用前测和后测的方法来考查学习者跨文化交际能力的变化特点。例如，在学期初和学期末，让学习者分别填写跨文化交际能力自我评估量表，并结合反思报告，让学习者评估通过学习自己在跨文化交际能力哪些方面有了进步和发展。这种方法可以更好地反映学习者的文化学习过程，并在之后的教学中进行调整和优化。

三、教师评估与学习者互评和自评相结合

传统的文化教学评估中，教师是唯一的教学评估者，体现了以教师为中心的特点。而新时期国际中文教育的文化教学强调以学习者为中心、以教师为主导的原则。因此，在文化教学评估中，应该将学习者作为主体参与评估过程，通过学习者互评和自评等方式，提升学习者的文化学习主体意识、内在动机和自信心。评估主体的多元化使文化教学评估结果更加客观和全面，减少了教师评估单一角度的局限和可能产生的片面、主观色彩。

适合学习者互评的评估方式包括角色扮演、项目与演讲等，适合学习者自评的方式有自我评估量表、反思报告等。然而，学生互评和自评都应该在教师的指导下进行，并与教师评估相结合，以达到平衡和客观的效果。

四、文化教学评估方式应具有针对性和阶段性

国际中文教育的主要特点之一就是将文化教学与语言教学相结合。在语言课堂进行文化教学时，文化教学评估应该成为整个语言教学评估的重要组成部分，并考虑到学习者的语言等级水平。评估学习者的语音、词汇、语法、语篇、语用等技能时，应该与文化知识、文化理解、跨文化意识、文化态度的评估结合起来。例如，看图说话、故事分享、角色扮演、情景模拟等，既考查学习者的中文水平，又评估学习者的跨文化能力。

《参考框架》的文化教学根据学习者认知特点，分成了小学、中学、大学及成人三个不同层级，每个层级有不同侧重的文化教学目标。因此，不同层级的文化教学评估的内容和方式也要体现阶段性的特点并适合学习者的认知思维水平。小学阶段的文化目标主要考查学习者识别和了解中国标志性的文化产物和行为习俗，看图辨认、地图定位、做手工、连线匹配、动作模拟等是比较合适的评估方法；中学阶段重点考查学习者对中国文化多样性的理解和文化比较的能力，情景模拟、角色扮演等评估方法比较适合；大学及成人阶段重点考查学习者的综合分析能力和评价能力，因此项目与演讲、课外调查和采访等方法更符合他们的认知思维水平。

第二节 文化教学评估的方法

外语教育领域和国际中文教育领域一直在探索行之有效的文化评估模式，并提出了一些有启发性和值得借鉴的方法。为了达到《参考框架》教学目标的要求，我们应该根据教学内容的重点、学习者思维的特点、课程的类型等选择合适的文化评估方法。在评估过程中，应力求在单项技能评估和综合能力评估、形成性评估和总结性评估、教师评估与学习者互评和自评等方面达到平衡，体现评估方式多样性和过程化的特点。下面介绍几种主要的文化教学评估方法。

一、文化考试

文化考试是评估学习者文化知识和文化理解的有效方法之一，主要考查学习者"知道什么"的问题，对应了《参考框架》所确定的文化知识和文化理解的目标。文化考试常以闭卷笔试的方式进行，题型包括客观题和主观题两个部分。客观题型包括填空、判断对错、多项选择、连线匹配、地图定位、概念解释等，主观题型包括简答、论述、案例分析等。文化考试主要用于文化知识课程的期末总结性评估。

尽管文化考试是一种比较公正、准确和科学的评估方法，对教师来说也较容易命题和评分，但它的局限在于无法充分评估学习者的交际能力和文化学习技能，更无法有效评估学习者主观的文化态度和跨文化意识。因此，文化考试只能作为文化教学评估的一种方式，对学习者的交际能力、跨文化意识、文化态度的评估还需要采用其他的评估方式。

对文化考试的建议：

（1）对不同阶段的学习者应该采用不同的题型。小学、中学阶段多采用地图定位、连线匹配、拼图、排序等具体直观的考试形式。在大学及成人阶段应增加阐述观点、文化比较、案例分析等考查综合分析能力的题型。

（2）应该减少孤立的文化事实、数字、现象等记忆性的客观题目比例，增加连线匹配等考查学习者对文化因素关联性理解的题型。同时，增加简答题、论述题等主观题型以考查学习者的文化理解力。

（3）在语言教学中，应将文化因素教学的评估应该与阅读理解和语用能力的考核相结合。例如，在阅读理解考试中增加对中国文化理解的题目；在语用能力考试中加入言语行为与社会语境的匹配、言语行为礼貌性识别等题目。

二、面试

学习者面试是外语教育中语言和文化相结合的评估方法。在面试中，通过考查学习者回答问题或分析案例的情况，可以评估学习者的文化知识、文化理解、跨文化意识、文化态度和语言交际能力的综合能力。面试主要是语言课中文化教学评估的方法，通常是口语测试的一部分，但在文化知识课中较少采用。

与笔试相比，面试更具有针对性和个性化的特点，不仅可以全面考查学习者的综合能力，还可以重点考查某个具体教学目标的实施效果。面试是语言表达能力评估和文化学习能力评估的结合，因此是语言教学中文化教学评估的特色和有效方法之一。但是面试的局限性在于比较费时，不适合用于人数较多的大班。另外，面试的结果具有一定的主观性，需要教师具备一定的面试能力，如提问、追问和引导方面的能力，以保证面试结果的准确性。

对面试的建议：

（1）准备多套面试题目，每套题目的难度应大致相当，并采用随机抽签的方式让学习者选择，这样可以避免学习者猜题或死记硬背，提高面试的效果和结果的准确性。

（2）制定有量化指标的评分表，并采用打分的方式进行评分。在面试过程中录音或录像，并在面试后观看回放，以减少面试的主观性和随意性。

（3）在有条件的情况下，可以增加面试教师的人数，提高面试的科学性和客观性。如果有多个面试官，最好在面试前对评价标准进行讨论并达成共识。

三、角色扮演

角色扮演是语言教学中文化教学评估的方式之一，也是测评语言交际能力的常用方法。通过让学习者模拟并表演特定社会场景中的交际行为，考查他们对社会语境和文化规则的敏感性以及是否具有得体的交际能力。角色扮演适合平时课堂活动的形成性评估，也可以作为期末总结性评估的一部分。角色扮演主要是观察性评估，也是教师评估和学习者互评相结合的一种评估方式。

《参考框架》中"社会生活"板块的语言交际、非语言交际、交往、衣食住行、工作与休闲等文化主题，适合采用角色扮演的评估方法。角色扮演直观自然，具有真实性和趣味性，受到学习者的欢迎。其突出优点是语言教学评估和文化教学评估相结合，体现国际中文教育中文化教学的特点。另外，这种加入学习者互评的评估方法不仅增强了学习者的参与性和主体性，还降低了教师评估的片面性和主观性。但是角色扮演的评估方法需要教师设计合理的情景和角色，并制定出具体的评分标准。

对角色扮演的建议：

（1）提供情景卡片和对角色的描述，并提供要求使用的词语、句式、交际策略等信息。提供的情景信息和要求越具体，学习者越容易操作，评估的结果就会越准确。

（2）当采用学习者互评方式时，需要让学习者了解和熟悉评分的标准，并使用有具体项目的评分表进行打分，以避免仅凭印象打分造成的主观性和随意性。

（3）如果角色扮演作为期末总结性评估的一部分，最好邀请目的语文化的人充当评估者之一或者让他们根据录像打分，因为文化行为得体性是从目的语文化角度来衡量的。

四、自我评估

自我评估是跨文化交际能力评估的常用方法之一，也是考查学习者感知、观念、态度等主观文化因素的有效评估方式，对应《参考框架》中的跨文化意识和文化态度的教学目标。跨文化交际领域有很多知名并广泛采用的自我评估量表，如跨文化能力发展清单（Intercultural Development Inventory，简称IDI）（Hammer &

Bennett，2003）、跨文化敏感性量表（Intercultural Sensitivity Scale）（陈国明，2009）。这些量表经常以自我报告的形式出现，是学习者对跨文化交际能力各个方面的自我评估，在文化教学评估中可以作为学习者自评的参考。

由于跨文化意识和文化态度等具有内在性和主观性，无法通过直接观察和客观测验来评估，因此自我报告被认为是评估跨文化意识和文化态度的理想方式。自我报告体现了以学习者为中心的教学理念，提高了学习者的文化学习主动性和反思意识。但是自我报告的评估方式具有一定的局限性，因为有的学习者会根据教师或社会的期待而不是自己本来的样子进行评估，从而影响评估结果的真实性和准确性。因此，自我评估应与其他文化评估方法结合使用，如通过反思报告、面试等综合考查学习者内在的情感和态度，使文化评估更加全面和有效。

以下是跨文化敏感性量表的一些题目：

1. 非常不同意；2. 不同意；3. 中立；4. 同意；5. 非常同意					
	1	2	3	4	5
（1）我享受与不同文化的人交流。	□	□	□	□	□
（2）我认为其他文化的人都是狭隘的。	□	□	□	□	□
（3）我在与不同文化的人交往中有自信。	□	□	□	□	□
（4）我发现在不同文化的人面前谈话是困难的。	□	□	□	□	□
（5）我觉得我的文化比其他文化更优越。	□	□	□	□	□
（6）我尊重不同文化的人的价值观。	□	□	□	□	□
（7）我尊重不同文化的人的行为方式。	□	□	□	□	□

对自我评估的建议：

（1）自我报告的方式主要考查内在的情感和态度以及文化反思能力，更适合心智成熟的学习者，因此更适用于中学或大学及成人阶段。

（2）对于初级语言水平的学习者来说，自我评估表可以采用学习者的母语或者媒介语的翻译版本，但是翻译应该符合原意，避免因语言翻译引起的歧义而影响评估结果的准确性。
（3）在学期初和学期末让学习者填写自我评估表，形成前测和后测的结果，可以让教师有效地了解学习者文化态度和观念的变化，并验证教学的效果。

五、项目与演讲

项目与演讲是外语教育领域文化教学评估的常用方法，也是跨文化交际能力评估的主要方法之一。项目与演讲是让学习者针对某个文化问题进行深入研究，然后撰写论文或报告，并在全班报告研究结果的评估方法。项目与演讲包括个人研究和小组研究两种类型，可以全面评估《参考框架》所规定的文化教学目标的四个维度，但是时间的长短和任务的难度有所不同，可以是平时成绩的一部分，也可以作为期末总结性评估的主要形式。项目与演讲是文化知识课和语言课都常使用的评估方式。

对项目与演讲的建议：

（1）制定评分标准时要在研究的选题、内容、语言、格式、演讲方式、提交时间等方面都提供具体的要求，以增强评估的客观性，同时让学习者有章可循。

（2）如果是小组的项目与演讲，应该有评估每个人的分工和贡献的方法，如给每个组员均等的演讲机会，增加组内成员互评等方式。

（3）项目与演讲的内容和形式要适合学习者的认知特点和语言水平，例如小学、中学阶段或中文初级、中级水平可以采用海报、PPT、视频等方式，而大学及成人阶段或中文高级水平可以采用撰写研究论文的方式。

（4）语言教学中的项目与演讲应该包括语言方面的评估标准，如在使用词语的多样性、句式的准确性、语篇的逻辑性、表达的流利性等方面都提供具体的要求和标准。

六、档案袋

档案袋，又称文件夹，是在外语教育领域受到欢迎并广泛应用的综合评估方法。（Byram，2000；柯顿等，2020）档案袋是学习者语言文化学习过程的记录，其中包括学习者的平时测验、作业、日记、反思报告、课外体验活动记录、采访笔记、创作的作品、自我评估表等。档案袋可以是一个真实的档案袋，也可以电子文件夹的形式存在。档案袋的评估方式同时适合文化课和语言课中的文化教学评估。

跨文化交际能力具有综合性、发展性、主观性等特点，因此档案袋中的多样性材料可以全面评估学习者跨文化交际和语言学习的情况。档案袋中的材料丰富多样，不仅有可以量化的客观数据，如测验成绩，也有用于质性分析的素材，如反思报告。同时，既有自我评估表，也有教师的评语和反馈，体现了教师评估与学习者自我评估的结合。不过，目前大多数中文教师对档案袋的评估方式不太熟悉，需要进一步学习如何具体实施。

以下是档案袋中的反思报告：

---

1. 我对中国的社会生活、传统文化和当代中国很感兴趣，有好奇心。

   举例说明

2. 我了解代表中国的产物、符号、形象等。

   举例说明

3. 我理解中国文化产物、习俗所表现的文化内涵和观念等。

   举例说明

4. 我能理解中国文化的多样性和发展性的特点。

   举例说明

5. 我理解中国文化和我们国家文化的一些主要异同。

　　举例说明

6. 我知道如何礼貌地与中国人交往。

　　举例说明

7. 我能够站在中国人的角度来理解他们的行为和观念、社会制度的选择，尽量避免刻板印象和以前形成的成见。

　　举例说明

8. 我知道如何发现和搜索中国文化的新信息，并知道如何把这些信息整合在一起。

　　举例说明

对档案袋的建议：

（1）档案袋中的材料主要是学习者自己选择的用于证明学习进步和成长的成果，应该给予学习者充分的自主权去挑选自己的代表性作品，提高文化教学评估中的自我评估比重。

（2）在建立档案袋之初，教师应该提供样板或给予指导，告诉学习者把什么样的材料放进档案袋，并告诉学习者如何解释和自我评价档案袋中的材料。

（3）教师应该在学习者选择代表性作品时，提出反馈意见和建议，特别是当学习者的平时作业、作品或表演很出色时，应及时建议学习者加到自己的档案袋中。

参考文献

毕继万（2009）《跨文化交际与第二语言教学》，北京：北京语言大学出版社。

陈光磊（1997）关于对外汉语课中的文化教学问题，《语言文字应用》第1期。

陈国明（2009）《跨文化交际学》，上海：华东师范大学出版社。

崔永华（2020）对外汉语教学的目标是培养汉语跨文化交际能力，《语言教学与研究》第4期。

胡文仲、高一虹（1997）《外语教学与文化》，长沙：湖南教育出版社。

[美]海伦娜·柯顿、[美]卡罗尔·安·达尔伯格（2020）《语言与学习者：国际语言课堂教学指南》（第5版），北京：北京语言大学出版社。

教育部中外语言交流合作中心（2021）《国际中文教育中文水平等级标准》，北京：北京语言大学出版社。

教育部中外语言交流合作中心（2022）《国际中文教育用中国文化和国情教学参考框架》，北京：华语教学出版社。

孔子学院总部/国家汉办（2014）《国际汉语教学通用课程大纲（修订版）》，北京：北京语言大学出版社。

李泉（2011）文化内容呈现方式与呈现心态，《世界汉语教学》第3期。

李泉、[越南]丁秋怀（2017）中国文化教学与传播：当代视角与内涵，《语言文字应用》第1期。

刘珣（2000）《对外汉语教育学引论》，北京：北京语言文化大学出版社。

陆俭明（2015）汉语国际教育与中华文化国际传播，《同济大学学报（社会科学版）》第2期。

[新西兰]罗德·埃利斯（2016）《任务型教学法新理念与国际汉语教学》，北京：外语教学与研究出版社。

吕必松（1990）关于教学内容与教学方法问题的思考，《语言教学与研究》第2期。

[美]迈克尔·H. 普罗瑟（2013）《文化对话：跨文化传播导论》，北京：北京大学出版社。

欧阳芳晖、周小兵（2016）跨文化视角下的中美汉语教材文化呈现比较，《华文教学与研究》第1期。

欧洲理事会文化合作教育委员会（2008）《欧洲语言共同参考框架：学习、教学、评估》，北京：外语教学与研究出版社。

吴勇毅（2021）我们不再是为习得语言而学习语言：更广阔的视角，《国际汉语教学研究》第2期。

吴中伟（2022）中国文化教学与中文教学的结合途径，《国际汉语教学研究》第2期。

叶朗、朱良志（2008）《中国文化读本》，北京：外语教学与研究出版社。

于小植（2022）面向国际中文教育的中国文化教学内容等级大纲研制构想，《国际汉语教学研究》第2期。

张英（2004）对外汉语文化教材研究——兼论对外汉语文化教学等级大纲建设，《汉语学习》第1期。

张英（2006）对外汉语文化因素与文化知识教学研究，《汉语学习》第6期。

张占一（1984）汉语个别教学及其教材，《语言教学与研究》第3期。

赵金铭（2014）国际汉语教育中的跨文化思考，《语言教学与研究》第6期。

周小兵、谢爽、徐霄鹰（2019）基于国际汉语教材语料库的中华文化项目表开发，《华文教学与研究》第1期。

祖晓梅（2014）提问——汉语课堂文化教学的基本方法，《国际汉语教学研究》第1期。

祖晓梅（2015）《跨文化交际》，北京：外语教学与研究出版社。

Bloom, B. S. 1956. *Taxonomy of Educational Objectives, Handbook I: Cognitive Domain.* New York: David McKay Co., Inc.

Byram, M. 1989. *Cultural Studies in Foreign Language Education.* Clevedon: Multilingual Matters.

Byram, M. 1997. *Teaching and Assessing Intercultural Communicative Competence.* Clevedon: Multilingual Matters.

Byram, M. 2000. Assessing Intercultural Competence in Language Teaching. Europe Council of Europe, Sprogforum.

Byram, M. 2008. *From Foreign Language Education to Education for Intercultural Citizenship.* Clevedon: Multilingual Matters.

Canale, M. & Swain, M. 1980. Theoretical Bases of Communicative Approaches to Second Language Teaching and Testing. *Applied Linguistics,* Volume 1, Issue 1.

Deardorff, D. K. 2006. Identification and Assessment of Intercultural Competence as A Student Outcome of Internationalization. *Journal of Studies in International Education*, Volume 10, Issue 3.

Fantini, A. E. 1997. *New Ways in Teaching Culture.* Alexandria, VA: TESOL.

Fantini, A. E. 2009. Assessing Intercultural Competence: Issues and Tools. In D. K. Deardorff (ed.) *The Sage Handbook of Intercultural Competence*, pp. 456-476.

Hammer, M. R., Bennett, M. J. & Wiseman, R. 2003. Measuring Intercultural Sensitivity: The Intercultural Development Inventory. *International Journal of Intercultural Relations*, Volume 27, Issue 4.

Kolb, D. A. 1984. *Experiential Learning: Experience as the Source of Learning and*

Development. Englewood Cliffs, New Jersey: Prentice Hall.

Moran, P. R. 2001. *Teaching Culture: Perspectives in Practice*. Boston: Heinle & Heinle / Thomson Learning.

Seelye, H. N. 1993. *Teaching Culture: Strategies for Intercultural Communication* (*third edition*). Lincolnwood: National Textbook Company.

Seelye, H. N. 1997. Cultural Goals for Achieving Intercultural Communicative Competence. In A. E. Fantini (ed.) *New Ways of Teaching Culture*, pp. 22-27.

The National Standards Collaborative Board. 2015. *World-Readiness Standards for Learning Languages (fourth edition)*. American Council on the Teaching of Foreign Languages.

van Ek, Jan A. 1986. Objectives for Foreign Language Learning. Volume I: Scope. Council for Cultural Cooperation, Strasbourg (France).

Walker, G. 2010. Performed Culture: Learning to Participate in Another Culture. In G. Walker (ed.) *The Pedagogy of Performing Another Culture*.

《国际中文教育用中国文化和国情教学参考框架》的教学内容与应用

第四章 "社会生活"的文化教学内容与应用

第一节 饮食

一、文化教学内容概要

（一）日常饮食

中国人一日三餐的主食以米饭和面食为主。由于气候的差异，南方主要是水稻产区，而北方盛产小麦和玉米。因此，南方人的主食以米饭为主，北方人则吃面食较多。传统早餐有油条、豆浆、粥、包子、米粉、烧卖等。中国人日常饮食还具有一些特点，如汉族和一些少数民族偏爱猪肉，而西北少数民族更偏爱牛羊肉；中国人喜欢吃热菜和炒菜，同时也喜欢把蔬菜和肉类放在一起炒。在口味上，有"南甜北咸，东辣西酸"的说法，反映了不同地区饮食口味的偏好。此外，还有一句俗语"早上要吃饱，中午要吃好，晚上要吃少"，体现了中国人健康饮食的理念。不过，现代人的饮食内容、口味和习惯都发生了很多变化，呈现出多样化的特点。

（二）中国菜

中国菜的主要特点包括：色香味俱全、调料丰富、烹饪方法多样、讲究刀工和火候等。代表性的食物有饺子、北京烤鸭、火锅、广式早茶等。饺子不仅是北方人日常饮食的一部分，也是传统节日食品之一，除夕夜吃饺子是北方春节的传统习俗。北京烤鸭是备受国内外食客喜爱的中国名菜，具有色泽红艳、肉质细嫩、口感醇厚、肥而不腻的特色。很多外国人来到北京，都会品尝北京烤鸭。火锅在中国普遍受欢迎，其中四川火锅和重庆火锅更为出名。火锅体现了中国人合餐共食的传统，同时也象征着"红红火火"的热烈气氛，表达了中国人对美好生活的追求。广式早茶，又叫做"点心"，在海外比较有名，受到许多外国人和海外华人华侨的喜爱。

（三）地方菜系和小吃

中国菜依据地理位置和地方口味可分成"四大菜系"，即黄河下游的山东菜系（鲁菜），长江上游的四川菜系（川菜），长江中下游及东南沿海的江苏、浙江菜系（苏菜），珠江及南方沿海的广东菜系（粤菜）。更细地分，又可分为"八大菜系"，即山东菜、湖南菜、四川菜、福建菜、广东菜、江苏菜、浙江菜、安徽菜。鲁菜是北方菜系的代表，对北京的"宫廷菜"影响很大，因此被列为八大菜系之首。鲁菜以咸鲜味道为主，代表菜有油焖大虾和糖醋鱼等，北京烤鸭也具有鲁菜的特点。川菜是最有特色的菜系之一，以麻辣、鲜香为主，代表菜有麻婆豆腐、宫保鸡丁等。因其深受大众喜爱，被称为"百姓菜"。粤菜影响深远，海外的中餐馆多以粤菜为主，民间有"食在广州"的说法。粤菜的特点是味道清淡鲜美，代表菜有清蒸石斑鱼和烤乳猪等。苏菜有"东南第一佳味"的美称，口味清淡，咸中带甜，代表菜有扬州炒饭、清炖狮子头等。中国不同菜系的特点和风格与地理环境、气候、资源、风俗密切相关。除了地方菜系以外，中国各地还有很多著名的风味小吃，如天津大麻花、上海小笼包和云南过桥米线等。

（四）餐桌礼仪

餐桌礼仪是中国饮食文化的一部分。中国饮食主要采用合餐的方式，大家围坐在一起共享食物。为了方便合餐，很多中餐馆的圆桌中间还有一个转盘。合餐共食的方式拉近了人与人之间的距离，活跃了用餐氛围，体现了中国人对家庭关系和人际交往的重视。中国的餐桌礼仪包括：让最重要的客人或长辈坐在面对门并离门较远的座位，让长辈或客人先动筷，敬茶时用双手奉上，夹菜用公筷，不能把筷子插到饭里，请客时点整条鱼和双数菜品等。这些餐桌礼仪体现了中国人尊敬长辈、讲究吉祥与和谐的观念。

（五）传统饮食观念

中国传统饮食注重顺应自然、平衡阴阳，根据春夏秋冬气候的不同，食用不同的食物，以达到养生和健体的目的。因此，夏天中国人会吃西瓜、冬瓜等食物来消暑，冬天会吃羊肉、大枣等食物来进补。中国传统饮食还有"医食同源，药膳同功"的观念，利用具有药用价值的食材制作美味佳肴，以起到防治疾病和延年益寿的作用。著名的药膳包括甲鱼汤、姜糖水等。中国传统食补观念非常独特，比如"上火"时要吃"去火"的食物，如苦瓜、菠菜、绿豆；食物被分为寒、热、温、凉四种特性，如羊肉是热性的，而鸭肉是凉性的；年老、体弱者需要补充营养，燕窝、海参等食材被认为是大补珍品等。

（六）饮食新特点

随着时代的发展和生活水平的提高，中国人的饮食方式和观念发生了很多变化。除了传统中餐，中国人也开始品尝不同国家的菜，如日本菜、韩国菜、泰国菜等。西式快餐如麦当劳、肯德基等在中国青少年中很受欢迎。现在很多年轻人喜欢点外卖、喝奶茶。很多城市的中小学校为学生提供营养餐，食物种类丰富，搭配合理，有利于提高学生的健康水平。中国人饮食文化的多元化与现代科技发展、全球经济一体化、生活节奏变快、健康饮食理念普及等因素有密切的关系。

（七）茶文化

中国是茶的故乡，饮茶是中国人饮食文化中不可或缺的一部分。中国茶的品种十分丰富，包括花茶、绿茶、红茶、青茶、白茶、黑茶等。中国著名的茶叶品种有西湖龙井、碧螺春、铁观音、茉莉花茶和普洱茶等。很多北方人喜欢喝茉莉花茶，而南方人更喜欢喝绿茶。茶馆是中国人休息、消遣和社交的场所，各地茶馆如北京茶馆、四川茶馆、广东茶楼等都有各自鲜明的特色和习俗。中国人在茶馆里会消遣聊天、会朋友、听戏曲、打麻将、吃早茶等。现代作家老舍的代表作《茶馆》就是以北京老茶馆为背景，生动地展现了中国的社会风貌和历史变迁。中国茶艺的代表之一是潮州的工夫茶。中国人常以茶待客、以茶会友，通过品茶来修身养性，体现了中国人特有的茶文化。

（八）酒文化

中国是世界上最早酿酒的国家之一，有着几千年的饮酒历史。中国的传统酒主要是白酒，著名的白酒有贵州的茅台酒、四川的五粮液、北京的二锅头等。茅台酒被称为中国的"国酒"，常被用于招待贵宾。中国有很多饮酒的习俗，例如婚宴上的酒被称为"喜酒"，在婚礼上新郎和新娘要喝"交杯酒"，以示百年好合。中国古代许多著名的文人喜欢饮酒，并从中获得艺术灵感，如唐代诗人李白就被称为"酒仙"。中国古代诗歌中也有大量与酒有关的著名诗句，如"白日放歌须纵酒，青春作伴好还乡""醉卧沙场君莫笑，古来征战几人回"等，表达了豪迈和浪漫的英雄气概。现代中国人饮酒主要是为了活跃气氛、增进友谊、拉近人与人之间的关系，所以有"无酒不成席"的说法。酒在中国人的物质生活、精神生活、社会交往中起着重要作用。

二、文化教学参考

饮食（小学）

教学目标：

1. 识别中国人日常饮食的主要食物和口味偏好。
2. 了解中国人使用筷子的方式和合餐的习惯。
3. 了解饺子、北京烤鸭、火锅等中国饮食的特点。

关键词：

一日三餐／主食／炒菜／饺子／面条／包子／豆浆∥筷子／合餐∥北京烤鸭／

火锅 // 色香味

讨论题举例：

1. 你吃过什么中国菜？喜欢吃什么菜？不喜欢吃什么菜？喜欢或不喜欢的理由是什么？

2. 中国人一日三餐主要吃什么？与你们国家的日常饮食有什么相同和不同的地方？

3. 你们国家最有名的菜是什么？有什么特点？与中国菜有什么不同？

4. 你们家采用合餐还是分餐的方式？使用什么餐具？你喜欢哪种用餐方式？为什么？

5. 中国的代表菜是什么？你认为中国菜在食材、味道、外观等方面有哪些特点？

教学活动举例：

1. 配对和指认：将图片上的中国菜与呈现食材、味道、文化含义等内容的图片进行配对，并在中国地图上指出它们的地理位置。（饺子、烤鸭、火锅等）

2. 比较异同：比较中国人一日三餐和你们家日常饮食的异同。（吃饭时间、吃饭地点、吃什么、喝什么等）

3. 画画比赛：画出自己家晚餐的场景。（餐桌的位置、座位的排列、餐具和食物的摆放等）

4. 食物分享：老师和学生把自己国家的特色食物带到课堂上一起分享品尝，体验中国食物和其他国家食物的异同。

5. 课外活动：观看介绍中国饮食文化的视频或者前往当地中餐馆就餐，了解中国菜的特点。

饮食（中学）

教学目标：

1. 了解中国地方菜系的特点和分布，理解中国饮食文化的多样性。

2. 了解中国人的餐桌礼仪和表达的文化内涵。

3. 理解中国人饮食方式的变化及其受到的影响因素。

关键词：

四大菜系 / 八大菜系 / 地方小吃 // 公筷 / 点菜顺序 / 入座顺序 / 敬茶 // 快餐 / 外卖 / 美食榜单 / 学校营养餐 // 烹饪方法

讨论题举例：

1. 中国四大菜系指的是什么？主要有什么特点？代表菜是什么？你喜欢哪个菜系的菜？

2. 中国四大菜系的特点与当地的地理位置、气候、物产有什么关系？你们国家有没有不同的菜系？有什么特点？

3. 中国主要有哪些餐桌礼仪？表达什么含义？你们国家的餐桌礼仪与中国的餐桌礼仪有什么相同和不同的地方？

4. 你们国家有中餐馆吗？最受欢迎的菜是什么？有什么特点？你最喜欢吃什么菜？

5. 如果你的朋友让你推荐一个中国菜，你会推荐什么菜？为什么？

教学活动举例：

1. 菜单学习：学习中餐馆的菜单，指出中国菜在菜的种类、食材、味道、烹饪方法等方面的特点，并学习与饮食相关的汉语词汇。

2. 比较异同：比较中外饮食习俗的异同。（座位排列、上菜顺序、餐桌礼仪、付小费、结账等）

3. 角色扮演：和朋友去中餐馆吃饭，学生分别扮演食客和服务员，表演在中餐馆如何找座位，如何在点菜时表达偏好，如何提出请求或抱怨等，如何付小费和结账等。

4. 项目与演讲：

（1）介绍一个你喜欢的中国菜。

（2）比较中国菜和自己国家的菜的异同。

5. 课外活动：

（1）去当地中餐馆品尝中国菜，观察中国人或当地华人华侨用餐的行为和习惯。

（2）举办小型食物展览，师生带来自己家做的菜，一起分享和品尝，并描述它们的特点。

饮食（大学及成人）

教学目标：

1. 了解中国人在饮茶种类和饮茶习俗方面的特点和多样性。

2. 了解中国人在饮酒种类和饮酒习俗方面的特点和多样性。

3. 理解中国人的饮食和健康观念及其变化。

关键词：

绿茶 / 红茶 / 乌龙茶 / 茶具 / 茶馆 / 饮茶习俗 / 早茶 / 茶道 // 茅台酒 / 敬酒 / 劝酒 // 药膳 / 食疗 / 素食 / 节食 / 健康饮食观念

讨论题举例：

1. 中国人喜欢喝什么茶？中国各地饮茶种类和习俗有什么不同的特点？

2. 中国茶文化与你们国家的茶文化或咖啡文化有什么异同？

3. 中国人饮酒的主要目的是什么？有什么特别的习俗？与你们国家的酒文化有什么异同？

4. 中国传统饮食观念是什么？举例说明哪些食物体现了中国人顺应自然、医食同源的观念？你对此有什么看法？

5. 在你们国家，饮食内容和习俗方面有什么禁忌？这些禁忌的含义是什么？

教学活动举例：

1. 比较异同：比较中国茶馆与你们国家的茶馆、咖啡馆、酒吧等的异同。（环境、活动、习俗和表达含义等）

2. 诗歌欣赏：学习有关饮酒的诗句，理解其含义及酒文化在中国文化中的地位。

（1）花间一壶酒，独酌无相亲。举杯邀明月，对影成三人。

（2）白日放歌须纵酒，青春作伴好还乡。

（3）抽刀断水水更流，举杯销愁愁更愁。

（4）葡萄美酒夜光杯，欲饮琵琶马上催。

　　　醉卧沙场君莫笑，古来征战几人回？

3. 分组辩论：海外的中国菜应该保持地道的特色，还是应该适应当地人的口味而本土化？

4. 项目与演讲：

（1）全球化对中国和你们国家饮食文化的影响。

（2）中国年轻人饮食行为和观念的新特点。

5. 课外活动：

（1）去当地中式茶馆体验和观察，了解中式茶馆的特点，中国人在茶馆中的行为和习惯。

（2）采访自己国家的人，了解他们喜欢吃的中国食物是什么，理由是什么。

第二节　居住

一、文化教学内容概要

（一）住房类型

中国的住房分为现代住宅和传统民居。目前在城市中，大多数居民住多层或高层的单元楼房，而在农村地区，人们大多住带院子的独立平房。在中国，别墅通常指建在郊区或风景秀丽的地方的高档住宅，相当于国外的"house"，因此，在汉语中，别墅常与富裕和高品质生活联系在一起。中国的传统民居多以土木砖瓦为材料，庭院式民居最为普遍。由于北方气候四季分明，中国人在选择住房时会考虑房子的朝向，坐北朝南的房子被认为冬暖夏凉，因此最受欢迎。

（二）中式家具和摆设

中国住房室内的家具和摆设具有浓郁的中国文化特色。传统中式家具以实木材质为主，讲究木头的自然纹理和色泽，家具零部件之间常采用榫卯接合而不用钉子，既美观又牢固，具有科学性和实用性。明式风格的家具是中式家具的代表，其做工精良，风格典雅简洁，体现了中国独特的审美观和工匠水平。中式住房的室内陈设包括字画、盆景、瓷器、古玩、屏风、博古架等，体现了中国人独特的生活情趣。

（三）传统民居

中国地域辽阔，历史悠久，人口和民族众多，因此形成了丰富多样的传统民居形式和风格。中国代表性的民居有北京四合院、徽州民居、福建土楼、傣族竹楼、蒙古包等。徽州民居是中国江南民居的杰出代表，以马头墙和天井为标志性特点。徽派建筑大多是粉墙黛瓦，与周围的青山绿水相映照，宛若中国的山水画。福建土楼是客家人的传统民居，依山而建，夯土为屋。土楼以圆形为主，呈黄色。土楼内各家各户地位平等，没有高低贵贱之分，突出了"平等聚居"的观念。傣族竹楼是干栏式建筑的代表，上层住人，下层存放杂物、圈养牲畜，以适应西南地区多雨潮湿的气候。蒙古包是北方游牧民族的传统居住形式，由毡帐和木条等轻便材料建成，易于建造和拆卸，是草原文化的象征。

（四）四合院

四合院是中国北方民居的代表，其中以北京四合院最为典型。北京四合院是一个对外封闭、对内开放的院落，一般是朱红色大门和青灰色砖瓦，与故宫等皇家建筑形成对照。传统的四合院里住着一个大家庭，往往是几代同堂。家人按照尊卑长幼的秩序，分别住在不同的房间和院落。四合院的院子是家人活动的中心，里面养着各种花草虫鱼，体现了中国人"天人合一"的自然观。现在北京市中心还保留着一些完整的四合院，其中以恭王府的四合院最为著名。

（五）住房制度改革

改革开放以前，中国的城镇实行福利分房制度，工作单位分配给职工住房，产权是公有的，职工每月只需交很少的房租，但是住房条件比较差。筒子楼是福利分房时期有代表性的住房样式，特点是楼房内的几户人家常常共用厕所和厨房。改革开放以后，中国开始改革住房制度，实行住房商品化，由个人出资购买住房，房产成为个人的财产。很多人贷款买房，住房条件有了很大的改善。现在，中国人均住房面积已经达到或超过了30平方米，实现了中国制定的小康社会的住房目标。中国人的居住环境也逐渐变得更加宜居，功能齐全、绿化好、有小区管理的高层住宅越来越成为大中城市的主流居住类型。

（六）住房公积金与廉租房

住房公积金是指由国家机关、事业单位、企业以及职工个人缴存的并长期储蓄的一种住房制度性资金，用于支付职工家庭购买住房、装修改造住房或者租房的费用。公积金制度是中国政府为解决职工住房问题所实行的一种住房政策，在中国的住房保障和社会保障中占有重要位置。另外，政府还向符合城镇居民最低生活保障标准且住房困难的家庭提供廉租房。为贫困地区的贫困群众提供新建的安置住房，是中国减贫事业中的一项重要举措。

（七）房价与城镇化建设

随着城镇化建设的加速和经济的发展，目前中国的城镇化水平已经超过60%，越来越多的流动人口希望在城市发展并定居下来。这也造成了大城市特别是一二线城市房价过高，买房贵、买房难成为许多希望在大城市居住和发展的年轻人面临的问题。在中国，有"北漂"和"沪漂"的说法，这些人往往拥有高学历和专业技能，希望在北京和上海这样的大都市寻找更多工作机会并追求高质量的生活。但是，他们也面临着要么坚守一线大城市，要么到中小城市寻求发展的选择。为了解决居民的住房问题和防止房价过快增长，中国各级政府不断出台和调整住房和买房的政策，强调住房的居住功能，防止过分炒房。

（八）居住观念

中国自古是一个农耕社会，加上人口流动和迁移并不频繁，普通人对土地和住房有着特殊的感情。在中国的传统文化中，房子是家的象征，汉语中有"安居乐业""老有所居""落叶归根"的说法。按照有些地方的传统习俗，男人结婚时需要准备婚房。受社会、家庭和个人各种因素的影响，中国家庭的住房拥有率在世界上都算比较高的。另外，中国人的居住观念中还有"风水"的概念，即选择住房时注重吉利吉祥的因素。民间有许多禁忌，如住房不与墓地、医院等相邻，卧室的床不能对着镜子等。

二、文化教学参考

居住（小学）

教学目标：

1. 识别中国典型的民居类型和地区分布。
2. 了解中国人住房环境和室内布局的特点。
3. 了解中国人住房特点和日常生活的关系。

关键词：

平房 / 楼房 / 别墅 // 村庄 // 中式家具 / 室内陈设

讨论题举例：

1. 中国人住房的主要类型有哪些？有什么特点？城市和农村的住房有什么不同？
2. 你们家住什么样的房子？有什么特点？和中国哪种住房类型相似？
3. 中国人家里的房间布局和陈设有什么特点？和你们国家的室内布局和陈设

不同的地方是什么？

4. 你在自己家里最喜欢的房间、家具和家庭活动是什么？喜欢的理由是什么？

5. 你希望住一个什么样的房子？房子里有什么人？有什么样的家具和摆设？

教学活动举例：

1. 看图说话：识别和描述中国的城市和农村住房的类型和特点。（房屋的样子、材料、朝向、环境和居住的人等）

2. 比较异同：比较中国和你们国家住房的异同。（住房的类型、建筑材料、环境、房间布局等）

3. 故事分享：几个学生一组，分享自己和家人在房子里的起居和家庭活动，并说出自己最喜欢的房间或家具。

4. 画画比赛：画出自己理想中或想象中的房子。（房子的样子、房间的布局、家里的陈设、家用电器、宠物等）

居住（中学）

教学目标：

1. 了解中国各地民居的特点，理解居住方式的多样性。
2. 理解中国各地民居与地理环境、生活方式的关系。
3. 了解中国传统民居——四合院的特点，理解其表达的文化内涵。

关键词：

北京四合院 / 徽派民居 / 福建土楼 / 傣族竹楼 / 蒙古包 // 天人合一

讨论题举例：

1. 中国有哪些代表性的传统民居？这些民居在什么地方？你在哪里见过这些传统民居？

2. 中国各地传统民居的主要特点是什么？与地理环境、经济条件、生活方式有什么关系？请举例说明。

3. 你们国家代表性的民居是什么样的？有什么特点？与中国传统民居有什么异同？

4. 北京四合院的特点是什么？体现了中国人什么样的家庭观念、自然观念和审美观念？

5. 如果你去中国旅游，你最想看到或住在哪种传统民居里？为什么？

教学活动举例：

1. 看图定位：识别图上中国传统民居的特点，并在中国地图上标出这些民居的位置。（徽派民居、蒙古包、福建土楼、傣族竹楼）

2. 比较异同：根据图片比较中国的四合院与你们国家代表性民居的异同。（民居的大小、样式、朝向、建筑材料、室内陈设等）

3. 角色扮演：学生分别扮演导游和游客，导游带领游客游览北京的胡同，为游客介绍北京的四合院，并回答游客提出的问题。

4. 项目与演讲：

  （1）我最喜欢的中国传统民居。

  （2）我们国家最有代表性的民居建筑。

5. 课外活动：

  （1）查找资料或观看视频，了解中国传统民居的特点。

  （2）采访中国人，了解他们居住在什么样的房子里，有什么特点，对自己的居住条件和环境是否满意。

居住（大学及成人）

教学目标：

1. 了解中国住房条件与住房制度的变化。

2. 了解中国年轻人居住地的选择和原因。

3. 理解中国人的居住观念及其在生活中的体现。

关键词：

筒子楼 / 商品房 / 住房公积金 // 居住地选择 / 北漂 // 住房观念 / 婚房 / 风水

讨论题举例：

1. 中国人买房的多还是租房的多？你们国家的住房有什么特点？拥有自住房的家庭多吗？

2. 你们国家的城市房价贵吗？在首都买一套带两个卧室的单元房大约需要多少钱？相当于一个大学毕业生多少年的薪水？

3. 中国政府在解决百姓住房问题方面采取了哪些措施？你们国家有什么样的住房政策？如何解决低收入人群的住房问题？

4. "北漂"是什么意思？中国年轻人喜欢在大城市定居的理由是什么？在你们国家有类似"北漂"的现象吗？

5. 中国人有安居乐业和居有定所的观念，这种观念对中国人的居住行为和习俗有什么影响？

教学活动举例：

1. 看图说话：描述中国改革开放前后百姓住房样式和条件的变化，了解中国人居住条件改善与经济发展的关系。（平房、筒子楼、公寓、别墅等）

2. 专题讨论：如何保护传统民居？

    在北京和其他城市的老城区还保留着很多传统民居，这些民居是中国文化的符号，具有文物价值。但是，这些民居已经有些老旧，居住条件相对较差。这些传统民居应该拆除并建成现代化的住宅楼吗？如何在城市规划中平衡保护传统民居与改善居民住房条件之间的关系？

3. 分组辩论：年轻人在大城市打拼和回中小城市定居的利弊是什么？

4. 项目与演讲：

   （1）中国人住房的变迁与经济发展的关系。

   （2）智能家居与未来居住方式。

5. 课外活动：采访中国人，了解他们喜欢住在大城市还是中小城市，理由是什么。

第三节　衣着

一、文化教学内容概要

（一）中国人的日常着装

中国人的日常着装多样化，会根据不同的场合选择不同风格的服装。中国人的正装以西服、中山装为主，在面试、会议、典礼或接待来宾等正式场合会穿正装。在更为正式的场合或庆祝活动中，也有人会选择穿中国传统服装，例如在婚礼或正式宴请时，很多女性穿旗袍，男性则穿唐装。此外，公务员、乘务员、银行工作人员、大型超市服务员等会穿职业装，来传达公司、单位的形象，体现行业的特点。中国很多中小学生上学要穿校服，强调平等意识和集体观念。随着人们对健康生活的重视，在休闲时间很多人喜欢穿休闲服或运动服。

（二）汉服

汉服，全称为"汉民族传统服饰"，是中国最具民族特征、存在时间最长的服装类型，从黄帝即位到明朝在中原地区一直流行。广义的汉服包括衣裳、首服、发式、面饰、鞋履、配饰等整体衣冠系统，浓缩了华夏文化的纺织、蜡染、夹缬、锦绣等杰出工艺和美学，传承了30多项中国非物质文化遗产。汉服有三个基本特征：首先是交领右衽，衣襟呈现出"y"字形；其次是汉服没有扣子，而是用裁剪余料做成绳带系结；最后是汉服及其袖子很宽大，弯曲身体或手臂时会形成优美的线条。如今，穿汉服已成为中国青少年亚文化的一个重要组成部分，他们会在公园或毕业典礼等正式场合穿汉服，体现了中国当代服饰的多元化。

(三）旗袍

旗袍一般认为起源于清代满族人所穿的长袍，经过不断的发展和改进后，逐渐成了中国女性专属的代表服饰。近代的旗袍在二十世纪三四十年代达到巅峰，被公认为是民国时期妇女的代表服饰。旗袍的主要特点包括立领、右衽大襟、大开衩、盘扣等。现代的旗袍吸收了西方的裁剪风格，注重自然简单，也强调人体曲线美，同时还采用了一些民族文化元素，如加入龙凤、梅兰竹菊等传统图案和花纹。旗袍具有很多文化内涵，象征着民族融合、妇女解放、东西方文化融合等。在中国举办的奥运会、国际会议、博览会等国际性活动中，人们多选择旗袍作为礼仪服装。2011年，旗袍手工制作工艺成为国家级非物质文化遗产。电影《花样年华》在海外掀起了旗袍热，由此中国旗袍也受到了许多外国女性的喜爱。

（四）唐装

除了汉服以外，中国还有一种传统服装——唐装。它以清朝满族的马褂为基础，加入了西式剪裁的元素，是传统与现代的结合。唐装的特点是立领、连袖、对襟、盘扣，面料主要使用织锦缎。盘花扣是古老中国结的一种，盘花的题材一般选取具有浓郁民族情趣和吉祥意义的图案。2001年上海APEC会议上，外国20多位领导人身穿唐装亮相，掀起了唐装热。逢年过节，人们会选择穿上华丽的唐装，展现其独特的韵味和气质。同时，来到中国的外国友人也会挑选一件唐装，表达对中国文化的喜爱。

（五）中山装

中山装是在辛亥革命时期正式形成的具有代表性的中国服装，因孙中山最早穿着这种新式服装而得名。中山装上衣前面有4个口袋，分别代表中华传统四大美德——礼、义、廉、耻，每个口袋还各加有1个"倒山形"袋盖，可以放纸笔，非常实用方便。后背不破缝，表示国家和平统一之大义。衣领为翻领封闭式，彰显严谨治国的理念。中山装因设计简洁大方、舒适自然，被广泛地接受和喜爱。

现在，中山装已经成为中国男性的官方礼服，国家领导人在许多重要场合会穿中山装，代表着中国传统文化和现代精神。

（六）少数民族服饰

中国各个少数民族的服饰丰富多彩，充满了浓郁的民族风格。由于不同民族的自然环境、生产方式、风俗习惯、审美情趣的差异，各个少数民族的服饰呈现出独特的风格。中国北方的蒙古族以畜牧业为主，为适应寒冷、干旱、大风等气候条件，服饰多以动物的皮毛或毛织品为原料，款式多为宽袖大袍。西北地区的维吾尔族、土族和东南地区的少数民族以农耕种植为主，其服装采用自织自染的棉麻土布为主要原料，以衣裙和衣裤为主，款式繁多，绣有各种精美的纹样和图案。维吾尔族女性多穿连衣裙，外套黑色对襟背心，戴着四楞绣花帽子，色彩艳丽。为适应西南地区的高原气候，藏族服装的特点是长袖、宽腰、大襟，体现了藏族人豪放的性格。生活在贵州、湖南、广西的苗族自古"好五色衣裳"，十分重视衣服的色彩和装饰，喜欢在服装上绣满各种彩色的花纹和图形，同时还喜欢佩戴各种各样的银饰，因为苗族人认为银饰不仅能辟邪，还能带来吉祥幸福，同时也是财富的象征。傣族是云南省特有的少数民族，生活的地方都是热带、亚热带地区，那里气候温热、物产丰富，女性穿着典雅，服饰图案丰富，传统款式是素雅的窄袖短衣搭配鲜艳的筒裙。傣族人把孔雀视为吉祥的象征，在服饰上也常以孔雀为图案。

（七）蜡染与刺绣

蜡染是中国少数民族传统的纺织印染手工艺，其特点是在布上形成自然"冰纹"。贵州、云南的苗族、布依族等民族擅长蜡染。其中苗族的蜡染技艺非常独特，已入选国家级非物质文化遗产名录。中国蜡染工艺的高超成就源于中国少数民族对自然生态的认识，体现了他们积极乐观的人生态度、求善求美的审美观念。如今，许多国际品牌如Dior、LV等都在设计中融合了蜡染工艺。

刺绣是中国独特的传统手工艺，有着悠久的历史，刺绣工艺品也是古代"丝绸之路"上对外输出的主要商品之一。传统刺绣主要有江苏的苏绣、湖南的湘绣、广东的粤绣和四川的蜀绣四大门类。其艺术趣味与文人艺术相结合，体现了典雅精致的风格。例如，工笔重彩花鸟画风格的绣品至今依然畅销。少数民族画绣的形式构成是一种原始主义和现代主义的奇妙混搭，其精神气质与现代派艺术相通。

（八）服饰时尚的变化

自1949年以来，中国人的服饰时尚的变化反映了中国社会的特点和变化。20世纪50年代，受苏联文化的影响，列宁装、布拉吉等服饰盛行一时。中山装、工作服等也很流行。60年代到70年代，绿军装和军大衣成为城市青年的时尚象征，那时的服装以蓝、灰、黑等深色为主，体现了社会主义和集体主义文化的特征。改革开放后，中国人的服饰越来越多样化，款式和颜色丰富多彩。在80年代，喇叭裤、高跟鞋、红裙子等成为时尚。如今，中国人的穿着更加时尚多元，白领服饰、休闲服饰、运动服饰和户外服饰等都与国际时尚全面接轨。现在越来越多的中国人喜爱传统服饰，推动了"中国风"的流行。同时，国际时尚品牌也不断加入中国传统服饰的元素，使中国传统服饰与世界流行服饰相互融合。

（九）中国服装与世界

作为服装出口大国，中国吸引了全球时尚产业的广泛关注，从"中国元素"到"中国品牌"，中国时尚产业的国际影响力不断提升。这一方面得益于越来越多中国优秀的服装设计师活跃在国际时尚领域，另一方面则归功于中国品牌如波司登、雅戈尔、李宁等在国际化方面的不断努力。很多世界著名时尚品牌的设计师常常从中国传统服饰中获取灵感，例如在服饰上加入具有中国特色的龙纹、云纹、仙鹤等图案，并采用提花、织锦、刺绣等各种技法，展现出了中国元素与西方时尚相融合的独特魅力。

二、文化教学参考

衣着（小学）

教学目标：

1. 识别中式服装在颜色和款式等方面的特点。

2. 了解中国人日常衣着的主要类型和特点。

3. 了解中国中小学生校园着装规范。

关键词：

工作服 / 休闲服 / 运动服 // 中式服装 // 校服 / 校园着装规范

讨论题举例：

1. 你觉得中国人日常穿什么样的衣服？你有什么印象？

2. 你和家人在周末或休息的时候，喜欢穿什么样的衣服？为什么？

3. 你们学校要求学生穿校服吗？你们的校服是什么样子的？你喜欢吗？

4. 你们学校对学生的衣着有什么要求和规定？与中国的学校要求一样吗？

5. 你们国家有哪些特别的服装？它们有什么特点？人们会在日常穿这些衣服吗？

教学活动举例：

1. 看图辨认：识别并描述图片中人物所穿服装的名称与特点。（旗袍、唐装、汉服、中山装等）

2. 比较异同：看图比较中国和自己国家不同职业的人着装的异同。（警察、飞机乘务员、消防员、厨师等）

3. 课堂采访：你日常最喜欢穿的衣服是什么类型的？什么品牌的？（运动装、休闲装、民族服装等）

4. 画画比赛：为自己的学校或中国学生设计一套心中最理想的校服。（衣服的款式、色彩、功能等）

5. 课外活动：观察现实中或视频中中国人日常穿着的特点。

衣着（中学）

教学目标：

1. 了解中国人在工作、休闲、庆典等场合的衣着特点。

2. 了解中国传统服饰在颜色、款式、风格方面的主要特点。

3. 了解中国少数民族服饰的特点和多样性。

关键词：

正装 / 职业装 / 节日服装 / 流行服装 // 汉服 / 唐装 / 旗袍 / 中山装 // 蜡染 / 刺绣 / 苗族头饰

讨论题举例：

1. 中国人一般什么时候穿正装？穿什么样的正装？和你们国家有区别吗？

2. 你印象最深的中式服装是什么？有什么特点？喜欢或不喜欢的理由是什么？

3. 你们国家的人在传统节日、结婚庆典等特殊日子里会穿什么样的服装？与中国人的服饰有什么不同？

4. 你们国家最近流行的男性和女性的服装是什么样的？你喜欢或不喜欢的理由是什么？

5. 你认为中学生可以想穿什么就穿什么吗？你觉得什么样的衣服更能代表中学生的特点和形象？

教学活动举例：

1. 看图说话：识别图片上中国少数民族的服饰，并在地图上标注这一民族所生活的区域，说明服饰与当地气候和物产的联系。

2. 辩论：中学生应该穿统一的校服还是应该穿时尚流行的衣服？

3. 时装表演：实物展示中国服饰或举行小型的国际时装秀，体验并学习中国传统服饰礼仪。

4. 项目与演讲：介绍中国和自己国家最有代表性的服饰，并说明穿着的场合和体现的文化内涵。

5. 课外活动：从网上搜索关于中国少数民族服饰或中国传统服饰的图片和视频，了解这些服饰的风格和文化内涵。

衣着（大学及成人）

教学目标：

1. 了解中国人服饰搭配的特点和基本着装礼仪。

2. 理解中国人衣着风格的变化和与时代的关系。

3. 理解中国人的时尚意识和审美观念及其变化。

关键词：

服饰搭配 / 着装礼仪 // 时尚意识 / 审美观念

讨论题举例：

1. 你觉得当代中国人日常服饰的风格特点与你们国家的有什么异同？有没有审美观念方面的差异？

2. 在日常生活中你会穿传统服装吗？你认为什么场合适合穿传统服装？

3. 你穿过外国的服装吗？你觉得为什么现在很多轻人喜欢穿外国服装？

4. 你觉得人们会通过穿衣打扮来评判一个人吗？你对"以貌取人"的说法有什么看法？

5. 有些人喜欢穿名牌衣服，你怎么看待名牌？穿名牌服饰有什么意义？

教学活动举例：

1. 看图说话：描述中国人服饰的变化，解释引起这种变化的社会和文化原因。

2. 比较异同：比较中式服装与你们国家传统服装的异同。（样式、颜色、穿着礼仪、审美观等）

3. 分组辩论：国际时尚品牌采用其他国家的服饰元素是借鉴还是抄袭？是尊重还是歧视？

4. 项目与演讲:

(1) 中国服饰和时尚观念的发展与变化。

(2) 中外服饰特点与审美观念的比较。

5. 课外活动:

(1) 采访中国人,了解他们喜欢哪些时尚品牌的服饰,理由是什么。

(2) 采访自己国家的人,了解他们对中国传统服饰的印象和看法。

第四节 出行

一、文化教学内容概要

(一) 日常交通工具

中国人的日常交通方式具有多样化的特点。在城市,人们日常出行主要乘坐公共交通工具,如公交车、地铁等,乘坐出租车或网约车也很普遍,还有很多人骑自行车、电动车、摩托车等。在乡村,除了私家车以外,面包车、皮卡等也很普遍。另外,中国一些大型公司和机关单位还为职工提供班车服务,一些中小学校为学生提供校车服务。近年来,中国大力发展城市轨道交通,目前已经有50多个城市拥有轨道交通,其中北京、上海的轨道交通最为发达。

(二) 共享单车

共享单车是一种新型的绿色环保的出行方式。虽然最初起源于国外,但却在中国获得了巨大的成功。这主要是因为中国人口多、市场需求大,以及中国互联网技术的成熟和智能手机的普及率高。在中国,共享单车因价格低、使用方便、低碳环保等特点广受市民欢迎,尤其是在大中城市的居民区、商业区、校园、地铁站点和公交站点等地方,各种颜色的共享单车随处可见。共享单车为人们出行的"最后一公里"难题提供了解决方案,也带动了人们使用公共交通工具的热情,为绿色出行和低碳城市建设做出了一定的贡献。另外,共享单车的流行,也体现了中国人对健康生活方式的追求。根据一项调查,2020年中国使用共享单车的用户规模达到2.53亿人,可见共享单车在中国的普及程度和受欢迎程度。

(三) 高铁

高铁是中国现代社会的一种新型交通运输方式。中国高铁的速度高达350千米/小时。目前,中国是世界上高铁发展最快、系统技术最全、在建规模最大的国家,已经实现全国高铁网的"四横四纵",正在建设"八横八纵"。除了西藏以外,中国各个省、自治区、直辖市都通了高铁。其中,京沪线是中国客流量最大、最繁忙的高铁线路,"复兴号"从北京到上海全程1318千米,仅需4.5个小时就能到达。京沪高铁连接了中国的两大经济圈,途经天津、济南、南京、苏州等重要城市,世界文化遗产如长城、故宫、泰山、曲阜孔庙、苏州园林等著名景点都分布在京沪线的沿线。中国高铁的发展对中国的社会和经济发展起到了积极的作用,加快了工业化和城镇化的进程,也让广大人民享受了更加快捷和舒适的出行方式。

(四) 出行方式的变化

20世纪80年代以前,中国普通百姓的主要出行工具是自行车,中国约有5亿辆自行车,马路上自行车大军浩浩荡荡,被称为"流动的长城",中国也是名副其实的"自行车王国"。改革开放以后,中国的经济迅速发展,政府通过中外合资、引进技术等政策,大力发展汽车制造业。随着中国人生活水平的提高,曾经被视为财富和地位象征的私家车进入普通百姓家,成为中国家庭日常生活的主要交通工具之一。40多年间,中国由一个"自行车王国"迅速成为"汽车大国",目前中国私家车保有量超过2亿辆。在中国可供选择的汽车品牌丰富多样,有进口车、国产车和合资车等。过去中国人青睐进口品牌的汽车,如今选择国产车的越来越多。出行工具由自行车到私家车的巨变,体现了中国经济发展的巨大成就和中国人民生活水平的显著提高,也在某种程度上改变了中国人的生活方式和出行观念。

（五）新能源汽车

新能源汽车是指采用非常规的车用燃料作为动力来源，具有新技术、新结构的汽车，主要包括纯电动汽车、混合动力汽车、燃料电池汽车等几类。近年来，新能源汽车因其节能环保、结构简单、噪音小、舒适度高等特点，越来越受到中国年轻人的认可和接受。国家和地方政府也大力支持新能源汽车产业发展，出台了各项优惠政策，如减免新能源汽车购置税、新能源汽车免除限行等。目前，比较受中国人欢迎的国产新能源汽车品牌有比亚迪、蔚来、理想和小鹏汽车等。中国新能源汽车的制造技术和相关的电池技术、半导体技术居于世界先进水平。中国新能源汽车在世界很多国家也颇受欢迎，2022年出口67.9万辆，产销量居世界第一。

（六）中国交通规则

中国日常交通规则主要包括：机动车、非机动车均实行右侧通行；学龄前儿童在道路上行走时，须有成年人带领；在学校周围设有提醒机动车慢行的指示牌；车辆驾驶人和乘车人均需要系安全带等。在中国很多城市，主要路口设有固定的交通岗，负责上下班高峰期的交通疏导。另外，对于酒驾、闯红灯、超速等违反交通法规的行为，中国会有比较严厉的处罚。中国人申请小型汽车、小型自动挡汽车、轻便摩托车驾驶证，年龄不得低于18周岁，没有年龄上限，只是要求年龄达到70周岁的驾驶员每年进行一次身体检查，提交体检证明。

（七）中国城市交通治理

随着中国城镇化的发展和人们出行方式的变化，城市交通与人口之间、生态环境与资源之间的矛盾也日益突出。尤其是在像北京、上海、广州等人口超过千万的大都市，交通拥堵问题更加突出。交通拥堵不仅给市民出行带来不便，也制约了经济的发展，给环境保护带来了负面影响。中国政府正在通过构建城市综合交通体系、优先发展城市轨道交通、推行私家车限号行驶、限制私家车的数量、增建高架桥或快速路、建立机动车排污评价体系、加大交通执法力度等具体措施进行城市交通综合治理，取得了显著成效，现在很多城市的交通状况有了很大改善，但是交通拥堵仍然是一些城市面临的问题。

（八）春运

春运，即春节运输，是中国在农历春节前后出现的一种大规模的高强度的交通运输现象。春运的时间一般从农历腊月十五开始，到次年正月二十五结束，共40天左右。据统计，春运期间大约有30亿人次的人口流动，是人类历史上规模最大的、周期性的人类大迁徙。春运既是一种交通现象，也是一种文化现象。在中国，春节是一年中最重要的节日，无论离家多远，人们都要尽量在除夕时与家人团聚，共度新春。自改革开放以来，中国经济的发展造成了人员的大量流动，这些外出务工人员在春节前后集中返乡过年，成为春运的主要对象。春运是中国独有的文化现象，象征着中国人重视亲情、向往团圆的愿望，也反映了中国经济发展所带来的人口流动的影响。

二、文化教学参考

出行（小学）

教学目标：

1. 识别中国人日常出行的主要交通工具。

2. 了解中国学生上学的主要交通方式。

3. 了解中国基本的交通标志和交通规则。

关键词：

自行车 / 公交车 / 地铁 / 私家车 / 出租车 / 校车 // 红绿灯 / 靠右行驶 / 斑马线 // 礼让行人

讨论题举例：

1. 中国人日常出行经常使用什么交通工具？与你们国家有什么异同？

2. 你怎么去上学？在你们国家坐校车的学生多吗？

3. 你了解中国的日常交通规则吗？与你们国家有什么异同？

4. 你的家人日常的主要代步工具是什么？这些交通工具有什么优点和缺点？

5. 你喜欢乘坐什么样的交通工具？为什么？

教学活动举例：

1. 看图识别：给出中国常见的交通标志图片，猜测含义，并画出自己国家与其相似的交通标志图。

2. 排序并投票：对日常交通工具按照常用的程度进行排序，全班投票选出最喜欢的日常交通工具。

3. 画画比赛：画出你想象中未来交通工具的样子，全班评选出最佳图画。

4. 判断正误：你觉得以下的说法正确吗？为什么？

（1）在城市里开车速度慢，不必系安全带。

（2）自行车道应该与汽车道分开。

（3）没车的时候，行人过马路不需要等信号灯。

（4）公共汽车应该有专门的行车道。

（5）汽车司机为了提醒行人可以按喇叭。

出行（中学）

教学目标：

1. 了解中国人使用公共交通工具的基本情况。

2. 理解高铁、共享单车的特点及对中国人出行的意义。

3. 理解中国人出行方式与城市交通的关系。

关键词：

轨道交通 / 高铁 / 共享单车 / 网约车 // 交通拥堵 / 早高峰 / 晚高峰 / 交通治理

讨论题举例：

1. 在中国的大城市，人们上下班经常使用的公共交通工具是什么？在你们国家呢？

2. 你的家人外出旅行经常乘坐的交通工具是什么？你觉得这种交通工具的优点和缺点是什么？
3. 你们国家的人经常使用共享单车吗？使用或不使用的理由是什么？
4. 你觉得为什么中国大城市的交通拥堵比较严重？中国采取的治理措施有哪些？
5. 在你们国家有交通堵塞的问题吗？哪些地方的交通堵塞比较严重？原因是什么？有什么有效的治理措施吗？

教学活动举例：

1. 看图说话：描述中国人交通工具的变化。（自行车、绿皮火车、高铁、私家车、新能源汽车等）
2. 比较异同：如果去1000千米以外的地方旅游，你们国家的人通常会选择什么交通工具，与中国人的出行偏好进行比较。（汽车、大巴车、火车、高铁、飞机等）
3. 小组讨论：面对大城市的交通拥堵问题，你认为什么治理措施比较有效？每个人说出一个方案，并说明理由。
4. 角色扮演：两个学生一组，分别扮演网约车司机和乘客，模拟如何提前预约、如何乘车以及如何支付等。
5. 课外活动：采访中国人和自己国家的人，了解他们是否经常使用共享单车或者网约车，使用的理由是什么，有什么优缺点。

出行（大学及成人）

教学目标：

1. 理解中国人出行方式的变化和与时代的关系。
2. 理解中国人出行方式与环境保护的关系。
3. 理解"春运"现象及其文化内涵。

关键词：

自行车王国 / 汽车大国 / 新能源汽车 // 绿色出行 // 春运

讨论题举例：

1. 你平时出门骑自行车吗？你觉得自行车作为交通工具有什么优点和不足？

2. 你们国家私家车多吗？你们国家的人喜欢什么品牌的汽车？理由是什么？

3. 近些年中国人的交通工具和出行方式有什么样的变化？这些变化的原因是什么？

4. 在中国新能源汽车越来越受欢迎，在你们国家呢？人们对新能源汽车有什么评价？

5. 你听说过中国的"春运"吗？有什么特点？有什么文化意义？在你们国家有类似的出行高峰期吗？有什么特点？

教学活动举例：

1. 排序并投票：你喜欢哪个品牌的汽车？按照喜欢的程度进行排序，并说明理由。

2. 观点交换：你是否同意下列观点？为什么？

   （1）自行车是城市里最好的交通工具。

   （2）汽车是个人身份的象征，如果有钱，应该买名牌车。

   （3）年轻人喜欢新能源汽车，主要是因为比燃油汽车更省钱。

   （4）在大城市生活，不用买私家车，打车或乘坐公共交通工具更方便。

   （5）买进口车比买国产车更有面子。

3. 分组辩论：大力发展高铁并建造全国高铁网适合你们国家吗？理由是什么？

4. 项目与演讲：

   （1）中国人交通工具的变化与中国社会发展的关系。

   （2）未来出行工具与环境保护的关系。

5. 课外活动：

   （1）观看"春运"纪录片、新闻报道等，感受并了解中国"春运"文化的特点。

（2）采访中国人和自己国家的人，了解他们喜欢什么品牌的汽车。如果要买车，他们会首选电动车还是燃油车，进口车还是国产车，理由是什么。

第五节　家庭

一、文化教学内容概要

（一）家庭结构

中国的家庭结构呈现出多元化的趋势。现在大多数家庭是父母和孩子组成的"小家庭"或"核心家庭"，也有少数三代同堂的家庭、单亲家庭或者没有孩子的丁克家庭等。由于中国20世纪80年代开始实行计划生育政策，现在很多中国年轻夫妻都是独生子女，便形成了"四二一"的家庭结构，即四个老人、一对夫妻、一个孩子。随着时代的发展，中国不断调整人口和生育政策，从2016年全面放开二孩政策和2021年实行三孩政策以后，中国很多家庭拥有了两个或更多的孩子，但与传统家庭相比，总的趋势还是家庭人口减少，核心家庭增多，几代同堂的传统大家庭越来越少。

（二）亲属称谓

中国的亲属称谓比较复杂和独特，不仅区分性别、直系旁系、代际关系，而且还区分父系母系、血亲姻亲、同辈中的长幼。例如，爷爷奶奶和外公外婆的称谓是区分父系和母系的，叔叔和姑父的称谓是区分血亲和姻亲的，哥哥和弟弟的称谓是区分同辈中的长幼的。中文亲属称谓系统体现了中国人对亲属关系的重视，也反映了中国文化重视血缘、强调长幼有序、亲疏有别的传统观念。

（三）家庭教育

中国人历来重视家庭教育。家庭教育涉及很多方面，但中国人认为最重要的是孩子的品德教育，即如何做人的教育，强调良好的家教和家风对个人成长的影响。汉语中有"养不教，父之过""爱子，教之以义方"等说法。中国传统的家训和家风主要以孝顺、尊敬、和睦、勤奋、节俭、诚信等中国传统美德为主题，几千年流传下来很多著名的家训语录，如"勿以恶小而为之，勿以善小而不为""静坐常思己过，闲谈莫论人非"等。此外，还有孟母三迁、孔融让梨等经典的家教故事。这些传统家训和家风至今仍然具有现实意义，体现了对中国传统文化的传承和发扬。现代中国家庭也十分重视孩子的教育，会为孩子制定一些社会行为规范和道德品质方面的家规。另外，中国家庭也十分重视孩子的学业表现，对孩子的前途有较高的期望，从"望子成龙""望女成凤"的说法中就能看出来。

（四）恋爱方式

中国男女青年谈恋爱和选择未来配偶的方式主要有三种：（1）两人在工作、学习、社交中自然认识并发展成恋爱关系；（2）两人通过熟人、亲友介绍认识，交往后确定恋爱关系，这种方式叫"相亲"；（3）两人通过网络平台认识，然后发展成恋爱关系，俗称"网恋"。其中相亲是中国传统的择偶方式，双方一开始交往就以结婚为目的，因此很多人更注重是否拥有相当的社会地位和家庭条件，也就是"门当户对"。现代中国很多年轻人不太喜欢被动相亲，但是由于工作繁忙、社交面不广等原因，相亲的方式仍然比较普遍。在一些公园甚至还出现了"相亲角"，但是去的人大多不是青年男女本人，而是他们的家长。相比汉族的婚恋方式，中国一些少数民族的传统恋爱方式更加自由和浪漫，西南少数民族如壮族、白族、苗族等男女青年常常通过对歌、舞蹈和既歌又舞等方式来谈情说爱，选择未来的配偶。

（五）婚恋观念的变化

中国人的婚恋方式和观念从古至今发生了很大的变化。传统的婚姻观念强调"父母之命，媒妁之言"，而现代中国年轻人主张恋爱自由和婚姻自主。尽管如此，中国人的婚姻观念和行为在某些方面仍然受到传统思想的影响。例如，有的人认为婚姻不仅关系到两个人的幸福，也关系到两个家庭的交融和互动，因此倾向于选择门当户对的对象。另外，中国传统观念有"男大当婚，女大当嫁"的说法，认为结婚是终身大事。对于到了一定年龄还没有结婚的人，会用"剩男"和"剩女"的称呼。但实际上，现代中国年轻人具有晚恋晚婚的趋势。这种趋势既受到社会和文化因素的影响，也是个人选择的结果。它体现了中国人恋爱婚姻行为和观念的多样性和发展变化。

（六）各地婚俗

中国人口和民族众多，各地区各民族有不同的婚俗。在汉族的传统婚姻中，男娶女嫁是主流习俗，男方家需要准备聘礼，女方家则需要准备嫁妆。婚礼的大部分费用由男方家承担。"六礼"记录了古代结婚的整个过程，但这一传统礼俗大部分已经不再适应现代社会，只有其中的少部分具体习俗保留了下来，如张贴红喜字、拜天地、喝交杯酒、放鞭炮、喝喜酒等至今还很流行。中式婚礼以红色为主要色调，寓意喜庆、热烈、吉祥和祝福。少数民族的婚俗更加丰富多样、轻松自由，有的至今还保留着独特的传统婚俗，如西南地区摩梭人的"走婚"和"抢婚"都具有民族特点。

（七）夫妻关系

在中国现代家庭，夫妻双方的关系是平等的。大多数家庭的夫妻是双职工，因此共同承担家务劳动、养育孩子、赡养老人的责任。在中国城市，全职做家庭主妇的女性并不多见，因此夫妻在家庭大事决策和家务分工方面通常会互相商量和共同分担，但是妻子仍然承担了更多养育孩子和照顾老人的责任。中国家庭的传统模式是"男主外女主内"，这在现代仍然是大多数家庭的模式，但是也有很多家庭的妻子承担挣钱养家的责任。随着时代的发展，一些传统婚姻观念如"夫唱妇随""从一而终"等已经过时，中国夫妻的离婚率也有上升的趋势。

（八）赡养关系

《中华人民共和国宪法》规定，成年子女具有赡养扶助父母的义务。赡养义务包括物质供给、精神安慰、生活照料等内容。在目前的社会发展阶段，大多数中国家庭选择居家养老的方式。居家养老包括与子女同住的共居式养老和离子女较近的分居式养老。然而，受人口流动、工作压力等多种因素影响，居家养老也遇到了一些难题，需要家庭和社会共同努力，寻找更好的解决方案，以满足老年人的养老需求。中国人的养老观念也在发生变化，传统"养儿防老"的观念越来越淡薄，一些老年人表达了对分居式养老的偏爱，还有一些老年人选择去住养老院。有年轻人表示自己老了之后愿意去养老院，但是不会把自己的父母送去养老院。这种态度体现了中国传统家庭美德，父母能够理解、体谅子女，子女懂得感恩、孝顺父母。

（九）家庭观念

中国人重视亲情和家庭关系，尊老爱幼、夫妻和睦、男女平等、勤俭持家、邻里和睦等都是自古流传下来的家庭观念。中国人常说"百善孝为先"，可见对孝顺的高度重视。"孝顺"在中国文化中有很多内涵，包括物质上的供给、精神上的陪伴和关心、身体上的照顾、言语行为上的尊敬和顺从等。《中华人民共和国老年人权益保障法》特别强调了子女对父母精神上的关爱。中国另一个重要的家庭观念是和谐，汉语中有"家和万事兴"的说法。在很多中国人心目中，家庭不仅包括由父母和子女组成的小家庭，也包括各种关系的亲属等。很多家庭成员之间一生都保持着密切的关系，并且互相帮助、互相依靠。

（十）家国情怀

家国情怀是中国人对家庭与国家关系的一种理念，家国同构、家国一体是中国社会的组织特征。在中国人看来，国家与家庭、社会与个人都是密不可分的整体，强调了爱家爱国相统一的价值观。家国情怀是中国集体主义、爱国主义、社会主义思想的体现。古代儒家提出了"修身齐家治国平天下"的理想，范仲淹的《岳阳楼记》阐述了"先天下之忧而忧，后天下之乐而乐"的情怀。实现家国情怀就是强调个人修身、重视亲情、心怀天下，把家庭中的孝亲与对国家的忠诚结合起来，像对待家庭和亲情那样对待国家。

二、文化教学参考

家庭（小学）

教学目标：

1. 了解中国家庭的人口数量和家庭成员之间的称谓。
2. 了解中国家庭生活中的角色关系。
3. 理解中国家庭尊老爱幼的特点和观念。

关键词：

家庭结构 / 亲属称谓 / 家庭活动 / 家务分工 // 尊老爱幼 / 家庭宠物

讨论题举例：

1. 中国的家庭一般有几口人？你家有几口人？他们是谁？
2. 中国人怎么称呼爸爸的妈妈？妈妈的爸爸呢？在你的母语中是怎么称呼的？有什么不同？
3. 你的爷爷奶奶、外公外婆住在哪里？你经常见到他们吗？
4. 在你家，谁工作，谁做饭？你做什么家务？
5. 你家里有宠物吗？你觉得宠物是家人吗？

教学活动举例：

1. 故事分享：分享你的全家福照片，用中文亲属称谓词描述家庭成员之间的关系。
2. 动手活动：画一张你们家的家庭树，把中文亲属称谓词填写在上面，并说明家庭成员之间的关系。
3. 比较异同：比较中文的亲属称谓和你的母语中亲属称谓的异同，并写出中文亲属称谓词在自己母语中的对应词。
4. 课堂采访：采访你的同学或朋友，了解他们的家庭情况。（家庭成员、家务分工、喜欢的家庭活动、是否养宠物等）

5. 课外活动：使用学过的中文亲属称谓词称呼你的家人，进行中文表达练习。

家庭（中学）

教学目标：

1. 了解中国的基本家庭结构，理解中国家庭模式的多样性。
2. 了解中国家庭亲子关系、兄弟姐妹关系的特点。
3. 理解中国家庭教育的特点和父母对孩子的期待。

关键词：

小家庭 / 丁克家庭 / 三代同堂 / 单亲家庭 / "四二一家庭" // 兄弟姐妹关系 // 家风家训 / 家庭教育

讨论题举例：

1. 中国的家庭有哪些主要类型？中国家庭类型的特点与你们国家有什么异同？
2. 你叫哥哥姐姐的名字吗？你经常跟兄弟姐妹在一起做什么活动？你听哥哥和姐姐的话吗？在这个方面与中国人有什么不同？
3. 中国传统的家训主要表达什么意思？你们国家有什么样的家训？
4. 中国父母对孩子的将来有什么样的期望？你的父母对你的将来有什么期望？
5. 你认为中国家长对孩子的管教方式是严格的还是宽松的？你的父母对你采用什么样的管教方式？你喜欢这种方式吗？

教学活动举例：

1. 看图说话：看图片描述"孔融让梨""孟母三迁"等表现中国家庭关系和家教的成语故事，说明表达了什么样的观念。
2. 比较异同：比较中外家庭教育方式的异同。（父母是否打骂孩子、孩子是否对父母顶嘴、是否有严格的家规、父母是否管孩子的学习等）
3. 语言学习：学习中国一些经典的家训语录，解释其含义及体现的价值观。

（1）养不教，父之过。

（2）百善孝为先。

（3）不以物喜，不以己悲。

（4）玉不琢，不成器；人不学，不知道。

（5）一粥一饭，当思来处不易；半丝半缕，恒念物力维艰。

4. 分组辩论：你觉得严格的家教还是宽松的家教对孩子的成长和人格发展更有利？

5. 课外活动：采访中国学生或华裔学生：

（1）你的父母对你的教育严格吗？你们家有什么家规？

（2）你的父母希望你将来成为一个什么样的人？

家庭（大学及成人）

教学目标：

1. 了解中国人恋爱方式的特点和择偶的标准。

2. 了解中国家庭婚姻关系的特点和夫妻角色的分工。

3. 了解中国汉族和少数民族的婚俗特点及表达的文化观念。

4. 理解中国人的养老观念和孝顺观念。

关键词：

恋爱方式 / 择偶标准 // 夫妻关系 / 结婚 / 离婚 // 赡养关系 / 孝顺观念 // 汉族婚俗 / 少数民族婚俗

讨论题举例：

1. 中国人选择结婚对象主要通过什么方式？在你们国家年轻人选择结婚对象的方式与中国人有什么异同？

2. 近些年中国人的恋爱方式和观念发生了什么变化？产生这些变化的主要原因是什么？

3. 你觉得中国的婚俗有哪些有趣的地方？和你们国家的婚俗有什么不同？

4. 中国的夫妻关系有什么特点？在你们国家，离婚率高吗？离婚的主要原因是什么？

5. 在你们国家，成年子女赡养父母的主要方式是什么？你们有没有"孝顺"的观念？

教学活动举例：

1. 看图说话：描述中国各地公园"相亲角"的特点，并说明体现出了中国人怎样的婚恋观念。

2. 调查问卷：调查学生认为择偶标准应该包括哪些因素，按重要程度对这些因素进行排序，并对结果进行讨论。（性格、外貌、学历、职业、财富、家庭等）

3. 语言学习：学习中国有关家庭的格言和谚语，解释所表达的家庭观念。（"家和万事兴""父母在，不远游"等）

4. 分组辩论：把年老的父母送到养老院是不孝顺的表现吗？应该怎么做？

5. 课外活动：

（1）通过网络搜索，了解中国少数民族丰富多样的婚恋习俗。

（2）调查中国年轻人的择偶标准和交往方式。

第六节 节庆

一、文化教学内容概要

（一）春节

春节又叫农历新年，时间大约在每年的1月或2月，以除夕和正月初一为高潮。汉族和多个少数民族都庆祝春节，习俗活动以除旧迎新、祭祖拜神、祈求丰年、家族团聚为主题,包括祭灶、扫尘、贴年画、吃年夜饭、守岁、发压岁钱、燃放烟花爆竹、拜年、拜神祭祖、舞龙舞狮、逛庙会灯会、吃汤圆等,各地区各民族的春节习俗和庆祝形式稍有不同。现代的春节活动还包括除夕全家人一起观看春节晚会等。春节是中国最重要的传统节日,体现了中国人对家庭和亲情的重视。在外工作、求学的人们到年底都会赶回家过年,因此形成了独特的"春运"现象。除了中国,海外华人地区也隆重庆祝春节,在唐人街会举行灯会、舞狮等庆祝活动。春节也是东亚、东南亚一些国家如韩国、越南等的传统节日。

(二)清明节

清明节又称为踏青节、祭祖节,时间在每年4月4日或5日。它既是二十四节气之一,也是中国传统节日,扫墓祭祖与踏青郊游是清明节的两大习俗。扫墓祭祖包括供祭食物、焚化纸钱、行礼祭拜等仪式,体现了中国人缅怀祖先、重视孝道和亲情的传统美德。另外,清明节正值万物复苏的春季,中国人也会携亲朋好友踏青春游、亲近自然,表达了热爱自然、珍爱生命的态度。清明节期间,有的地方还会开展拔河、放风筝、荡秋千等传统的娱乐活动。清明节作为中华民族最重要的祭祖节日,同样受到海外华人华侨的重视。在韩国、越南等国家也有过清明节的传统。2006年,清明节被列入第一批国家级非物质文化遗产名录。

(三)端午节

端午节时间在农历五月初五,迄今已有2500多年历史。其由来有不同说法,以纪念古代诗人屈原的说法比较流行。端午节的名称各地相异,各地习俗也不尽相同。端午节是在炎夏将至的时节,因此含有辟邪驱瘟、祈求健康之意。这一节日的主要习俗包括吃粽子、赛龙舟,有的地方还有挂艾蒿菖蒲、佩香囊、饮雄黄酒等活动。粽子种类南北有异,北方人比较喜欢吃甜粽,南方人偏爱肉粽。吃粽子的风俗还流传到东亚和东南亚诸国。赛龙舟是南方地区的传统体育活动,如今已被列入中国国家体育比赛项目,成为国际性体育赛事。端午节也是中国四大传统节日之一,于2006年被列入第一批国家级非物质文化遗产名录,于2009年被列入世界非物质文化遗产名录。

（四）中秋节

中秋节时间在农历八月十五，恰逢月圆之时，因此又称为"月亮节"，而月圆又象征着人团圆，因此也有"团圆节"之称，表达了思乡思亲、期盼家庭团聚和美、祈求丰收的寓意。古代的中秋节有祭月和月下游玩的习俗，现代保留了赏月、吃月饼、看花灯、赏桂花、饮桂花酒等民俗。中国有很多与中秋节相关的神话传说，例如嫦娥奔月、吴刚伐桂、玉兔捣药等。古代诗人写下了很多与中秋节有关的著名诗句，如苏轼的"但愿人长久，千里共婵娟"、张九龄的"海上生明月，天涯共此时"等，都表达了中国人每逢佳节倍思亲、渴望家人团聚和平安幸福的感情。清明、端午、中秋三个传统节日于2008年被增设为国家法定节假日。

（五）现代节日

除了传统节日，中国还有一些比较重要的现代节日，如国庆节、元旦、劳动节、妇女节、儿童节、青年节、建党节、建军节等。三八妇女节、五一劳动节、六一儿童节是国际性的节日。1949年10月1日，中华人民共和国的开国大典在北京天安门广场举行，中央人民政府成立，10月1日被确定为国庆节。在国庆节期间，主要的纪念活动有为人民英雄纪念碑献花、在天安门广场举行阅兵仪式等。很多中国人会利用国庆节假期外出旅游或与家人团聚。在五一劳动节期间，各级工会举办表彰劳动模范和先进工作者的活动，体现了国家对劳动者的重视与尊重。三八妇女节、六一儿童节，体现了国家对妇女和儿童的关爱与呵护。另外，五四青年节、七一建党节、八一建军节等都是中国的纪念性节日，但是这些节日不是法定的节假日。

（六）法定节假日

中国的法定节假日是指中国法律规定的用以开展纪念、庆祝活动的休息时间，也是劳动者休息时间的一种。中华人民共和国成立之初只有7天法定节假日，现在增加到11天，包括元旦，放假1天（1月1日）；春节，放假3天（农历正月初一至初三）；清明节，放假1天（4月4日或5日）；劳动节，放假1天（5月1日）；端午节，放假1天（农历五月初五）；中秋节，放假1天（农历八月十五）；国庆节，放假3天（10月1日、2日、3日）。将我国传统节日设定为法定节假日，有利于弘扬和传承我国优秀传统文化，提高全世界华人的文化凝聚力。为了使人们获得更多休息时间，利于亲友团聚和外出旅游，工作单位通常会采用"倒休"的方式把假期延长。在法定节假日期间，如果需要员工加班，工作单位将支付三倍工资。另外，为了方便人们出行，高速公路在某些法定节假日期间实行部分车辆免费通行的优惠政策。

（七）少数民族节日

中国55个少数民族保留着丰富多样的节日文化，著名的节日包括蒙古族的那达慕节、傣族的泼水节、彝族的火把节、藏族的雪顿节等。另外，各地信仰伊斯兰教的民众会共同庆祝古尔邦节等。那达慕节每年8月在草原上举行，包含摔跤、赛马、射箭等运动项目，也是蒙古族重要的经济文化展览和物资交流活动。泼水节是傣族、阿昌族、德昂族等少数民族的传统节日，也是傣族的传统新年，有采花、取水、浴佛、互泼吉祥之水等活动。这是云南少数民族中影响面最大的节日，对促进商业、旅游和民族文化传承有重要作用。雪顿节是西藏庆祝规模最盛大的节日，"雪顿"在藏语中意为"喝酸奶"，人们会为僧侣提供酸奶并祈求祝福。后来又融入了藏剧表演，逐渐演变成包含传统佛像展览、文化表演、体育竞赛、商贸交流等丰富内容的节日。

（八）中外节日交融

随着经济全球化和世界各地文化的交流，一些外来节日传入中国，为中国人的休闲生活增添了新的元素，同时也融入了中国的特色。例如，父亲节、母亲节起源于西方，现在一些中国年轻人也借此机会向父母表示敬意、感恩和祝福。圣诞节也是西方的节日，但是在中国已淡化其原有宗教色彩，大多成为商家进行促销、年轻人趁机放松的机会。此外，中国年轻人也会趁情人节相互表达爱意，送花、送巧克力等。与此同时，中国的节日文化也走向世界。例如，在春节期间，各国领导人会表达祝贺，国外重要的城市如纽约、巴黎会挂起红灯笼或点亮霓虹灯以示庆祝，在各国的唐人街也会举行各种庆祝活动，很多外国人互送红包表达祝福等。

（九）十二生肖

中国的十二生肖，又称为十二属相，是指将十二地支与人出生年份相配的十二种动物。它们依次为鼠、牛、虎、兔、龙、蛇、马、羊、猴、鸡、狗、猪。十二生肖的起源与动物崇拜有关，每种生肖都有丰富的传说。民间还有"本命年"的说法。而在现代，人们更多把生肖作为春节的吉祥物，生肖形象也成为娱乐文化活动中的重要元素。生肖作为悠久的民俗文化符号，历代留下了大量描绘生肖形象和象征意义的诗歌、春联、书画和民间工艺作品。除了中国，世界上许多国家在春节期间也会发行生肖邮票，以表达对中国新年的祝福。生肖纪年因其简单易用而广泛流传，对中国周边的国家和地区有深远影响，部分中亚和东欧国家也有类似的十二生肖文化。

（十）生日习俗

中国人通常有农历和公历两个生日，但庆祝哪一个生日则因人因地而异。传统上，人们认为婴儿出生时已有一岁（虚岁），农历新年过后又长一岁。在中国，老人和儿童的生日尤其受到重视。婴儿出生后到满月有满月酒，到一周岁生日会办周岁宴，并有抓周等传统习俗。家人常常为长辈庆祝60岁、70岁、80岁、90岁、100岁等"整生日"，称为"大寿"。为老人过生日称为"祝寿"，也是家庭团聚的日子。过去有的家族为了祝寿，还会请戏班来唱戏。祝寿的特色食物是寓意美好的长寿面、寿桃等，有些还会加上鸡蛋。现代人庆祝生日的方式包括吃生日蛋糕、唱生日歌、吹蜡烛等。

二、文化教学参考

节庆（小学）

教学目标：

1. 了解中国春节的主要习俗和文化含义。

2. 了解十二生肖的内容和文化含义。

3. 了解中国人庆祝生日的习俗和文化含义。

关键词：

春节 / 年夜饭 / 放鞭炮 / 压岁钱 // 过生日 / 周岁礼 // 周岁 / 虚岁 / 属相

讨论题举例：

1. 中国春节是在什么时候？有什么特别的习俗？你觉得哪个习俗特别有意思？

2. 中国人在春节吃什么特别的食物？这些食物蕴含着什么特别的意思？

3. 中国春节的主要颜色是什么？你们国家传统节日的主要颜色是什么？你喜欢什么颜色？为什么？

4. 你家每年给谁过生日？过生日时都做什么？你最喜欢的生日礼物是什么？

5. 你听说过十二生肖吗？你知道自己和家人的属相吗？你喜欢你的属相动物吗？

教学活动举例：

1. 看图说话：看图描述中国春节的习俗。（鞭炮、"福"字、饺子、红包等）

2. 指认辨认：辨认中国的十二个生肖动物并进行排序。找到自己和家人的属相。

3. 动手活动：画出今年春节的生肖吉祥物，涂上自己喜欢的颜色，并写上春节祝福语。

4. 情景模拟：举办一场生日派对，学生分别扮演过生日的人和他的家人朋友，表演如何过生日、说祝福语、送礼物等。

5. 课外活动：

（1）观察动物园和周围农场，了解哪种动物是生肖动物。

（2）画一张自己的生肖动物图，联系生肖动物说说自己的性格特点。

节庆（中学）

教学目标：

1. 了解中国传统节日如春节、清明节、端午节、中秋节的习俗和文化含义。

2. 了解中国人庆祝国庆节的主要活动和文化含义。

3. 了解中国少数民族节日的习俗和文化含义。

关键词：

清明节 / 扫墓 // 端午节 / 粽子 / 赛龙舟 // 中秋节 / 月饼 / 赏月 // 国庆节 / 旅游 // 那达慕节 / 泼水节 / 火把节

讨论题举例：

1. 你知道中国的四大传统节日吗？这些节日在什么时候？你们国家最重要的传统节日是什么？在什么时候？

2. 你了解哪些中国传统节日的习俗？这些习俗跟你们国家的有什么不同？你对哪个习俗印象最深刻？

3. 月亮在中国传统文化中有特别的内涵，也有中秋节等特别的节日，你们国家是否有跟月亮有关的节日？

4. 中国有55个少数民族，你听说过他们的节日吗？哪个节日最吸引你？为什么？

5. 你们国家有哪些民族？有什么特色节日？节日的习俗与文化是否得到重视与传承？

教学活动举例：

1. 看图说话：给出不同传统节日习俗的图片，让学生辨认并描述节日特色。

（端午赛龙舟、中秋赏月吃月饼、清明祭扫等）

2. 看图连线：将少数民族和他们的代表节日进行连线配对。（傣族的泼水节、蒙古族的那达慕节、藏族的雪顿节、彝族的火把节等）

3. 动手活动：设计一张中国某传统节日的海报，海报需体现节日的典型特点和相关文化因素。

4. 项目与演讲：

（1）介绍中国的一个传统节日或者介绍中国的一个少数民族节日。

（2）介绍自己国家最重要的传统节日。

5. 课外活动：采访自己国家的人：

（1）你听说过哪些中国传统节日和少数民族节日？

（2）你最喜欢的中国节日习俗是什么？为什么？

节庆（大学及成人）

教学目标：

1. 了解中国人庆祝现代节日的行为和习俗。

2. 了解中国人在人生庆典方面的习俗和文化内涵。

3. 理解中外节日的交流和相互影响。

关键词：

妇女节/劳动节/青年节//法定节假日//毕业典礼/婚礼/葬礼//中外节日交流

讨论题举例：

1. 中国有哪些重要的现代节日？是用来纪念什么人或什么事件的？你们国家最重要的现代节日或纪念性节日是什么？

2. 中国人是如何庆祝国庆节的？和你们国家庆祝国庆节有什么不同？

3. 你们国家是否也庆祝国际性节日或外国节日？在庆祝外国节日时，在方式上有什么本土化的特点？

4. 中国有哪些法定节假日？你们国家有多少个法定节假日？在节假日的数量

和内容方面，中外有什么不同的特点？

5. 你了解中国人重要的人生庆典活动如婚礼、葬礼等的特点吗？你们国家的人们最重视哪些人生庆典？有什么习俗？

教学活动举例：

1. 看图说话：给出中国人国庆节活动的图片，描述中国人是如何庆祝国庆节的。

2. 比较异同：比较中国和你们国家的法定节假日的异同。（节假日的数量、内容、文化重要性等）

3. 情景模拟：模拟中国人为家人、朋友庆祝毕业或者结婚的仪式，包括说祝福语、馈赠礼物等，然后讨论与你们国家的庆祝仪式有什么异同。

4. 分组辩论：全球化时代，如何处理保持传统节日和接受外来节日的关系？

5. 课外活动：采访你们国家的人：

（1）你知道哪些中国的节日？

（2）你庆祝过什么外国的节日？理由是什么？

第七节 休闲

一、文化教学内容概要

（一）传统游戏

中国传统游戏种类繁多，具有浓厚的民族特点。传统儿童游戏包括老鹰捉小鸡、丢手绢、捉迷藏等。这些儿童游戏注重人与人之间的交流、协作和友爱互助。七巧板是中国传统的智力玩具，由七块板组成，据说可以拼成1600多种图案。拼七巧板能够愉悦儿童身心，是一种发展儿童多种智能的综合锻炼活动。这是中国古代的一个发明，早在18世纪就传播到了国外。

放风筝是中国传统游戏之一，也是中国民间广泛流行的传统体育运动，男女老少皆宜，特别受到青少年的喜爱。中国的风筝已有2000多年的历史，传统的风筝通常绘有吉祥寓意的图案或花纹，如蝙蝠、喜鹊、龙凤等，反映了中国人对幸福生活的向往。现在，中国各地经常举办风筝节，潍坊更是被称为"世界风筝之都"。在欧美、东亚和东南亚等地，放风筝也很流行，经常举办国际性的风筝大赛等活动。

（二）武术

武术是中国传统的体育活动，拥有悠久的历史。最初，武术是为了军事活动和个人格斗而总结出的攻防技术，后来逐渐发展成为一种有广泛受众的民族体育形式。武术包括拳术、器械套路和相关的锻炼方法，可以强健筋骨、有益健康、锻炼意志。武术强调"内外兼修"和"形神合一"的炼养理论，注重内部精气的修炼，讲究动静结合。因此，武术也是中国长寿养生文化的重要组成部分。随着由李小龙、成龙、李连杰等人主演的中国功夫影片在世界各国的传播，中国功夫闻名海外。武术是中国非物质文化遗产之一，著名的武术电影有《少林寺》《叶问》等。

（三）太极拳

太极拳是中国传统武术的一种。太极拳以中国传统儒、道哲学中的太极、阴阳辩证理念为核心思想，同时也吸收了传统中医经络、气血等理论。太极拳是一种内外兼修、缓慢轻灵、刚柔相济的中国传统拳术，具有颐养性情、强身健体、技击对抗等多种功能。太极拳流派众多，群众基础广泛，是中国武术拳种中非常具有生命力的一支。此外，太极拳具有很强的健身性，有延年益寿的效果，因此深受中国中老年人的喜爱，非常适合作为一种体育休闲活动。2022年，太极拳被列入世界非物质文化遗产名录。

（四）中国象棋

中国象棋是起源于中国的一种棋类，属于二人对抗性游戏。象棋在中国拥有悠久的历史，由于其用具简单、趣味性强、基本规则简明易懂而成为流行极为广泛的棋艺活动。象棋在中国的群众基础超过了围棋，是普及最广的棋类项目。与其他体育运动项目相比，中国象棋与中国古代军事有着紧密的联系，象棋棋盘上的车、马、炮、兵、将等分别象征着中国古代的战车、战马、火炮、士兵、将军等。中国象棋规则中的战略和战术特征受到了中国古代军事思想的影响。中国象棋已流传到世界十几个国家和地区，尤其受东南亚的侨胞和华人欢迎。在欧美国家也有象棋协会，并定期举行比赛。

（五）乒乓球

乒乓球是一种起源于英国、世界流行的球类体育项目，也是中国人喜爱并擅长的体育锻炼活动，被称为中国的"国球"。从20世纪60年代起，中国乒乓球队在各种国际比赛中都取得了出色的成绩，竞技水平领先于世界其他国家，在奥运赛场上更是被誉为"梦之队"。乒乓球对场地要求不高，简便易行，男女老少皆宜。此外，乒乓球运动又是一项全身运动，既能够健体，又能够健脑，没有直接的身体对抗，自己可以控制运动量，非常利于普及推广。总而言之，乒乓球运动非常适合中国的国情，得到了国人的普遍喜爱，普及程度也非常高。另外，20世纪70年代，"乒乓球外交"成为中美民间交流史上的佳话，开启了中美关系正常化，有人形容是"小小银球转动了地球"。

（六）广场舞

广场舞是中国城镇居民在广场、公园等宽敞的公共场所进行的集体性舞蹈活动。中国的广场舞具有自发性、娱乐性、表演性的特点，深受中老年人特别是中老年妇女的喜欢，是一种集健身、娱乐、社交于一体的综合活动。广场舞融合的舞蹈因素多种多样，包括民族舞、现代舞、街舞、拉丁舞等。表演的内容大多具有热情欢快的风格，伴奏音乐也大多是中老年人喜爱且节奏感强的民族歌曲或流行歌曲。广场舞是一种集体性的活动，体现了中国人的行为特点和集体主义观念。广场舞不仅在中国城镇广泛存在，也出现在海外华人社区。由于广场舞需要较大场地，且伴奏音乐声音较大，有时会因影响周围居民生活而引起争议。

（七）休闲方式和观念变化

中国人的休闲活动包括文化、健身体育、消费购物、聚会聚餐等不同类型。这些休闲活动受到地区、年龄、职业、性别等因素的影响，呈现多样化的特点。在改革开放前，中国人的休闲活动比较单一，看电视电影、购物逛街、社交聚餐等是比较普遍的休闲方式。20世纪80年代以后，随着KTV、游乐场、网吧、健身房、足疗馆等休闲、娱乐、健身场所的增加，中国人的休闲活动越来越丰富多样。现在很多年轻人热衷于居家上网、购物和玩电子游戏，因此又出现了"宅男宅女"的社会现象。与此同时，越来越多的中国人选择运动健身、外出旅游、户外探险等体验性强的休闲活动，与世界流行趋势相同步。人们的休闲理念也发生了变化，越来越追求更健康的生活方式，强调更自由和舒适的休闲体验，更加注重工作与休闲生活的平衡。

（八）旅游

旅游是中国人休闲生活的重要部分。在改革开放之前，旅游对于大多数中国人来说是一种奢侈的享受。由于忙于工作，中国人很少外出旅游，即使旅游也大多是国内游和跟团游。改革开放之后，旅游逐渐成为中国人生活必不可少的一部分，成为休闲放松的主要途径之一。中国人的旅游方式和类型也更加多元化，很多人选择自由行、自驾游、度假游和出境游等。中国人的旅游行为具有中国文化的特点，例如喜欢在名胜古迹和风景美丽的景点为自己和同伴拍照，并分享到微信的朋友圈。此外，中国人旅游时也比较喜欢购物，购买各地的土特产品或国外的名牌产品作为礼物留给自己或送给亲友。随着网络、智能手机、交通等的发展，如今中国人外出旅游更加方便和舒适。越来越多的年轻人自己制定旅游攻略，选择更自由的旅游方式。新的旅游方式大大提高了旅游体验，也促进了中国旅游相关产业的发展。

（九）5A 级景区

5A级景区指的是中国质量等级划分级别最高的旅游景区，代表着中国世界级精品旅游风景区的等级。截至2022年，中国已有300多家5A级景区，其中既包括中国的文物古迹，也包括自然景观。世界文化遗产名录中的中国物质文化遗产大多是5A级旅游景区，如北京颐和园、曲阜孔庙、四川九寨沟、杭州西湖等。5A级景区更注重景区的文化特性、服务质量、环境舒适性、交通方便性等，是中国人和世界游客喜欢的旅游目的地。中国各地都拥有非常丰富的旅游资源，江苏、浙江、四川、新疆等地拥有的5A级景区较多。

二、文化教学参考

休闲（小学）

教学目标：

1. 了解中国儿童主要休闲娱乐活动及传统儿童游戏的特点。
2. 了解中国儿童游戏和体育活动的类型和特点。
3. 理解中国儿童对休闲娱乐活动的偏好及其原因。

关键词：

游乐园 / 益智游戏 / 动画片 ∥ 放风筝 / 拼七巧板 / 老鹰捉小鸡 ∥ 功夫 / 体育活动

讨论题举例：

1. 你和家人周末或放假的时候喜欢做什么？常去哪儿玩？最喜欢什么活动？
2. 你和同伴玩得最多的游戏是什么？游戏规则是什么？喜欢的理由是什么？
3. 你知道怎么玩丢手绢或老鹰抓小鸡等中国游戏吗？你们国家有类似的游戏吗？
4. 你每天看电视或玩手机的时间多长？你最喜欢看什么节目？理由是什么？

5. 中国传统风筝的图案和颜色有什么特点？你喜欢放风筝吗？为什么？

教学活动举例：

1. 看图说话：描述中国传统风筝的特点，并跟你们国家的风筝进行比较。（大小、图案、颜色、材料等）

2. 动手活动：学习如何玩七巧板和玩丢手绢，并和师生一起做游戏。

3. 故事分享：在小组中分享你喜欢看的中国或你们国家的动画片，并解释喜欢的理由。

4. 画画比赛：描画中国传统风筝图案或者画自己创作的风筝图案，并涂上喜欢的颜色，然后在全班展示。

休闲（中学）

教学目标：

1. 了解中国不同年龄的人休闲活动的特点，理解其休闲方式的多样性。

2. 了解中国传统体育活动如武术、太极拳、中国象棋的特点和文化意义。

3. 了解中国现代体育活动如乒乓球的特点和文化意义。

关键词：

聚餐 / 上网 / KTV // 武术 / 中国象棋 / 乒乓球

讨论题举例：

1. 你知道中国的武术吗？从哪里知道的？武术有什么特点？

2. 你会打乒乓球吗？为什么乒乓球被称为中国的"国球"？

3. 你们国家的人们喜欢什么棋类活动？棋类的规则与中国象棋有相同的地方吗？

4. 你知道哪个中国的体育明星？他/她有什么特点？你喜欢什么样的体育明星？理由是什么？

5. 在你们学校的体育课上，你们学习和练习什么体育项目？你平时会参加什么体育项目？理由是什么？

教学活动举例：

1. 看图说话：描述中国人喜欢的传统体育活动的特点。（乒乓球、武术等）

2. 比较异同：列出中国青少年喜欢的体育活动，并按喜爱程度进行排序，比较休闲活动和体育活动的异同。

3. 体验活动：观看中国武术的视频或影视片段，学习一些基本动作，并理解这些动作的含义。

4. 项目与演讲：

（1）介绍中国或你们国家一项流行的体育活动。

（2）介绍自己喜欢的中国或其他国家的体育明星，并解释喜欢的理由。

5. 课外活动：

（1）采访中国学生，了解他们最喜欢的体育活动是什么，喜欢的理由是什么。

（2）观看中国武术的视频，学习武术动作，并展示给自己的家人或朋友。

休闲（大学及成人）

教学目标：

1. 了解中国人观光度假的常见方式和喜爱的名胜古迹。

2. 理解中国人旅游行为的特点和表达的文化内涵。

3. 理解中国人休闲活动的新趋势和体现的生活理念。

关键词：

太极拳 / 广场舞 / 健身运动 // 跟团游 / 自驾游 / 出境游 / 旅游行为 / 旅游攻略 // 5A级景区

讨论题举例：

1. 中国青年人和中老年人喜欢的休闲活动有什么不同的特点？与你们国家有什么异同？

2. 随着生活水平的提高，中国人的休闲活动有什么变化？引起这些变化的主要原因是什么？

3. 中国人喜欢的旅游目的地有哪些？有什么特点？你最想去哪个地方旅游？理由是什么？

4. 中国人在旅游方式、行为和观念方面有什么特点？跟你们国家比，最大的不同是什么？

教学活动举例：

1. 看图说话：描述中国人在公园开展的休闲活动，了解中国人休闲活动的特点和多样性。（广场舞、太极拳、跑步健走、轮滑等）

2. 动手活动：学习如何下中国象棋，了解中国象棋的规则，并理解棋盘上汉字的含义。

3. 比较异同：比较中外不同国家的旅游有什么异同。（喜欢的目的地、旅游方式、旅游行为、旅游观念等）

4. 分组辩论：玩手机作为一种休闲活动的利弊是什么？对智力和健康的影响是什么？

5. 课外活动：

（1）观察现实中或网络上中国人在公园里的晨练活动，了解其特点。

（2）采访中国人：你最喜欢的三项休闲活动是什么？喜欢的理由是什么？

第八节　消费

一、文化教学内容概要

（一）购物环境

现在中国的购物环境非常多样化，包括农贸市场、夜市、集市、超市、百货商场、购物中心等。乡村或市郊的人经常去集市采购生活必需品,人们把去集市上买东西称为"赶集",南方还有"赶场""赶山"等说法。

夜市多售卖杂货、当地小吃等,商品大多是物美价廉的日常用品,体现了中国平民市井生活的特点。南京夫子庙、重庆洪崖洞等地的夜市都很有名。超市是中国城镇居民购买食物和日用品最为常见的购物场所。除了各地不同的本土超市外,也有很多国外品牌的超市,如沃尔玛(Walmart)等。在中国大中城市还分布着许多百货商场和购物中心。除了拥有很多中国和国际知名品牌的专卖店以外,很多商场和购物中心还设有电影院、儿童乐园、餐厅等供人们娱乐和就餐的场所。

(二)商品计量单位

中国有一些独特的商品计量单位,如"斤""两""尺""寸"等。其中,一斤等于500克,等于十两(古时十六两)。中文有"半斤八两""斤斤计较"等成语。在日常生活中,"斤"多用来称量肉类、粮食、水果等商品,"两"则多用于酒类、贵金属等产品。一尺等于十寸,1米等于三尺左右。成语有"得寸进尺"等。在现代社会中,人们通常使用"米""厘米"等国际标准单位来测量长度。不过,在一些传统领域,如裁缝行业,人们仍然使用"尺""寸"来测量布料的长度。

(三)支付方式

中国人主要的支付方式包括现金、银行卡、电子支付等。传统上,中国人购买日常用品时习惯使用现金。后来随着银行卡的普及,中国人在购买大件商品如房屋、汽车、电器、贵重珠宝等时,会使用银行卡进行交易。如今,随着网络和智能手机的发展,移动支付已经成为中国人支付方式的主流,无论是线上购物还是线下购物,无论是城镇的大型商场还是偏远农村的个体商贩,都普遍使用移动支付进行交易。中国人常用的移动支付平台是支付宝、微信等。虽然移动支付给人们带来了很多便利,但同时也存在着各种弊端,例如对个人隐私和信息方面的保护存在隐患等。

（四）网购与快递

近十几年来，网络购物在中国发展迅猛，已经成为中国人一种新型购物方式，逐渐替代了线下门店购物。中国知名的购物网站包括淘宝、京东、拼多多等综合性网络商城，以及一些专门经销某类商品的网购平台，如当当网主要销售书籍，美团网主要售卖食品、简餐等。除了以上较大的网购平台之外，一些自媒体软件如抖音、Bilibili（简称"B站"）、小红书等也开通了购物渠道，甚至微信等以通信为主要功能的平台上也有各种网店。自2009年以来，中国的网购市场呈现出愈发繁荣的景象。

随着网购的发展，中国的快递配送服务行业也在迅速兴起，主要的快递公司有顺丰、京东等。由于网购和快递的迅速发展，快递员已经成为中国的一个新型职业。虽然网购方便了人们的生活，改变了人们的购物习惯和观念，但它同时也催生了很多新的问题，对传统的实体店冲击很大，同时也对环境造成了一定的压力。

（五）网络直播

网络直播现已成为中国人购物的主要方式之一，尤其是年轻人。过去，直播的媒介主要为电视，但从2016年短视频营销火爆以后，网络直播逐渐取代了电视直播，成为"直播"的代名词。直播能够直观、动态地呈现出商品，加上主播的讲解和营造的购物氛围，有助于促进商品销售。目前，中国很多网购平台都开设了直播功能，这也催生了一种新型的职业——带货主播。很多主播因其强大的带货能力，创造了惊人的销售业绩，从而一夜之间声名鹊起。越来越多的明星、各行各业的名人，甚至是普通百姓，都加入了网络直播。直播带货已经成了网购的新趋势，但也带来了一些问题，例如人们对明星和名人直播带货的看法存在争议。

（六）购物节

中国的许多商家都会利用各种节日或特设的购物节开展购物促销活动。中国主要的购物节有6.18、双11、双12等，这些购物节专门选在比较吉利的日子，如"618"与中文"就要发"谐音；"双11"原本叫光棍节，是针对单身男女购物消费的节日，后来演变成了全民的大型购物狂欢节。购物节一般会持续一周到一个月不等。在购物节期间，很多品牌的商品都会提供比平时更大的折扣和优惠力度，各大平台的带货主播也会集中在这些日子进行直播。购物节的兴起，一方面刺激了消费、活跃了商品市场，但另一方面也造成了一些人的冲动消费和过度消费。

（七）购物行为

中国人在购物行为方面有三大特点。一是"货比三家"。这源于中国人的节俭意识。人们在购买同种商品时，往往会在几个商家中进行比较，然后选择性价比最高的一家。二是"讨价还价"或者"砍价"。讨价还价在个体经营的商店或者网购时比较常见，消费者可以与卖家商议价格。然而，超市、商场等地方一般都是明码标价，消费者无法讨价还价。三是"团购"。团购是一种认识或不认识的消费者联合起来，以求得最优价格的购物方式。随着网购的发展，团购也逐渐流行起来，因为团购的价格往往比单独购买要低。无论是货比三家、讨价还价还是团购，都体现了中国人的消费观和金钱观。

（八）消费理念

随着经济的发展和支付方式的变革，中国人的消费理念也在逐渐多元化。过去中国人认为节俭是一种美德，主张精打细算过日子，特别重视储蓄。有句俗话说："吃不穷，穿不穷，算计不到就受穷。"现在越来越多的人接受提前消费和贷款消费的观念，他们在购物时会选择使用一些支付平台提供的贷款功能，如支付宝的"借呗""花呗"，以及各大购物平台上的分期付款等。这些网络贷款在满足了人们的消费需求，但同时也带来了一系列的问题，如有人盲目消费，成了月光族，甚至负债累累。

（九）国货及品牌意识

中国有很多上百年的国货老字号，如同仁堂、云南白药、茅台、五粮液等。这些国货老字号承载着中国文化的基因，彰显着中国的历史底蕴和文化传承。除了老字号，华为、小米、比亚迪、李宁等新兴的国货品牌也受到中国人的欢迎。中国国货产品的质量不断提高，价格也较外国产品实惠，而且这些品牌也在不断地更新迭代并向世界展示，被越来越多国外的消费者所认可和喜爱。

随着国货的崛起，中国人的品牌观念也在发生着深刻的变化。过去中国人购物时更倾向于选择国外品牌，特别是名牌产品。他们认为国外品牌的质量更有保障，而且还象征着身份地位和经济实力。现在中国人对民族品牌越来越感兴趣，也越来越认可国货的质量，购买国货的人越来越多了。国货的流行，也让人们更加注重产品的品质和文化内涵，而非盲目追求品牌和价格。这些变化不仅反映了中国消费者对品质和文化认同的提升，也为中国品牌在全球市场赢得更大的影响力创造了更好的条件。

二、文化教学参考

消费（中学）

教学目标：

1. 了解中国人购物的方式和特点，理解其购物方式的多样性。
2. 了解中国商品计量单位的特点，理解中外商品计量单位的关系。
3. 了解中国人的购物习惯和特点，理解这些习惯背后的购物观念。

关键词：

集市 / 夜市 / 超市 / 商场 // 网购 / 直播带货 / 团购 // 斤 / 两 / 尺 / 寸 // 货比三家 / 打折 / 讨价还价 // 现金 / 移动支付 / 支付宝

讨论题举例：

1. 什么是集市？什么是夜市？你们国家有集市、夜市吗？

2. 什么是"斤""两""尺""寸"？在什么情况下会用到？中国商品的计量单位与你平时所用的计量单位有什么不同？

3. 你喜欢在什么地方购物？喜欢的理由是什么？这些购物环境与中国的有什么不同？

4. 中国人有哪些购物习惯？你购物的习惯跟中国人有什么相同或者不同的地方？

5. 你喜欢网购吗？常用的网购平台是什么？你知道哪些中国的网购平台？它们与你常用的购物平台有什么不同的特点？

教学活动举例：

1. 看图说话：描述图片里中国的集市、夜市、超市、购物中心的特点是什么。（购物环境、售卖商品、购买人群等）

2. 看图连线：说说图上的商品在中国一般用什么计量单位，并说明如何把这些中国的计量单位换算成你们国家的计量单位。（水果、布料、酒、黄金等）

3. 角色扮演：学生分别扮演买家和卖家，表演如何在中国的市场货比三家、讨价还价。

4. 课堂采访：你会在哪些地方购买以下商品，并说明理由。

　（1）奢侈品、名牌产品、精美服饰

　（2）食品、日用品

　（3）风味小吃、地方土特产

5. 课外活动：调查或采访中国年轻人喜欢采用什么方式购物，经常在哪里购物，理由是什么。

消费（大学及成人）

教学目标：

1. 了解中国人网购的特点，理解互联网对中国人消费行为和观念的影响。

2. 理解中国人消费行为与消费观念的变化及影响因素。

3. 理解中国人的品牌意识，熟悉一些常见的中国国货品牌。

关键词：

购物节 / 双11促销优惠 / 团购 / 分期付款 // 储蓄理财 / 节俭意识 / "超前消费"现象 / 月光族 // 国货 / 品牌意识

讨论题举例：

1. 中国有哪些大型的购物节？有什么含义？在你们国家有类似的购物节吗？有什么特点？

2. 随着网购的兴起，中国出现了什么新型的职业？在你们国家从事快递员和带货主播职业的人多吗？这些人有什么特点？

3. 中国常见的交易方式和支付方式是什么？你喜欢什么样的交易方式和支付方式？为什么？

4. 中国年轻人的消费观念有什么特点？与你们国家的消费观念有哪些不同？

5. 你购买过哪些中国产品？你知道哪些中国的品牌？中国商品与国外同类产品相比有哪些优缺点？

教学活动举例：

1. 看图连线：购买图上的商品时，你建议选择怎样的交易方式和支付方式，并说明理由。（食品、衣服、汽车、房屋、珠宝；现金、电子支付、银行卡等）

2. 角色扮演：学生分组表演在某个购物节网上直播购物的场景，有人扮演带货主播及其团队，有人扮演消费者。

3. 比较异同：比较你们国家某个年龄段的人和相同年龄段的中国人在购物消

费方面的异同。（购物方式、支付方式、消费观念等）

4. **分组辩论**：网购与线下购物哪种方式更好？它们的优缺点是什么？

5. **课外活动**：采访中国人：

（1）你日常生活中有哪些产品使用国货品牌？哪些产品更喜欢买外国品牌？

（2）你认为值得推荐的中国品牌产品有哪些？

第九节　就业

一、文化教学内容概要

（一）大学生就业

中国是世界上就业人口最多的国家之一，就业的主要群体是大学毕业生和农村进城务工者，其中大学毕业生就业是中国社会和家庭最关注的教育和民生问题之一。中国在校大学生人数众多，2023年毕业生人数超过千万，因此毕业生面临比较严峻的就业形势。一个主要原因是中国人口众多，而社会的就业岗位数量相对较少，市场竞争激烈。另一个原因是许多企业倾向于招聘有经验的人才，而大学生刚毕业缺少相关的工作经验。为了解决大学生就业问题，政府采取了一些应对政策和措施，如拓宽就业渠道、鼓励大学毕业生到基层和西部地区就业、调整高校招生规模、设置社会需要的专业、培养学生的综合素质等。

（二）求职渠道

中国大学毕业生的就业方式由过去的计划分配转向目前的自主择业，这使得就业渠道及求职方式发生了较大的改变。20世纪80年代，大学毕业生人数较少，实行的是"统包分配"制度，年轻人毕业后即可就业。从90年代后期起，大学毕业生开始通过校园招聘、人才市场交流会等途径实现与用人单位的双向选择。近年来，网络逐步发展为求职应聘的主要渠道，人们通过招聘网站、职场社交平台等实现"信息筛选—简历提交—线上面试"一站式求职。如今求职方式向着多元化的方向发展,人们可以通过企业内部推荐、线下招聘会等进行面对面应聘,也可以通过招聘网站、猎头公司等获取招聘信息,然后进行线上应聘。求职方式的多样化使得人们的求职范围得以拓宽,但同时也对个人能力提出了更高的要求。

(三)受欢迎的职业

在中国,一直以来比较受欢迎的职业包括公务员、医生、律师、教师以及一些国企岗位。这些岗位工作比较稳定,有固定的薪资和较好的福利待遇,同时从业者在社会上也享有较高的身份地位。随着近年来网络和科技的不断发展和普及,一些新兴的职业也受到越来越多的关注,比如自媒体创作者、网络销售人员,还有IT行业工作人员,如安卓开发工程师、软件工程师等。这些职业激发了人们的创造力、自主性,有的收入也很可观。人们对职业的偏爱和选择一方面受到经济形势的影响,另一方面也受中国传统观念的影响。

(四)择业观念的转变

随着经济和社会的发展,中国人的择业观念和偏好也在逐渐发生改变。在计划经济时代,大多数毕业生能够通过分配直接进入政府机关、事业单位、国有企业等单位工作,这些工作被人们称为"铁饭碗",因此成为人们羡慕和追求的目标。改革开放以后,越来越多的年轻人在就业时逐渐跳出"体制内"的观念束缚。虽然仍有相当一部分人选择通过考试进入公务员、教师等职业队伍,但大多数人选择职业时更多考虑个人的发展空间、公司企业文化、薪资待遇等因素。与此同时,择业方向也趋于多元化,自主创业成为一部分年轻人的就业选择。最近几年,受某些社会因素的影响,很多人选择在主业之外开辟副业。这种方式不仅让人们能够适应不断变化的社会生活,提高自身抵御风险的能力,还能在主业之外发挥自身的特长和兴趣爱好,实现自己的人生价值。

(五)职场文化

勤奋工作是中国职场人的工作伦理和美德。在很多企事业单位,加班加点是比较普遍的现象，而且被认为是一个人工作勤奋的表现。中国人传统上比较喜欢稳定的职业，强调对工作单位的忠诚和归属感，特别是国有单位的员工很少换工作，有些甚至会在同一个单位一直工作到退休。但是，现在中国年轻人开始更加注重自身的职业发展，"跳槽"的情况越来越普遍，特别是在新兴产业企业、外资企业、民营企业，年轻员工经常换工作以寻找更好的发展机会。相比之下，国有企事业单位的管理体制比较严格，晋升往往更多考虑年龄和资历等因素；而在新兴产业或民营企业中，管理风格比较灵活，更加注重个人的创造力和工作业绩，薪资、待遇、晋升等方面更倾向那些工作表现突出的员工。

二、文化教学参考

就业（大学及成人）

教学目标：

1. 了解中国人求职方式和招聘、应聘等方面的特点。

2. 了解中国职场在薪资待遇、工作环境、职场文化等方面的特点。

3. 理解中国人职业选择的偏好和择业观念。

关键词：

求职渠道 / 招聘 / 应聘 // 薪金待遇 / 加班 / 跳槽 // 受欢迎的职业 / 公务员 / 自由职业者 / 创业 // 择业观念

讨论题举例：

1. 中国大学毕业生主要通过什么方式找工作？和你们国家的情况一样吗？

2. 中国的年轻人一般喜欢从事什么职业？原因是什么？你喜欢什么样的职业？为什么？

3. 在你们国家有大学生就业难的问题吗？就业难的主要原因是什么？政府采取了什么政策来应对？

4. 为了提升就业机会,你觉得大学生应该具备哪些素质和能力?

5. 中国体制内和体制外的工作在职场文化方面有什么特点?你们国家呢?

教学活动举例:

1. 排序并投票:你认为求职应该考虑哪些因素,按优先等级对这些因素进行排序,并对排名前三的因素进行讨论。(公司知名度、晋升空间、培训机会、工作地点、薪酬福利、专业对口、工作稳定、企业文化等)

2. 模拟招聘:四个人一组模拟招聘会,两人扮演招聘者,两人扮演应聘者。应聘者提交个人简历并回答招聘者的问题。

3. 比较异同:比较中国的年轻人和你们国家的年轻人喜欢的职业的异同,并说明原因。

4. 分组辩论:年轻人应该找一份稳定的工作还是应该找一份具有挑战性的工作?理由是什么?

5. 课外活动:采访一名已经工作了的大学毕业生:

   (1)你是通过什么方式找到这份工作的?求职过程中是否遇到了困难?如何解决的?

   (2)你对现在的工作是否满意?你理想的职业是什么?

第十节 语言交际

一、文化教学内容概要

(一)称呼语

汉语的称呼语大致分为三类。第一类是职业和职务称谓,如"张老师、李医生"等是职业称呼,"张校长、陈局长、王处长"等是职务称呼。中国人通常会使用职业和职务称呼以示尊敬,也体现了中国人较强的等级意识。在中国,人们把大学、中学、小学教师都称呼为老师,即使是大学教授也较少使用"姓+头衔"的方式。对老师的称呼既体现了中国人尊师重教的观念,也体现师生之间亲切平等的关系。现在"老师"的称呼不限于教育界,在科技、医疗、文艺等知识分子多的领域,"老师"的称呼也很普遍。第二类是通称,如"先生、女士、小姐、同志、师傅"等。其中,"同志"曾经是改革开放前一种流行的通称,体现了新型的社会主义国家强调平等的人际关系,不过现在年轻人很少使用。第三类是亲属称谓。中国人在社交场合还常常用亲属称谓称呼非亲属成员,如"爷爷、奶奶、叔叔、阿姨、大哥、大姐"等,用以拉近交际双方的心理距离。

(二)问候语

中国人的问候语分为正式和非正式两种形式。常用的正式问候语包括"你好""您好""早安""晚安"等。这些正式的问候语常常用于初次见面或者不太熟悉的人之间。非正式的问候语用于已经相识的熟人之间,有多种不同的形式:(1)关心式问候,如"吃饭了吗""你去哪儿"等;(2)称谓式问候,相遇或见面时只称呼对方,而省略后面的问候语,如"张老师""小李""陈师傅"等;(3)交谈式问候,询问或评论对方当时的情况,如"下班了""出去啊"等。汉语的非正式问候语丰富多样,往往根据与对方的相识程度或场合来使用。由于中外问候语存在很多差异,中国人日常问候语如"吃了吗"或者"你去哪儿",有时会引起一些跨文化交际的误解或尴尬。在第一次与陌生人见面时,中国人除了说"你好"以外,还会说"见到你很高兴,请多关照"等,对于长辈或社会地位高的人还会用"久仰久仰""幸会幸会"等敬辞来表达礼貌。

(三)道歉语

道歉也是交际中常见的言语行为。汉语常用的道歉策略主要有四种:使用直接道歉语、说明原因、承认自己的过错、表达今后承诺等。直接道歉语包括"对不起""抱歉""不好意思"等。具体的道歉策略会根据对方的地位、辈分、场合以及熟悉程度而有所不同。一般来说,中国人对长辈和领导所用的道歉策略多于对晚辈和下属的道歉策略。另外，中国人对家人和好友很少使用道歉语，认为经常说道歉语过于拘束了。在道歉内容方面，中国人通常会因占用他人时间、损坏他人物品、给他人带来不便等情况而表示道歉。但对于一些对别人影响不大的情况，如占用对方的空间、突然打喷嚏或咳嗽等，中国人很少道歉。由于在道歉内容、影响道歉的文化因素方面存在中外差异，一些外国人可能会误以为中国人不善于道歉，甚至会认为中国人不够礼貌。

（四）称赞语

汉语称赞语在称赞的语言形式、内容、回答方式等方面具有独特的文化特点。中国人表达称赞时常用的句型是"NP+很+Adj."，如"你的中文很好"，很少使用"我喜欢你的……"，因为使用这种句式表达对别人所有物的称赞，有时会被误以为是间接请求。在称赞内容方面，中国异性之间很少称赞对方的外貌。最具有中国文化特点的是称赞的回答方式。中国人一般会采用否定或拒绝的方式回答别人的称赞，常用的表达有"哪里哪里""过奖了""还差得远呢"等。这种方式体现了中国人含蓄的交际风格和谦虚是美德的观念。但是现代中国人回答称赞的方式有了新的变化，具有多样性，人们往往会根据情景来选择合适的方式。如当他人称赞自己的外貌时，很少有人再说"哪里哪里"，而是会回答"谢谢"或者用"是吗"这种含蓄接受的方式。但是对于别人称赞自己的表现和才能，大多数中国人还是会采用否认的回应策略，说"哪里哪里""过奖了"等。

（五）请求语

请求语在本质上是一种不礼貌或者是威胁面子的行为，因此需要使用礼貌策略。汉语请求语的常用句式有疑问句式、祈使句式、陈述句式等。其中，"陈述句+好吗/行吗/可以吗"的语言形式最为多见，也最为礼貌。汉语请求语常用两种策略：直接请求策略和间接委婉请求策略。直接请求策略常用"请+祈使句"，如"请帮我打印一下文件"等。请求行为是否礼貌跟社会距离和权力距离有很大的关系。对社会地位高的人和长辈，中国人常常采用间接委婉的请求策略，为了达到礼貌的目的，会用"称呼+问候+道歉+说明原因+间接请求+感谢"的组合策略，如"王老师，最近好吗？真不好意思，打扰您了。我需要申请××大学的研究生，您帮我写封推荐信好吗？谢谢您。"但是对下属或者晚辈，中国人常采用"请+祈使句"的直接请求策略，如上司对下属说："小张，请帮我复印一下这份文件。"在跨文化交际中，中外请求语的语言形式和文化规则不同，有时也会引起误解和不愉快。一些"请+祈使句"的直接请求策略，在某些文化中被认为是唐突甚至是不礼貌的。

（六）拒绝语

拒绝的言语行为包括拒绝建议、邀请、请求、帮助等。在拒绝策略方面，与英语表达相比，遗憾的策略、提供替代方案的策略使用比较多。另外，英语采用虚拟语气"I'd love to…, but…"（"我愿意……，可是……"）的拒绝表达方式在中文中很少使用。总之，中国人表达拒绝时会考虑对方的面子和感受，通常采用委婉间接的策略，以达到礼貌的目的。社会距离、权力距离、拒绝事情的难度等因素都对拒绝言语行为产生影响。对长辈和领导的拒绝会使用多种拒绝策略的组合，如"李老师，实在抱歉，我明天有作业要交，今天晚上不能来了"就采用了"称呼+道歉+说明理由+直接拒绝"的多种策略。在拒绝邀请方面，"谦虚客套"的拒绝方式是汉语拒绝语中最独特的。当第一次听到邀请时，中国人通常会客气地婉拒，说"这样太麻烦你了"等，只有当对方再次坚持邀请时，才欣然接受。这种方式体现了中国人含蓄谦虚、维护个人和对方面子的风格，可是在跨文化交际中常常引起误解或尴尬。

（七）敬辞与谦辞

使用敬辞和谦辞是中国人礼貌的突出特点。中国人对长辈、社会地位高的人、陌生人等会使用礼貌用语，如"您""请""劳驾"等，也会使用一些敬辞和谦辞。汉语中一些词语本身就含有体现敬意的成分，如"贵姓""贵校""劳驾""拜访""拜读""光临"等。中国人对他人使用敬辞的同时，对自己使用谦辞。如称别人的父亲为"令尊",称呼自己的父亲为"家父";称对方的作品为"大作",称自己的作品为"拙著";称对方的观点为"高见",称自己的想法为"拙见"。这些敬辞和谦辞的使用在正式的场合和知识分子中最多见,体现了中国人语言交际时尊人卑己的礼貌原则。

(八) 礼貌原则

中国学者顾曰国总结了中文的礼貌原则包括五个准则:(1) 尊人卑己的准则,如对他人使用敬辞,对自己使用谦辞等;(2) 称呼的准则,即主动跟对方打招呼,如"张老师""小王"等;(3) 文雅的准则,即使用文雅的语言,如对死亡、人体器官等使用委婉的说法等;(4) 求同的准则,即交谈中尽量满足对方的要求,力求双方的和谐一致;(5) 德言行的准则,即尽量增大对他人的益处,同时尽量淡化自己的贡献,如"这都是小意思,举手之劳"等。其中,尊人卑己是核心准则。中国人言语行为的礼貌性和得体性受到交际双方权力距离、社会距离等文化因素的影响。因此,在与不同地位或身份的人交往时,人们需要遵循不同的礼仪规范,以体现适当的尊重和关怀。

(九) 语言交际风格

语言的交际风格一般分为两种类型:直接交际风格和间接交际风格。中国文化属于高语境文化,中国人注重人际关系的和谐和双方的面子,因此语言表达比较间接和含蓄。例如,中国人不喜欢直接表达拒绝、否认或对他人的批评等,当中国人说"我们再研究一下"或者"我再考虑考虑"时,往往意味着拒绝。在被邀请时,中国人常使用"谦虚客套"的策略,也体现了中国人含蓄委婉的交际风格。另外,汉语表达还喜欢用比喻、拟人、排比等修辞方法和许多形容词,来烘托气氛、增强表现力、突出感情色彩。这些交际风格的特点有很多跨文化的差异,有时会引起一些误解。

二、文化教学参考

语言交际（小学）

教学目标：

1. 了解中国人称呼的礼貌用语和使用场合。

2. 了解中国人打招呼、感谢、告别的礼貌用语。

3. 理解中国人社交时使用亲属称谓的特点和原因。

关键词：

"先生""老师""叔叔""阿姨""爷爷""奶奶"等称呼语 // 打招呼 / 感谢 / 告别

讨论题举例：

1. 中国人常用的称呼语是什么？在什么场合使用？对谁使用？

2. 中国人常使用哪些亲属称谓来称呼陌生人？在你们国家有没有用亲属称谓称呼陌生人的现象？

3. 中国人常用的打招呼、表达感谢和告别的礼貌用语是什么？怎么回答中文的问候语、感谢语和告别语？

4. 在称呼语、问候语、感谢语、告别语方面，中文的表达方式与你的母语的表达方式有什么不同的地方？你觉得哪些不同很有趣？为什么？

教学活动举例：

1. 看图配对：把表达称呼、问候、感谢、告别的中文用语与图片上的情景相匹配。

2. 情景对话：根据图片中的情景，练习如何用中文回应别人的问候、感谢和告别。

3. 角色扮演：表演对不同的人使用称呼、问候、感谢、告别等中文礼貌用语。（老师、妈妈的朋友、出租司机、学长等）

4. 比较异同：在中文称呼语、问候语、感谢语、告别语的表达方式旁边写出你的母语的表达方式，并进行比较。

5. 课外活动：

   （1）观察生活中或影视剧中，中国人在打招呼、感谢、告别时的用语和特点。

   （2）用学过的中文称呼语、问候语、感谢语、告别语与家人、朋友、同学进行交流。

语言交际（中学）

教学目标：

1. 了解中文的礼貌用语和使用的场合。

2. 了解中文表达介绍和寒暄的方式和得体行为。

3. 了解中文表达道歉和称赞的方式和得体行为。

关键词：

"您""请""劳驾"等礼貌用语 // 谦称 / 尊称 // 介绍 / 寒暄 / 道歉

讨论题举例：

1. 你知道中国有哪些基本的礼貌用语吗？在什么情况下，对谁表达？请举例说明一下。

2. 中国人在见面寒暄时会说什么？跟你的母语的表达方式一样吗？

3. 中国人道歉时说什么？什么情况下会道歉？对不同的人道歉方式一样吗？

4. 中国人是怎么表达称赞和回答称赞的？这种方式与你们国家的人一样吗？在介绍、寒暄、道歉、称赞等方面，中国人的表达方式与你们国家的人有哪些不同？哪些差异容易引起误解？

教学活动举例：

1. 看图说话：针对图片上的情景，你会道歉吗？你会怎么道歉？与中国人的

道歉内容和策略有什么不同？（占用别人时间、打喷嚏、上课迟到等）

2. **角色扮演**：假如你暑期来中国参加夏令营，第一次见到中国一所高中的校长、老师和同学，表演一下你如何与他们见面和交谈。

3. **情景对话**：以下都是别人对你的称赞，你会如何回应？

（1）你的异性朋友夸奖今天你的发型很漂亮。

（2）你的老师评价你中文说得很好，学习很努力。

（3）你的同学说你的妈妈很漂亮，新自行车很时尚。

（4）如果你是老师，学生称赞你讲课生动有趣。

4. **案例分析**：分析以下几种中国人的表达方式，你认为怎么样？你会怎样回答？为什么？

（1）A：你的妻子很能干，也很漂亮。

B：一般吧。

（2）A：你长得真帅，是我见过的最帅的外国人。

B：……

（3）A：谢谢你的礼物，我很喜欢。

B：没什么，在中国买很便宜。

5. **课外活动**：观看中国的影视剧片段，观察中国人是如何见面寒暄、称赞和回应称赞、道歉的。

语言交际（大学及成人）

教学目标：

1. 了解中文请求和拒绝等言语行为的表达方式和得体行为。

2. 理解中国人语言交际风格的特点和文化内涵。

3. 理解中国人言语行为的礼貌原则及体现的文化观念。

关键词：

称赞 / 请求 / 拒绝 // 间接 / 含蓄 / 委婉

第四章 "社会生活"的文化教学内容与应用

讨论题举例:

1. 中国人对长辈和领导表达请求与对晚辈和下属表达请求有什么不同?这些方式与你们国家的人一样吗?

2. 中国的"谦虚拒绝"方式有什么特点?在这种情况下,你是怎么表达的?

3. 你知道中国人有哪些敬辞和谦辞?在什么情况下使用?体现了中国人什么样的文化观念?

4. 中国人语言表达最重要的礼貌原则是什么?请举例说明一下。体现了什么文化观念?

5. 在语言交际方面,你认为中国人跟你们国家的人最大的不同是什么?哪些容易引起误解?

教学活动举例:

1. 选择:在以下的场合,你会使用哪些敬辞或谦辞?

    (1) 询问年长的长辈的年龄。(几岁、高寿)

    (2) 在正式场合叙称对方的父亲。(伯父、家父)

    (3) 赠送给老师一本自己创作的诗集。(大作、拙著)

    (4) 提到专家的观点让自己很受启发。(高见、浅见)

2. 角色扮演:学生希望去中国留学,想让任课的老师帮自己写一封推荐信,会如何表达请求?然后比较中外请求表达的礼貌方式和含义。

3. 语言分析:以下是两个中国人关于邀请做客的对话,分析有什么特点。

    A:周末我妈妈想邀请你来我家吃饭,你有空儿吗?

    B:替我谢谢阿姨,这太客气了,别给她添麻烦了。

    A:不麻烦,不麻烦,都是家常饭。她很喜欢你。

    B:那就太谢谢阿姨了。

    A:周六晚上来我家怎么样?

    B:真不巧,我那天晚上有事。还是算了吧,我们以后再找时间。

A：那周日中午你行吗？

　　B：周日中午我有空。

　　A：那就定周日中午吧。

4. 经历分享：分享你或他人因为中外言语行为、交际风格、礼貌原则等方面的差异而出现尴尬或误解的真实案例，解释引起误解的文化原因。

5. 课外活动：观察现实中和影视剧中，中国人是如何回应称赞、如何回应邀请、如何表达请求的。

第十一节　非语言交际

一、文化教学内容概要

（一）表情与眼神

体态语是非语言交际行为的重要组成部分，包括表情、眼神、手势、姿势、身体接触等。在面部表情方面，中国文化讲究含蓄内敛，有些人在公众场合和正式人际交往中不轻易表露喜怒哀乐。微笑除了表达愉快和友好的含义以外，根据语境的不同，还可能表达害羞、尴尬、拒绝等多种含义。比如，有的中国学生上课不知道如何回答问题时，会用微笑表示拒绝，这可能会引起外国老师的困惑。在眼神交流方面，中国人和对方对视的时间比较短，特别是异性之间眼神交流时间更短。在受到长辈、领导、老师教导或批评时，很多中国人为了表示尊敬和服从，会避免直视对方的眼睛。而在有些国家，受到批评也应该直视对方的眼睛以示礼貌，这些眼神交流方式的不同有时会引起误会。

（二）手势与姿势

中国人的手势有一些特定的含义，存在跨文化的差异。中国人表示1到10数字的手势与其他国家有所不同，如中国有些地方的人会用食指和中指交叉表示数字10，而在一些国家这个手势表示"祝好运"。中国人表示金钱、自杀、打招呼等的手势也与很多国家不同，有时会产生误解。在身体姿势方面，中国一些中小学校对学生上课的坐姿和站姿有一些要求，如要求身体坐直，手背后等。此外，一些学校还会要求师生上课时进行互礼的仪式，如上课时学生起立说："老师好！"老师还礼说："同学们好！"在课堂上，学生发言要先举手，得到老师允许后起立回答问题。

（三）见面礼节

中国人的见面礼节主要包括握手、鞠躬、拱手等形式。中国人传统的见面礼节包括鞠躬和拱手，这两种形式都没有身体的接触。在中国，鞠躬礼起源于古代礼仪文化，主要表达下级对上级、学生对老师、晚辈对长辈的敬意。长辈会以欠身点头的方式还礼，而不必鞠躬。现在一些服务行业，如商场、饭店和酒店等，服务人员也时常用鞠躬礼来表示欢迎或感谢。拱手礼又叫作揖，是中国传统的见面礼节，常用于佳节团拜、节日祝贺和商贸往来等场合。拱手礼体现了平等、文明、尊敬的含义。总的来说，中国文化属于低体触的文化。在社交场合中，异性之间几乎不会有身体接触，但同性朋友之间可能会有挽手、搂肩或拥抱等身体接触。在身体接触方面，不同文化之间的差异有时会引起一些误解。

（四）时间观念

时间的观念和利用方式也是非语言交际的一部分。在中国文化中，一些谚语如"一寸光阴一寸金""只争朝夕"等，表达了中国人珍惜时间的观念。但是，中国人在处理准时、规划、预约和最后期限等方面有着独特的方式，这有时会引起跨文化的误解甚至冲突。在工作和学习环境或者正式社交活动中，中国人通常非常重视准时。但是，在社交活动中，人们对准时的看法却有多样性。例如，中国人拜访长辈和地位高的人会认为准时或提早到达是表达尊敬和重视的方式，与一些西方国家社交聚会常常晚到一点儿更礼貌的惯例有所不同。另外，中国人在规划活动或邀请客人时，如果通知对方的时间比较仓促，也容易引起不愉快。

(五) 身体距离

身体距离是非语言行为中空间利用的一部分，不同的文化对社交场合的身体距离有不同的惯例或规则。中国人会根据不同的场合和对象，选择不同的谈话距离。一般来说，熟悉的人之间身体距离比与陌生人的距离近，同性之间的距离比异性之间的距离近。但是，在公共场所排队、乘坐公共交通工具时，中国人的身体距离通常比别的一些国家的人更近，有的人在公共场所碰到他人身体或者从他人身边走过时，并不觉得应该说"对不起"。有人解释说，这是因为中国人口多，公共场所比较拥挤。由于不同的文化对身体距离有不同的要求，在跨文化交往中可能会产生一些差异或误解。

(六) 座位的排列

座位排列也是空间利用的重要组成部分，中国人在工作、学习、社交等环境中座位排列有独特的安排。在办公室中，常见的办公桌排列方式包括并列或对面排列，方便工作人员面对面交流。在教室中，一字形的桌椅排列方式最为常见，而圆形、U形或其他排列方式比较少见，这从侧面反映了中国教育以教师讲授为主的教学模式，同时也说明了中国课堂人数较多的特点。中国人宴请时常用圆桌，并依据客人的社会地位和辈分来决定座次，通常主宾的座位正对着并远离房间的门，主人则坐在主宾的右边以示尊重。中国的传统礼仪有"面门定位""以右为尊""以远为上"等规则。

(七) 副语言

副语言也是非语言行为的一部分，包括音高音量、动物模拟声、沉默与话轮转换等方面。在中国文化中，人们说话声音常常比较大，特别是在集体性活动中喜欢互相大声交谈，这反映了集体主义文化的特点。另外，一些中国人在交谈时话轮转换之间的停顿或沉默的时间较长，有时会被误解为中国人交流不积极和沉默寡言。实际上，中国人在话轮转换中停顿时间较长常常是出于礼貌的原因，特别是在跟长辈和领导谈话时,不等对方说完就插话会被认为是无礼的表现。还有大多数中国人注重人际关系的和谐,如果在交谈中不同意对方的意见,也不轻易打断或争辩,而采用沉默的方式。需要注意的是,中国人在副语言方面也有多样性,特别是随着国际交流的增多,交际方式发生了很多变化。

二、文化教学参考

非语言交际(小学)

教学目标:

1. 了解中国人常用体态语的特点和得体行为。
2. 了解中国中小学校园生活中非语言行为的特点。
3. 了解中外在体态语方面的异同及表达的文化含义。

讨论题举例:

1. 中国人见面礼的常见动作是什么?你们国家的人见面时有什么礼节?
2. 中国人是怎样用手势表示数字1到10的?和你们国家的人手势一样吗?
3. 在你们国家,上课时老师和学生的坐姿、站姿有什么特点和要求?跟中国人哪些地方不一样?
4. 老师批评你或者教育你的时候,你看着老师的眼睛还是低头不看?中国人的礼貌方式是什么?
5. 很多中国人不对陌生人微笑,为什么?你会对陌生人微笑吗?为什么?

教学活动举例:

1. 模拟动作:模仿和表演中国和你们国家表示数字1到10的手势,并比较数字手势的不同含义。
2. 看图识别:中国校园和课堂惯常的非语言行为有什么特点?(老师走进教室后打招呼、上课学生的坐姿、在校园学生见到老师、见到熟悉的同

学等）

3. 情景模拟：模拟表演不同国家的人的见面礼习俗。（握手、鞠躬、双手合十、拥抱、贴面等）

4. 比较异同：比较汉语和你的母语中各种动物的叫声。（狗、猫、羊、鸟等）

非语言交际（中学）

教学目标：

1. 了解中国人各种体态语的特点和得体行为。

2. 了解中国人在不同场合的准时观念和行为。

3. 了解中国人在各种社交场合的谈话距离。

关键词：

面部表情/眼神交流/手势/姿势/身体接触 // 准时 // 谈话距离

讨论题举例：

1. 中国人在微笑、眼神交流、手势、身体接触方面有什么特点？这些特点跟你们国家的人有什么异同？

2. 中国人在时间观念和时间利用上有什么特点？在工作、学习、社交、娱乐活动中准时的规则是什么？

3. 你觉得一个人迟到多长时间需要非常认真地道歉？理由是什么？

4. 中国人排队和谈话的距离有什么特点？和你们国家有何不同？

5. 在工作、学习、就餐时，中国人的桌椅或座位排列有什么特点？与你们国家有什么不同？

教学活动举例：

1. 看图说话：在你们国家是如何用手势表示金钱、和平、赞赏、招手等的？

2. 情景模拟：模拟表演在不同社交场合的谈话距离，说明在中国和在你们国家的不同。（老师和学生谈话、男女朋友谈话、同事谈话、第一次与陌生

人见面谈话）

3. 比较异同：比较中国人和你们国家的人的时间观念。（上课上班、参加派对、拜访地位高的人、听音乐会、男女朋友约会等）

4. 课外活动：观察真实生活中或影视剧中，中国人的身体语言、谈话距离的特点。

非语言交际（大学及成人）

教学目标：

1. 了解中国人时间利用方面的特点和得体行为。

2. 了解中国人空间利用方面的特点和得体行为。

3. 了解中国人副语言的特点和得体行为。

4. 理解在不同语境中得体非语言交际行为的文化规则。

关键词：

时间规划 / 预约 // 个人领域概念 / 座位排列 // 音高音量 / 无词义发音（"嗯""这个""那个"等）

讨论题举例：

1. 中国人对待规划日程、预约时间、最后期限等方面有什么特点？

2. 中国人在座位排列方面有什么特点？哪些方面跟你们国家有所不同？

3. 中国人交谈时常用的填充词是什么？表达什么含义？你的母语中有哪些？

4. 你们国家的人在交谈时话轮转换的特点是什么？是否有经常插入、打断或同时说话的情况？你认为礼貌的方式是什么？

5. 在非语言交际方面，中国人与你们国家的人最大的不同是什么？哪些方面会引起误解甚至冲突？

教学活动举例：

1. 看图说话：描述中国在不同环境中桌椅摆放和座位排列的特点。（中学教室、教师办公室、宴会餐厅、商务谈判会议室等）

2. 画画展示：结合中国不同环境中桌椅摆放和座位排列的特点，画出你们国家相应环境中的桌椅摆放的特点。

3. 情景模拟：表演在以下几种情况下，中国人会怎么做？你们国家的人会怎么做？讨论跨文化的差异。

（1）如果你跟不太熟的朋友约会，你迟到了半小时，会怎么道歉？

（2）你想邀请同事或客户吃饭，会在什么时候、如何提出邀请？

（3）你正在跟一个同学说话，老师过来想问你一些事情，你会怎么办？

4. 案例分析：你对以下现象的反应是什么？在你们国家遇到类似情况，人们会怎么做？

（1）中国人排队时人与人的距离比较近。

（2）中国的女生在路上手挽手走路。

（3）老师批评学生的时候，中国学生眼睛不看着老师。

（4）你的中国同事提前两天约你一起参加另一个同事的婚礼。

5. 课外活动：

（1）观察生活中或影视剧中，中国人在坐 / 等电梯、排队、聚会、正式会谈时身体距离有什么特点。

（2）采访中国人和自己国家的人，了解在时间利用方面有什么异同。

第十二节　人际交往

一、文化教学内容概要

（一）朋友关系

中国人很重视友谊，并希望建立持久和稳定的朋友关系。与外国人所表达的"朋友"的内涵有所不同，中国人所说的"朋友"往往相当于有些文化中的"好朋友"的概念。中国人对朋友讲忠诚和义气，中文里有"为朋友两肋插刀"的说法。好朋友之间会以"哥们儿""兄弟""闺蜜"相称，并视朋友为家人。中国的朋友之间尽管分开很久或者相距很远，还会保持密切的联系，有的人会把友好关系持续一生。中国的朋友之间交往比较密切，例如朋友之间会互相借钱急用，朋友聚餐时很少AA制，家庭有矛盾时也会向朋友诉说或求助等。这种友情对人们来说非常重要，甚至在某些方面比家庭关系还要紧密。由于不同文化对朋友的定义和期待不同，有时会产生一些跨文化的误解。

（二）师生关系

中国有尊师重道的传统，中文里有"一日为师，终身为父"的谚语。在中国古代，教师被纳入"天、地、君、亲、师"的行列，强调学生必须对教师恭敬服从，而教师也有权训斥甚至体罚学生。然而，在现代中国，师生关系已经演变成了新型的尊师爱生、民主平等的关系，教师不能体罚学生。但是中国人继承了尊师重教的传统，师生关系主要具有以下特点。（1）学生无论是在校园里、课堂上，还是在学校外、生活中，都表现出对教师的尊重，有些教师对学生比较严格甚至态度严厉。（2）强调教师教书育人、道德榜样的角色。中国社会总体上尊重教师，并赋予教师较高的社会地位。（3）中国老师和学生的关系更像是家长与孩子的关系。老师常常关心学生学业外的生活和成长，有的学生一生都与老师保持密切的关系。

（三）人情关系

中国人非常注重人际关系，因此有人称中国是一个"人情社会"。这里所说的人情关系主要是指除了至亲之外的人际关系，如同学、同事、同乡和邻居等。中文有很多关于人情交往的表达，如"礼尚往来""来而不往，非礼也""滴水之恩，当涌泉相报"等。中国人重视回报别人的人情，认为欠了人情就有义务还人情，否则就是不懂人情或不懂报恩。中国人情关系的另一个特点是喜欢与熟人打交道，对相识和熟悉的人热情好客。

(四) 面子观念

中国人有比较强的面子观念。在中国文化里,"面子"的含义丰富而复杂,"面子"又叫"脸",主要指一个人在他人眼中的形象或声望。中国人很在乎周围人的看法,他们尽量让自己在别人面前保持尊严和体面,避免在别人面前出丑。中文里有"爱面子""给面子""打肿脸充胖子""人有脸,树有皮"等表达,都体现了中国人重视面子的态度。在一些中国人看来,自己或亲人事业有成、子女孝顺等都是有面子的事情,而当众受到批评、比赛输给对方则是丢面子的事情。中国人重视面子有很多历史和文化的原因,长期的集体主义观念使人们更加重视他人的看法和评价。中国人面子观念的独特之处在于,他们不仅重视自己的面子,也非常重视对方的面子。比如在接受邀请时礼貌性拒绝,在公开场合不直接表达批评和反对意见等。当双方发生矛盾时,中国人倾向于找中间人协调解决等。

(五) 差序格局

中国自古以来就是一个非常重视礼仪和秩序的国家。在人际关系方面,中国人有等级和圈子的意识,费孝通先生把这种特征概括为"差序格局"。中国古代社会重视五伦关系,即父子、夫妇、兄弟、君臣和朋友之间的关系。儒家思想强调人有不同的伦理角色,负有不同的责任和义务,主张"父子有亲,君臣有义,夫妇有别,长幼有序,朋友有信"。这种传统观念影响了现代中国人的伦理道德和人际交往模式,比如中国人重视亲情、讲究等级和辈分、强调对朋友的义务等。由于中国传统伦理观很少提及如何与陌生人打交道的问题,因此中国社会也被称为"熟人社会"。不过,随着社会的不断发展、经济的现代化和人口迁移的扩大,中国人正在不断思考如何处理与陌生人的关系,不断调整跟陌生人打交道的方式。

(六) 闲谈话题

中国人在社交场合交谈或闲聊时,通常会涉及饮食、家庭、故乡、工作、新闻、休闲活动等话题。一些中国人与不太熟悉的人闲聊时，可能会询问或谈论一些比较私人的问题，如年龄、收入、婚姻状况等。中国人询问这些问题，主要是出于好奇和关心，希望拉近人与人之间的距离，但是当中国人与那些重视个人隐私的国家的人谈论这些话题时，有时会引起尴尬和误解。不过，中国现在的年轻一代越来越重视和尊重别人的隐私，直接询问或谈论个人收入和私事的情况越来越少。

（七）宴请和招待

宴请和招待是中国人社交生活的重要组成部分，也是增进人际关系的重要途径。中国人宴请和招待的习俗具有一些特点。中国人无论在家里招待客人，还是在饭店宴请，通常会做或点很多菜，以表达热情好客和慷慨大方。以前中国人请客吃饭一般不采用AA制，而是由一人请客或采用轮流做东的方式，有时会出现大家抢着付账的现象。不过现在越来越多的中国人，特别是年轻一代，接受并喜欢AA制的方式。另外，在宴请客人时，一些主人还会给客人敬酒或夹菜，以示热情和周到。过去中国人常常在家里招待或宴请客人，随着生活水平的提高和隐私观念的增强，现在很多人更倾向于在饭店宴请宾客。

（八）馈赠礼物

中国文化重视人情，馈赠礼物也是社交生活的重要组成部分。在中国，人们在节日、庆生、结婚等重要场合都会送礼物，很多人认为礼物越贵重越能表达对别人的重视和尊重，因此中国人给长辈或领导送的礼物一般比较昂贵。另外，到亲友婚礼、生日时，中国人也喜欢送现金或红包，认为送礼金是替对方着想，让对方能够自行购买自己真正需要的东西。在馈赠礼物时，送礼的人往往会说"一点儿小意思，不成敬意"，而收礼的人会说"您太客气了，真不好意思"等，体现了中国式的谦逊和礼貌。中国人一般不当着客人的面打开礼物，这也是含蓄风格的表现。此外，中国人送礼有一些禁忌，如不送钟表、伞、梨、鞋等，因为这些礼物的谐音表达了不吉利的意思。

(九) 公共场所礼仪

中国人在公共场所的礼仪体现了其如何处理与陌生人关系的特点。中国人讲究文明礼貌，对老人、病人、残疾人、孕妇、儿童等群体会主动礼让。中国人的礼让原则之一是"长者优先"，如在公交车上会给年长者让座，进门出门的时候让长者先行等，体现了中国人尊老敬老的观念和礼貌原则。这个原则与西方的"女士优先"的礼让习俗有所不同，中国年轻的女性也会主动对男性长者或者领导礼让，以示尊重。另外，公共场所的礼仪还包括以下方面：乘坐地铁、公交时不应该吃东西；进入图书馆、展览馆等场所应该保持安静；在医院、电影院、博物馆等场所禁止吸烟等。

二、文化教学参考

人际交往（小学）

教学目标：

1. 了解中国人在公共场所的文明礼貌行为。

2. 了解中国师生的关系和行为特点。

3. 了解中国人送礼的习俗以及与其他国家送礼的习俗的异同。

关键词：

礼让 / 长辈优先 // 师生关系 / 送礼习俗

讨论题举例：

1. 中国人在乘坐公共交通工具时，会主动给老年人让座，在你们国家呢？人们一般会给哪些人让座？为什么？

2. 你在哪些公共场所不能大声说话或吃东西？这些规定与中国一样吗？

3. 在校园里和课堂上，你是如何称呼老师和跟老师打招呼的？

4. 你过生日时经常收到什么样的礼物？你喜欢送给朋友或家人什么礼物？为

什么送这样的礼物？

5. 你收到礼物时经常说什么？是否会马上打开礼物？这些行为跟中国人一样吗？

教学活动举例：

1. 看图说话：描述中国人在公共场所的行为特点。（排队、乘坐公交车或地铁、乘坐电梯、进博物馆等）

2. 比较异同：比较中国人和你们国家的人在公共场所的行为的异同。（排队、乘坐公交车、乘坐电梯、进图书馆、进餐馆等）

3. 角色扮演：模拟在中国和你们国家给老师和同学送礼物的情景。（送什么礼物、互相说什么、是否打开礼物等）

4. 课堂采访：采访中国老师和学生，了解他们遇到以下情况会怎么做。如在校园外见到老师，上课老师走进教室，老师上课批评了学生，学生不同意老师的观点等。

5. 课外活动：制作一张贺卡送给老师或同学，并写上相应的祝福语。

人际交往（中学）

教学目标：

1. 了解中外在寒暄方面的特点和异同，理解其文化含义。
2. 了解中外在馈赠礼物方面的习俗和禁忌，理解其文化含义。
3. 了解中外在宴请、做客等方面的特点和异同，理解其文化含义。

关键词：

寒暄话题 / 送礼习俗 / 送礼禁忌 / 宴请习俗

教学活动举例：

1. 看图说话：描述中国人送礼的习俗和禁忌，并解释禁忌的原因和含义。

   （不当面打开礼物，不送钟、伞、鞋等东西）

2. 比较异同：比较中国和你们国家在闲聊话题方面的异同。（喜欢谈论什么话题、哪些是敏感或禁忌话题等）

3. 角色扮演：模拟到一个中国朋友家做客的情景，并与自己国家的习俗进行比较。（问候、寒暄、招待、告别等）

4. 案例分析：在你们国家，人们闲聊时问以下问题合适吗？你会怎么回答？

    （1）你今年多大了？结婚了吗？

    （2）你爸爸是做什么工作的？每个月工资多少？

    （3）你信什么宗教？为什么信这个宗教？

    （4）你们国家大选你选了谁？为什么选他/她？

5. 课外活动：

    （1）网络搜索各国送礼的习俗和禁忌，并了解它们表达的文化含义。

    （2）采访中国学生，了解他们在接受和赠送礼物时会说什么和做什么。

人际交往（大学及成人）

教学目标：

1. 了解中外在朋友关系和友谊观念方面的异同。

2. 了解中外在人情交往方面的特点和异同。

3. 理解中国的人际关系模式和体现的文化观念。

关键词：

朋友关系 / 人情关系 / 友谊 // 差序格局 / 五伦 // 面子 / 礼尚往来

讨论题举例：

1. 你有几个好朋友？你觉得好朋友的标准是什么？中国人的友谊观念与你理解的一样吗？

2. 中国人在人情交往方面有什么主要的特点？会遵循什么样的原则？哪些特点跟你们国家不一样？

3. 中国人际关系的"差序格局"是什么意思？你们国家强调等级观念还是平

等意识？在人际交往中是如何体现的？

4. 什么是面子观念？中国人的面子观念有什么样的表现和特点？你们国家的文化中有面子观念吗？两者有什么不一样的地方？

5. 你有外国朋友吗？你们是怎么认识的？你觉得和外国人交往的好处和困难是什么？

教学活动举例：

1. 问卷调查：你会对朋友做以下的事情吗？并说明选择的理由。如借朋友一笔钱、分享自己离婚的秘密、吃饭时AA制、在别人面前批评朋友等。

2. 语言分析：分析汉语中关于人际关系、面子、礼尚往来、等级等方面的格言和谚语，解释说明其含义和所表达的价值观。

3. 故事分享：分享中国人与外国人交往的真实案例，说明中外人际交往的异同或引起的一些跨文化的误解。

4. 小组辩论：在人际关系和交往方面，你觉得应该入乡随俗吗？哪些方面应该入乡随俗？哪些方面不必入乡随俗？

5. 课外活动：

（1）采访中国人，了解他们选择朋友的标准和交友方式。

（2）观看中国影视剧，了解中国人在人际交往方面的特点。

第十三节　语言与文化

一、文化教学内容概要

（一）数字词与文化

数字在中国文化中有独特的象征意义。例如，"六"代表顺利和顺畅，中文有"六六大顺"的说法；"八"是"发"的谐音，寓意着"发财"。相反，

"四"因为发音与"死"相近,被认为是不吉利的数字,因此一些中国人选择房号、汽车牌照号、电话号码时,会尽量避开尾数为"4"的号码,而喜欢使用含有"8"和"6"的号码。另外,中国人还喜欢偶数,中文的双音节词居多,很多成语是四字格形式,如"好事成双""四平八稳""十全十美"等。随着网络的发展,数字网络语也逐渐流行起来,如"520"是"我爱你","1314"是"一生一世"。

(二)颜色词与文化

红色在中国文化中具有丰富的象征意义,被称为"中国红"。它象征着喜庆、团圆、福禄、忠诚、热烈、顺利等,因此在传统节日、人生庆典、商店开业等仪式中,人们喜欢穿红色衣服或者使用红色装饰。春节的爆竹、灯笼、春联等都是红色的,压岁钱和礼金有专用的红色纸袋,俗称"红包"。此外,红色还有辟邪的含义,因此春节时人们会在门上贴红色的门神,在"本命年"穿红色衣服、系红色腰带等。红色在现代中国还象征着革命和社会主义,中华人民共和国的国旗和中国共产党的党旗都是红色的。在中国传统文化中,白色常常与死亡和不幸联系在一起。中国传统的丧服就是白色的,葬礼上的花和其他物品大多也使用白色。现代社会对白色的象征意义产生了新的解读,白色也代表着纯洁、清新和简约,因此在现代婚礼上,新娘通常会穿白色的婚纱,以表达对爱情和婚姻的美好祝愿。

(三)动物词与文化

在中国文化中,动物词具有很多独特的文化内涵和象征意义。龙被称为中国的图腾,中国人被称为"龙的传人"。龙象征着权力、吉祥和威严等。成语中有很多与龙相关的表达,如"卧虎藏龙、望子成龙、龙马精神、龙腾虎跃、龙凤呈祥"等,大多都表示积极的含义。狗在中国传统文化中经常是比较负面的形象,"狗急跳墙、狐朋狗友、狼心狗肺、狗眼看人低"等与狗相关的词语都含贬义。但是现代社会中,中国人对狗的看法和态度发生了很多改变,狗常常被当成宠物,被视为人的忠诚伴侣。另外,在中国文化中,蝙蝠因为与"福"谐音,也被看作吉祥的动物，常出现在春节年画中。由于中国长期以来是农耕社会，牛是吃苦耐劳的象征，人们会用"老黄牛""孺子牛"等词汇形容一个人的勤劳和为人服务等品质。

（四）植物词与文化

汉语中一些植物词具有特别的象征含义。牡丹自唐朝以来被人们誉为"国色天香"，象征着富贵和幸福，因此也被称为中国的国花。梅兰竹菊指的是梅花、兰花、竹子、菊花。这四种植物因某些特征，在中国文化中象征着高洁、坚强、清雅、正直等高尚品格，被誉为"花中四君子"，成为中国古代诗歌和文人画中的常见题材。除此之外，松柏因其不畏严寒、四季常青，象征长寿和君子品格。在给老人祝寿时，人们会用"寿比南山不老松"的祝词和寿联；在陵墓旁，人们会选择种植松柏，以表示死者的亡灵"万古长青"。莲花又称为"荷花"，取"出淤泥而不染"的寓意。人们常用莲花象征纯洁、清雅和谦虚等品质。莲花的图案也常出现在中国的年画和佛教艺术中。

（五）谚语、俗语、成语、格言

语言是文化的载体。汉语中有非常丰富的谚语、俗语、成语、格言等，它们蕴含着丰富的文化内涵，反映了中国人的价值观念、道德规范和人际交往规则等，是了解中国文化的重要途径。谚语和俗语是民间创造并流传的，通常是口语形式的短句或韵语，如"家和万事兴""谦受益，满招损""三个臭皮匠，顶个诸葛亮"等。成语是汉语中特有的一种长期相沿用的固定短语，多来自古代经典或著作、神话寓言故事、历史故事和民间故事等。成语一般为四字格，整齐精练，体现中国文化以对称平衡为美的审美观，如"愚公移山、庖丁解牛、克己奉公、知足常乐、完璧归赵、逼上梁山"等。格言警句多指中国的贤哲和名人的语录，表达了深刻的哲理和价值观，如《论语》中的"己所不欲，勿施于人""三人行必有我师焉"和《道德经》中的"千里之行，始于足下"等。

(六) 特定文化词语

在汉语中，有一些文化词语反映了中国文化特有的产物、习俗、思想、观念等，是中国语言文化的特有符号。这些文化词语主要来自中国古代文化典籍和文学作品、宗教文化、民俗文化等方面，常出现在书面语中，有些也用于日常口语中。来自古代文化典籍和文学作品的词语，如"知音、桃李、黄泉、状元、伯乐"等；来源于宗教文化的词语，如"因果报应、轮回、因缘、仙境、灵丹妙药"等；来源于民俗文化的词语，如"喜糖、喜酒、除夕、压岁钱、属相"等。由于这些文化词语是历史积淀的产物，蕴含着丰富的内涵，很难在其他语言中找到对等词，直译的方法难以准确表达词语真正的含义，特别是表达中国哲学思想的词语，如"道、仁、中庸、无为、天命、缘分"等。因此，文化词语是外国学生学习中文的难点之一。

(七) 谐音与文化

谐音取义是汉语的一种修辞方式，也是中国民俗文化的特点之一。汉语中同音词很多，为谐音取义创造了条件。汉语谐音取义的方法体现了中国人追求吉祥和辟邪的心理，也反映出汉语含蓄委婉的风格特点。汉语主要有两类谐音词语。一类是祈福的谐音。例如，到春节时，很多家庭故意把"福"字倒贴在大门上，取谐音"福到了"，表示吉祥如意。在有些地区的婚礼上，人们会把红枣、花生、桂圆、莲子放在新郎新娘的床上，取谐音"早生贵子"的含义。另一类是忌讳的谐音。例如，送礼物忌讳送"伞"和"钟"，因为"伞"与"散"谐音，"钟"与"终"谐音。看望病人忌讳送梨，因为"梨"与"离"谐音。与朋友和亲人不能分梨吃，因为"分梨"与"分离"谐音。

(八) 中文姓氏

中国人口和民族众多，姓氏文化丰富多样，这里说的主要是汉族的姓氏习俗和文化。中国人的姓名分为两个部分，姓和名。由于中国历史悠久，保留下来了很多古老的姓，如姜、姚、姬等，这些姓多有女字旁，反映了母系社会的影响。

《百家姓》一书记载了中国人的姓氏,其中最常见的姓是张、王、李、赵、陈等。中国人的姓以单姓为主,也有少量的复姓,如司马、欧阳、诸葛等。按照中国的文化传统,子女一般随父姓,现代有些家庭也有子女随母姓的情况,不过随父姓更为常见。中国现代女性结婚后仍然保留自己的姓,而不随丈夫的姓,这是中国男女平等、女性独立的体现。中国人起名字讲求吉利、幸福、美好的含义,且名字有性别差异,男性的名字常用有"刚、鹏、健、龙、强"等字,突出男性的阳刚之气;女性的名字常用"丽、娟、花、慧、静"等字,表达女性美丽、贤淑、文雅的形象。中文姓名的顺序是姓在前、名在后,这与很多文化中名在前、姓在后的方式不同,有时会引起外国人的困惑。

二、文化教学参考

语言与文化(小学)

教学目标:

1. 理解中国文化中吉祥数字词的象征意义。

2. 理解中国文化中红色等颜色词的象征意义。

3. 理解中国文化中动植物词的象征意义,特别是"龙"。

关键词:

双数 / "四""六""八"等数字词 // 红色 / 黄色 // 龙 / 狗 / 牛 / 乌龟 / 蝙蝠 // 梅兰竹菊

讨论题举例:

1. 中文哪些数字表达好的意思?哪些数字有不好的含义?在你们国家,哪些数字有特别的象征意义?

2. 红色为什么被称为"中国红"?红色在中国文化中有什么象征意义?你们国家的人喜欢什么颜色?为什么?

3. 你在什么地方可以看到跟"龙"有关的东西或图案?"龙"在中国象征什

么？你们国家的代表性动物是什么？有什么象征意义？

4. 你喜欢狗吗？你的母语中有什么关于狗的谚语或俗语？表达什么意思？

5. 中国的国花是什么？有什么意思？你们国家的国花是什么？有什么特点和象征意义？

教学活动举例：

1. 词义联想：提到"中国红"，你会想到什么？把想到的东西说出来或者画出来。（符号、形象、人物、物品等）

2. 看图说话：说出图片中的红色物品在中国文化中表达的含义。（中国国旗、新娘服装、爆竹、京剧脸谱等）

3. 故事分享：在小组中分享你们国家有关龙、狗等动物的神话或寓言故事。

4. 画画比赛：画出你们国家的代表性动物或你最喜欢的动物，并涂上你喜欢的颜色，然后大家投票选出最受欢迎的作品。

语言与文化（中学）

教学目标：

1. 理解中文的格言、谚语、俗语表达的观念和文化内涵。
2. 理解中文的成语故事所表达的寓意和文化观念。
3. 理解中文的网络流行语的含义及使用场合。

关键词：

家和万事兴 / 三人行必有我师 / 众人拾柴火焰高 / 满招损，谦受益 // 庖丁解牛 / 拔苗助长 / 叶公好龙 // 网络流行语

讨论题举例：

1. 你知道哪些中文的谚语和格言？它们表达了什么意思和价值观？

2. 你知道哪些中文的成语故事？故事的寓意和文化内涵是什么？

3. 你的母语中有哪些著名的谚语或格言？是什么意思？表达了什么样的价值观？

4. 你知道哪些中文的网络流行语？是什么意思？在你的母语中有哪些网络流行语？含义是什么？

5. 全世界通用的网络语有什么？你觉得使用网络语交流有什么好处和坏处？

教学活动举例：

1. 语言分析：分析一些中文的谚语和格言，说明表达了什么价值观？

　　（1）家和万事兴。

　　（2）三人行必有我师。

　　（3）众人拾柴火焰高。

　　（4）满招损，谦受益。

2. 比较异同：对以上的中文谚语和格言，找出你母语中表达相似或相反意思的谚语和格言，说明价值观的异同。

3. 看图说话：描述和解释中国的成语故事的主要内容和文化含义，如"愚公移山、塞翁失马、庖丁解牛、拔苗助长"等。

4. 角色扮演：改编并表演中国一些著名的成语故事，如孔融让梨、愚公移山等，并说明改编的理由。

5. 课外活动：采访中国和自己国家的学生：

　　（1）你知道哪些网络流行语或符号？表示什么意思？

　　（2）你喜欢使用网络流行语吗？为什么？

语言与文化（大学及成人）

教学目标：

1. 理解中文谐音文化的特点和文化内涵。

2. 理解中文文化词语的内涵及如何翻译。

3. 理解中文姓名的文化含义及起名字的偏好。

关键词：

连（莲）年有余（鱼）/送钟（送终）// 喜酒喜糖 / 红娘 / 中庸 // 百家姓

讨论题举例：

1. 中文有哪些谐音字和谐音用法？这些谐音字的含义和使用场合是什么？在你的母语中有没有利用谐音表达意义的现象？

2. 中文有哪些特殊的文化词语？含义是什么？这些文化词语在你的母语中可以找到对等词吗？翻译后的含义与中文词语的原义有什么不同？

3. 你们国家有哪些特殊的文化词？表达什么文化现象或含义？你觉得这些词翻译成汉语后跟原意一样吗？

4. 你有中文名字吗？你会写吗？名字的含义是什么？如果没有，你希望你的中文名字表达什么样的含义？

5. 现在有很多翻译软件，你常用哪种翻译软件？你觉得这些翻译软件在翻译词语的内涵、意义方面有什么优点和不足？

教学活动举例：

1. 看图说话：展示中国的年画和剪纸，说明其中一些形象与谐音的关系，表达的含义是什么。（连年有余、五福临门、鲤鱼跳龙门等）

2. 语言分析："个人主义、社会主义、中庸、孝顺、发福"在你的母语中的对等词语是什么？含义是褒义、贬义还是中性的？

3. 比较异同：中国人和你们国家的人起名字时在表达意义、选择偏好等方面的异同。

4. 分组辩论：学习外语时使用翻译软件的利弊是什么？词语的文化内涵可以用翻译软件吗？

5. 课外活动：为自己取一个中文名字，并与家人、朋友分享名字的含义。

第五章 "传统文化"的文化教学内容与应用

第一节 历史

一、文化教学内容概要

(一) 历史分期

中国是世界上最早诞生文明的国家之一,有近四千年有文字可考的历史,素有"上下五千年"之称。中国的历史可划分为古代史、近现代史和当代史。古代史从距今170万年的云南元谋人所处时代开始,直到19世纪中叶的清朝末期,是中国从原始社会、奴隶社会到封建社会的漫长发展历史。近现代史从1840年到1949年,是中国半殖民地半封建社会逐渐形成到瓦解的历史。当代史指1949年10月中华人民共和国成立以后的历史,中国建立独立自主的国家,探索与发展现代化中国,实现了从站起来、富起来到强起来的历史性飞跃。

(二) 历史基本脉络

中国文明的历史源远流长,可以追溯到"三皇五帝"的传说,其中黄帝被后世尊奉为华夏族的祖先。夏商周是中国的上古时期,夏朝是史书记载的最早的国家。商朝见证了中国青铜文明的高峰,也是中国有文字可考历史的开始。周朝制定的周礼,成为历史上第一个完整的社会制度。周朝后期战乱四起,被称为春秋战国时期，但这一时期出现了百家争鸣的文化繁荣局面，对中国文化影响深远。秦朝是中国历史上第一个统一的多民族的中央集权制国家。汉朝通过"罢黜百家，独尊儒术"以及开辟"丝绸之路"，不仅从思想和民族关系上加强了统一，也促进了中国与外部世界的交流。魏晋南北朝，国家分裂和民族大融合并存，南北经济发展，佛教得到广泛传播。隋唐是中国封建社会的繁荣时期，隋朝创立科举制度，开凿大运河。唐朝是中国历史上最强盛的朝代，疆域辽阔，经济发达，中外文化交流频繁，形成中国化佛教，儒、释、道三家思想融合，创造了开放多元的灿烂文化。从五代十国到宋元时期，民族融合进一步加强，其中辽、西夏、金、元等北方民族政权与宋朝并存或前后相继。蒙古人在成吉思汗的率领下，建立了包括元朝在内的连接亚欧大陆的蒙古帝国，在一定程度上推动了各民族的经济文化交流。宋朝手工业、商业和城市经济繁荣发展，开创宋明理学，文化和科学技术达到高度繁荣。明清是中国封建制度逐渐走向衰落的时期。明朝迁都北京、郑和下西洋，清朝收复台湾、平定新疆叛乱、加强西藏管辖等，奠定了中国统一的多民族国家的最终格局。

（三）秦始皇统一中国

秦始皇是中国古代杰出的政治家、战略家和改革家。公元前221年，他结束了自春秋战国以来长达数百年的分裂战乱的历史，使中国实现了真正的统一，并建立了中国历史上第一个统一的多民族的中央集权制国家——秦朝。他是中国历史上第一个使用"皇帝"称号的君主，号称"始皇帝"。秦始皇推行了一系列有力的统一措施，在中央实行三公九卿制，管理国家大事；在地方推行郡县制，实现中央对地方的直接管理。同时，书同文，车同轨，统一货币和度量衡，极大地方便了中国各地区经济来往和文化交流，促进了中华民族共同文化心理的形成。军事上北击匈奴，修筑万里长城，确立了历史上中国疆域的基本格局。秦始皇开创的统一制度奠定了此后中国两千余年政治制度的基本格局，因此秦始皇被誉为"千古一帝"。

（四）汉朝开辟"丝绸之路"

汉朝在汉武帝时期（公元前140—前87）派遣张骞数次出使西域（今新疆一带），正式开辟出一条连接东西方交通的著名商路，当时主要运输中国出产的丝绸，故称"丝绸之路"。一般认为，丝绸之路东起中国古都长安（今西安），出甘肃、新疆，经中亚、西亚国家而西达地中海，以罗马为终点，全长7000多千米。丝绸之路的开辟，打破了古代亚欧大陆的地理阻隔，通过物产贸易和人员往来，促进了古代中国与沿线各地区各民族的经济联系和文化交流。它是最早最重要的东西方文明交流通道，对后世中外经济文化交流产生了持续而深远的影响。此后陆续开辟的南方陆上丝绸之路与海上丝绸之路等，是汉朝丝绸之路的延伸和拓展。当代中国"一带一路"倡议可以看作是对古代丝绸之路的继承和发展，旨在推动沿线各国之间的经济合作和文化交流。

（五）南北朝佛教盛行

魏晋南北朝时期是佛教传入中国后迅速发展的重要时期。这一时期中国社会处于政治分裂和民族大融合阶段，佛教在中国获得了广泛传播的机遇。印度和西域僧人经由丝绸之路纷纷来华传播佛教，这一时期产生了大量翻译的佛经，其大多成为此后中国佛教教派的思想源泉。同时，中国僧人也开始西行求法，如法显从长安（今西安）出发，翻山越岭到达印度，带回大量佛经，弥补了当时中国佛教经典的不足。另外，佛教艺术特别是石窟艺术得到空前发展和成熟，如著名的四大石窟。佛教盛行与佛经的大量翻译对中国的语言也产生长远的影响，促进了汉语音韵研究的发展和汉语词汇的丰富。佛教与中国文化在深度交流和接触中逐渐走向融合。

（六）隋唐盛世

隋朝和唐朝是中国历史上著名的大一统王朝，前后相继，思想开放，治国开明，并称"隋唐盛世"。隋朝的主要贡献是创立科举制度和开凿大运河，为唐朝强盛奠定了政治和经济基础。唐朝历时近三百年，期间出现了三位著名君主。

唐太宗雄才大略，以善于纳谏、思想开明、任用人才而著称，其统治时期国家安定，经济得到恢复和发展，史称"贞观之治"。武则天是中国历史上唯一的女皇帝，推动了唐朝社会继续繁荣发展。唐玄宗励精图治，使唐朝国力达到顶峰，创造了"开元盛世"。在隋唐时期，中国的政治、军事、文化、经济、科技等方面取得了前所未有的发展，尤其是在典章制度、儒家思想、宗教、文字等方面对周边国家产生了积极的影响。这些文化元素逐渐传播到日本、新罗和越南等地，形成了"汉字文化圈"。隋唐时期是中国历史上思想开放、文化包容、与世界广泛交往、国际化程度较高的历史时期。

（七）宋元时期文化与科技的繁荣

宋元时期是中国民族融合进一步加强和封建经济继续发展的时期。960年宋朝建立，结束了五代十国的分裂局面。在与同时期辽、西夏、金等北方民族建立的政权先后对峙的过程中，南北经济进一步发展，经济文化交流逐渐频繁。1271年，蒙古的忽必烈建立元朝，最终统一了全国。宋元时期的统一促进了多民族国家的发展，元朝实行的行省制度有效地管辖了全国。这一时期，文化呈现出新的繁荣景象。在佛、道思想的影响下，产生新的儒学思想——理学。宋朝文学十分繁荣，涌现了苏轼、辛弃疾、陆游、柳永、李清照等一大批杰出的文学家，他们在诗、词、散文等领域取得了伟大成就。书画艺术也得到空前发展，米芾、董源等书画大师非常有名。宋元时期还是古代中国科技进步最快的时代，发明了活字印刷术，火药得到进一步应用，数学、天文历法、医学、航海技术、农业技术、制瓷工艺等均有较大发展。这些科技成果在沈括的《梦溪笔谈》中有较完整的记录。

（八）明朝郑和下西洋

明朝时期，郑和下西洋是中国古代规模最大、船只和海员最多、时间最久的海上航行。1405年至1433年，大航海家郑和率领船队从南京出发，先后七次远航西太平洋和印度洋（当时称"西洋"），沿途拜访了东南亚、南亚、西亚30多个国家和地区，最远到达东非和红海。船队所到之处以礼相待，友好交往，不仅加强了中国与亚非各国的经济贸易和文化交流，开阔了中国人的视野，发展了海上"丝绸之路"，同时也展现了中国爱好和平、协和万邦的文化观念和良好愿望。郑和下西洋是15世纪末欧洲航海地理大发现以前世界历史上规模最大的海上探险，代表了当时中国高超的造船技术和航海水平，是中国乃至世界史上的一次壮举。

（九）清朝中华民族与国家疆域的形成

清朝是中华民族形成与国家疆域奠定的最后阶段。在17世纪到19世纪初期，清朝通过在西北新疆、西南西藏、东北以及东南台湾地区的一系列统一措施，加强了中央政府对各边疆地区的直接管辖，最终奠定了现代中国疆域的基本格局。中华民族的形成经历了漫长的过程。大体上有两个阶段，前一阶段是几千年历史的演进，经过历朝历代不间断的民族融合，逐渐形成了以汉民族为主体，包容所有其他族群的华夏民族共同体。后一阶段是晚清时期，也就是近代以来，在反抗外来侵略、争取国家和民族独立的过程中，形成了对于中华民族的自觉认识，标志着中华民族认同的最终完成。

（十）辛亥革命与孙中山

辛亥革命指的是自1911年10月10日武昌起义爆发到1912年元旦孙中山就职中华民国临时大总统前后这段时间中国所发生的革命事件。辛亥革命推翻了清王朝统治，结束了中国两千多年的封建帝制，建立了中华民国。

孙中山（1866—1925），广东人，早年学医，后投身革命，高举彻底反帝反封建的革命旗帜，领导了辛亥革命，推翻了封建帝制，倡导三民主义，被推举为中华民国临时大总统。孙中山是中国民主革命的伟大先行者、中华民国和中国国民党的缔造者、伟大的爱国主义者。

（十一）新文化运动

新文化运动是20世纪初中国一些先进知识分子发起的反对封建主义的思想解放运动。以1915年《青年杂志》（后改名《新青年》）创刊为开端，提倡民主、反对专制、提倡科学、反对迷信、提倡新道德、反对旧道德、提倡新文学、反对旧文学。代表人物有陈独秀、李大钊、鲁迅、胡适、蔡元培等。新文化运动对中国社会产生了深远影响，具有思想启蒙的作用。它促进了东西方文化交流，并为马列主义在中国传播创造了有利条件，也为中国共产党的诞生做了思想准备。

（十二）五四运动

由于中国政府在第一次世界大战后巴黎和会上外交的失败，1919年5月4日在北京爆发了一场以青年学生为主，不同社会阶层共同参与的示威游行和罢工运动，并很快波及全国，成为反帝反封建的爱国运动。五四运动促进了新思潮的蓬勃兴起和马列主义的传播，揭开了新民主主义革命的序幕，为1921年中国共产党的成立创造了条件。中华人民共和国建立后，为纪念这场爱国运动，5月4日被正式定为中国青年节。

（十三）中国共产党成立

1921年7月，中国共产党第一次全国代表大会在上海召开，通过了党的第一个纲领和决议。从此，中国历史上诞生了一支以实现共产主义为最终目标、以马列主义为指导思想、统一的无产阶级革命政党。中国共产党的成立，适应了20世纪以来中国革命发展的客观需要，是马列主义同中国工人运动相结合的产物。中国共产党成立是中国历史上开天辟地的大事件，从此中国人民在中国共产党的领导下逐渐走上了独立自主、民族复兴、国家兴旺、人民幸福的道路。7月1日被定为建党纪念日。

（十四）长征

长征是指1934年10月至1936年10月期间，中国共产党领导的工农红军被迫撤离长江南北各苏区，转战两年，最终到达陕甘苏区的战略转移行动。在长征过程中，1935年1月遵义会议召开，确立了毛泽东在全党的领导地位，是中国共产党历史上一个生死攸关的转折点。红军三大主力经过14个省，翻越18座大山，跨过24条大河，走过荒草地，翻过雪山，行程约二万五千里，最终在甘肃会宁会师，标志着万里长征胜利结束。长征历时久、规模大、行程远、困难巨、影响广，为中外战争史上所仅见，体现了中国人民英勇顽强的精神，是人类历史上的伟大壮举。

（十五）中国反法西斯战争

也称"抗日战争"，是指20世纪中期第二次世界大战中，中国抵抗日本侵略的一场民族性的全面战争。从1931年"九一八"事变爆发，到1937年中日战争全面爆发，再到1945年世界反法西斯战争结束、日本侵略者投降，历时14年之久。中国是世界反法西斯战争的东方主战场。抗日战争也是中华民族历史上伟大的卫国战争，是近代以来中华民族第一次取得完全胜利的反侵略和民族解放战争，促进了中华民族的觉醒和各种政治力量的团结，推进了中国发展的历史进程。

二、文化教学参考

历史（中学）

教学目标：

1. 了解中国历史的主要分期和特点。
2. 了解中国标志性历史事件的内容和历史意义。
3. 了解中国重要的历史人物的贡献和历史地位。
4. 理解中国历史与你们国家的历史的主要差异。

关键词：

古代史 / 近现代史 // 秦始皇统一中国 / 隋唐盛世 // 中国共产党成立 / 中华人民共和国成立 // 秦始皇 / 唐太宗 / 成吉思汗 / 孙中山

讨论题举例：

1. 中国历史有多长？中国历史是怎么分期的？你们国家的历史有多长？是否有分期？

2. 你知道哪些中国标志性的历史事件？这些标志性的历史事件有什么意义？你们国家有什么标志性的历史事件？

3. 你知道中国哪些重要的历史人物？他们有何重要贡献？你们国家的呢？

4. 在你们国家人们知道哪些中国的历史名人？对他们有什么样的印象？这种印象是怎么获得的？

5. 你们国家的历史课程中包括中国的历史吗？有哪些内容？

教学活动举例：

1. 填表并投票：列出你所知道的中国历史事件，然后全班投票选出大家印象最深的中国历史事件，再把这些历史事件贴在历史分期表中。

2. 故事分享：描述和分享你所喜欢或敬佩的一个中国历史人物或历史英雄，并说明自己喜欢的理由。

3. 角色扮演：观看中国历史剧的片段，扮演其中的历史人物，按照自己的理解和想象进行对话表演。

4. 研究和展示：

   （1）研究并展示一个你喜欢的中国或你们国家的历史人物。例如：上网查一查历史上对秦始皇、唐太宗、孙中山有几种评价。

   （2）研究并展示一个你感兴趣的中国历史事件及对当代中国的影响。

   例如：假设你是秦始皇，你会不会采取相同的举措统一一个国家？为什么？

5. 课外活动：

   （1）采访中国的学生，了解他们喜欢和崇拜的中国历史人物是谁，喜欢的理由是什么。

   （2）采访你们国家的学生，了解他们知道或感兴趣的中国历史人物是谁，为什么感兴趣。

历史（大学及成人）

教学目标：

1. 了解中国历史发展的进程和基本脉络。

2. 理解中国重大历史事件的背景、内容和历史意义。

3. 理解中国历史进程和历史事件对现代中国的意义和影响。

4. 理解中国历史事件与你们国家的历史事件对两国现代社会造成的影响差异。

关键词：

夏商周 / 秦汉 / 魏晋南北朝 / 隋唐五代十国 / 宋元明清 // 汉朝开辟"丝绸之路" / 南北朝佛教盛行 / 隋唐盛世 / 宋元时期文化与科技繁荣 / 清朝中华民族与国家疆域的形成 // 辛亥革命 / 新文化运动 / 五四运动 / 长征 / 中国反法西斯战争

讨论题举例：

1. 你知道中国历史有哪些朝代？你是从哪儿知道的？简单说说对这些朝代的印象。

2. 你们国家的历史的基本脉络是怎样的？跟中国有哪些主要差异？

3. 中国历史上哪个时期或朝代最为繁荣昌盛？主要特点和历史贡献是什么？

4. 中国近现代史上有哪些历史事件对现代中国产生了重大影响？为什么？

5. 中国历史上哪个时期与外国的交流比较频繁？有什么具体的交流事件？这些中外交流对中国和世界有什么影响？

教学活动举例：

1. 排序与匹配：把中国历史主要朝代按照编年史的顺序进行排序，把重要的历史事件、历史人物与朝代相匹配。

2. 比较异同：比较中国和你们国家最重要的历史人物的贡献和对现代社会的影响。

3. 分组辩论：一个国家历史悠久对现代社会发展是利大于弊还是弊大于利？

4. 项目与演讲：

(1) 中国近现代史上的重要事件对当代中国的影响。

(2) 中国共产党成立和长征的历史背景和现代意义。

5. 课外活动：

(1) 观看中国的一些历史剧，分析这些历史剧是如何塑造真实的历史事件和历史人物的。

(2) 采访中国人，了解中国的哪些历史事件或历史人物对现代社会和他们的思想产生了重要影响。

第二节　文化遗产

一、文化教学内容概要

(一) 长城

长城是中国古代以城墙为主体的军事防御工程，主要分布于中国北部和中部，依据地形连绵起伏，总长度达2万多千米，因此又叫"万里长城"。长城的完整修筑与中国历史上第一位皇帝秦始皇（公元前3世纪）有很大关系。目前保存比较完整的是明长城（14—17世纪）。山海关是长城最东边的关口，位于河北省秦皇岛，有"天下第一关"的美誉。登上城楼，可以欣赏到浩瀚的大海和蜿蜒的长城。嘉峪关是最西端的关口，地势险要，建筑雄伟。八达岭长城位于北京北部，海拔约1000米，地势险要，是目前保存最完整、最具代表性的明长城，历史上是北京的重要屏障。长城体现了中国人民对于和平的渴望和守护，是中华民族团结统一的象征，代表着"万众一心，众志成城"的精神。

(二）故宫与天安门

故宫，一般指北京故宫，是15—20世纪明清两代的皇家宫殿，旧称紫禁城，位于北京中轴线的中心。故宫周围有高达10米的城墙，墙外有护城河，四面各有一座城门。内部南北取直，左右对称，有大小宫殿70多座，房屋9000余间，是世界上现存规模最大、保存最完整的木质结构古建筑群之一。故宫的建筑以红墙黄瓦为主，这是皇权的标志。同时也广布蓝、白、灰等其他色调，显得高雅宁静。故宫分为外朝和内廷两部分，外朝的中心为三大殿，历史上是皇帝举行大型典礼的地方。内廷的中心是后三宫，是皇帝和皇后居住的正宫，后面有御花园。故宫规划严整，气魄宏伟，体现了古代社会完整的礼仪规范，是中国古代建筑艺术最高成就的代表。天安门坐落于北京市的中心、故宫的南端，是明清两朝的皇城的正门，由城台和城楼两部分组成。1949年10月1日，在这里举行了中华人民共和国开国大典。天安门还被设计入了国徽。

(三）布达拉宫

在藏语中，"布达拉"即"普陀"，布达拉宫是藏传佛教寺庙与宫殿相结合的建筑类型的杰出代表。7世纪，吐蕃王松赞干布为迎娶唐朝文成公主专门兴建，距今已有1300年历史。宫殿采用木石结构，由白宫、红宫和僧房组成，与山体相融。内部宫宇重叠，壁画满布，各种珍贵文物数量可观，反映了西藏与中原各民族之间长期的经济往来和文化交流。布达拉宫建在海拔3500多米的玛布日山上，被誉为"世界屋脊上的明珠"。文成公主是唐朝时期一位著名的公主，代表唐朝入藏与吐蕃王联姻，被封为吐蕃王后。从此，中原民族与藏民族之间的联系日益紧密，经济与文化交流也逐渐增多。文成公主是汉藏民族与文化交流的友好使者，在西藏生活了40年，深受藏族人民的爱戴，在藏族人民心中是佛教绿度母菩萨的化身。她的塑像至今仍在布达拉宫得到供奉和敬仰。

(四）秦始皇陵兵马俑

兵马俑位于陕西西安的秦始皇陵附近，是一座有着两千多年历史的中国古代陶制墓葬雕塑群，被誉为"世界第八大奇迹"。兵马俑是秦始皇陵墓的重要组成部分，主要由战车、战马、士兵组成，规模宏大，展现了两千多年前秦朝强大的军事力量和国家实力。迄今已发掘8000余件兵马俑雕塑，都是真人大小，并且在装束、五官、发型、神态和手势上各不相同，表现出不同的人物性格，真实而富有生气，生动地反映了当时工匠高超的技艺和文化多元的特点。陶俑的面容威严而从容，能感受到古代人物的鲜明个性和时代特征。从雕塑艺术看，兵马俑风格写实且富于想象力，在中国雕塑艺术上具有承上启下的意义，是中国古代雕塑艺术臻于成熟的标志。

（五）泰山

泰山也叫"东岳"，位于山东省中部，主峰海拔1500多米，是中国的五岳之首，有"天下第一山"的美称。在中国古代，泰山被视为"直通帝座"的天堂，是百姓崇拜、帝王告祭的神山，有"泰山安，四海皆安"的说法。泰山的自然风景非常美丽壮观，以奇峰怪石、瀑布飞流、林木葱茏、雾气缭绕等特点，吸引了大量游客前来欣赏。泰山还有许多著名的名胜古迹，如碧霞祠、南天门、玉皇顶等。泰山不仅得到了历代帝王的青睐和崇拜，还吸引了很多文人墨客前来游览和写作，曲阜孔庙、岱宗坊、碑林等都是有名的历史文化遗迹。1987年，泰山被列为中国第一个世界文化与自然双重遗产。

（六）黄山

黄山位于安徽省南部黄山市境内，因传说华夏先祖轩辕黄帝曾在此修炼升仙而得名。黄山有七十二峰，素有"三十六大峰，三十六小峰"之称。这里山峰成群，风景秀丽，有"五岳归来不看山，黄山归来不看岳"之名。奇松、怪石、云海、温泉、冬雪合称为黄山"五绝"。黄山也是文士诗人向往之地，留下了丰厚的文化遗产，历史遗存、书画、文学、传说、名人被合称为"五胜"。黄山以其独特的自然美景和博大的文化内涵蜚声海内外，被誉为"天下第一奇山""天开图画"，是中国十大名山之一，也是世界文化与自然双重遗产。

第五章 "传统文化"的文化教学内容与应用

(七) 天坛

天坛,位于北京市南部,是明清两代帝王祭祀皇天、祈祷五谷丰登的场所,也是世界上最大的祭天建筑群。始建于15世纪初,有两重垣墙,分为内坛、外坛。主要建筑集中于内坛南北中轴线上,圜丘坛在南,用于冬至日祭天,主要建筑有圜丘坛、皇穹宇等;祈谷坛在北,用于春季祈祷丰收,主要建筑有祈年殿、皇乾殿、祈年门等。两坛中间有墙相隔,并由一座长360米的神道相连。天坛体现了中国古代"天人合一"的哲学观和"天圆地方"的宇宙观,也反映了古代帝王在天地关系中所起的独特作用。祈年殿是祈谷坛的主要建筑,采用蓝色琉璃瓦屋顶,体现了"天蓝地黄"的传统观念。大殿由28根金丝楠木大柱支撑,环转排列。其中,最中间4根大柱叫龙井柱,象征一年四季;中层12根大柱叫金柱,象征一年12个月;外层12根叫檐柱,象征一天12个时辰。中外两层共24根柱子,象征二十四节气,生动展现了中国古代"象天法地"的建筑手法。1998年,天坛被列入《世界文化遗产名录》。

(八) 佛教四大石窟

四大石窟是指甘肃敦煌莫高窟、山西大同云冈石窟、河南洛阳龙门石窟和甘肃天水麦积山石窟这四个以佛教艺术为特色的巨型石窟艺术景观。莫高窟,别名"千佛洞",开凿于前秦建元二年(366年),至元代(1271—1368)基本结束。石窟南北长1600多米,分上下五层,有492个小石窟和洞穴庙宇,以彩塑雕像和壁画闻名于世,有"沙漠中的美术馆""墙壁上的博物馆"之美誉。云冈石窟有窟龛252个,石刻造像51000余尊,宗教题材丰富多彩,展示了5世纪至6世纪中国石刻艺术的最高水平,记录并反映出佛教造像在中国逐渐世俗化、民族化的历史轨迹和过程,是佛教石窟艺术"中国化"的开始。龙门石窟开凿于5世纪末,迄今已有1500多年历史,现存石窟1300多个,佛像10万多尊,最大佛像约高17米,最小佛像仅2厘米,代表了中国石刻艺术最高峰。麦积山石窟因形似麦垛而得名,开凿于4世纪至6世纪之间,完整保留至今,以精美的泥塑著称于世,被誉为"东方雕塑艺术陈列馆"。四大石窟均分布在古代丝绸之路沿线，反映了历史上佛教在中国传播的大致情况。四大石窟不仅是中国的瑰宝，也是世界重要的文化遗产。

（九）苏州园林

苏州园林位于江苏省苏州市，是中国古典园林的突出代表。其造园历史可追溯到公元前6世纪，至今已有2500多年，现存园林大部分是明清时期所建。苏州园林大多位于城市中，占地面积较小，是文化意蕴深厚的文人写意山水园。建筑师运用独特的造园手法，在有限的空间里，通过叠山理水、栽植花木、配置园林建筑，并用大量的匾额、楹联、书画、雕刻、碑石、家具陈设和各种摆件等来反映古代哲学观念、文化意识和审美情趣，给人以立体山水画卷的美感。苏州园林的代表是拙政园、狮子林等。

亭台楼阁是中国古典园林中的基本建筑。亭台主要供人休息，楼阁为多层建筑，多建于临水之处，供人远眺，是园林最为突出的景观。亭台楼阁与自然景观相得益彰，共同构成中国古典园林意趣。

（十）世界文化遗产

世界文化遗产是一项由联合国发起，联合国教科文组织负责执行的国际公约建制，以保存对全世界人类都具有杰出普遍性价值的自然或文化处所为目的。世界文化遗产被认为是文化的保护与传承的最高等级，属于世界遗产范畴。世界遗产分为世界文化遗产、世界文化与自然双重遗产、世界自然遗产三大类。截至2021年7月，中国已有56个项目被列入《世界遗产名录》，位居世界第一。其中世界文化遗产38项，如长城、故宫、天坛等；世界文化与自然双重遗产4项，如泰山、黄山等；世界自然遗产14项，如九寨沟、四川大熊猫栖息地等。

二、文化教学参考

文化遗产（小学）

教学目标：

1. 了解长城的位置和特点，理解长城的价值。
2. 了解故宫的位置和特点，理解故宫的价值。
3. 了解布达拉宫的位置和特点及相关历史故事。

关键词：

长城 / 山海关 / 八达岭 // 故宫 / 天安门 // 布达拉宫 / 文成公主

讨论题举例：

1. 长城是什么？长城有什么特点？有什么象征意义？你们国家最有名的工程及其象征意义是什么？
2. 故宫在哪儿？有什么特点？你们国家最有名的宫殿建筑是什么？有什么特点？与故宫有什么异同？
3. 中国的国徽里为什么有天安门？你们国家的国徽是什么样的？有什么含义？
4. 布达拉宫在什么地方？为什么那么有名？你们国家有哪些具有民族风格的建筑？有什么特点？
5. 文成公主是谁？她做了什么事？你觉得她做的事情有意义吗？你们国家历史上也有这样的人物吗？

教学活动举例：

1. 连线和指认：把长城、故宫、布达拉宫、天安门的相关图片与相应关键词进行连线，并在中国地图上指出它们的位置，把图片贴在上面。
2. 动手活动：根据自己的理解为长城、故宫、布达拉宫填色，完成后展示并简单说明选用颜色的理由。
3. 比较异同：比较中国与自己国家的一处代表性的世界文化遗产，讨论包括位置、年代、用处、相关人物、闻名原因等方面的异同。

4. 课外活动：

（1）采访自己家人和亲戚，了解他们知道哪些中国的世界文化遗产，是否去过，对此有什么印象。

（2）观看介绍中国文化遗产的视频，并在班里交流一下。

文化遗产（中学）

教学目标：

1. 了解兵马俑的位置和特点，理解其历史文化价值。
2. 了解泰山、黄山的位置和特点，理解其历史文化价值。
3. 理解中国文化遗产与旅游名胜古迹之间的关系。

关键词：

秦始皇陵 / 兵马俑 / 泰山 / 黄山 // 世界遗产名录

讨论题举例：

1. 兵马俑是什么？有什么特点？你以前听说过吗？观察所给图片，说说你对兵马俑有什么印象。

2. 你们国家有哪些特别著名的雕塑？有什么特点？它们与秦始皇陵兵马俑之间的不同是什么？

3. 泰山和黄山分别在哪儿？对中国人来说，这两座山有什么特别的吸引力？如果有机会去中国，你最想去看哪座山？为什么？

4. 你喜欢爬山吗？你们国家有哪些名山？你去过哪些？试着比较一下泰山、黄山和你们国家的名山在文化意义上的异同。

5. 你们国家有哪些世界文化遗产？有什么特点和文化意义？

教学活动举例：

1. 识别与定位：把中国主要的世界文化遗产的位置标注在中国地图上，并说明它们是什么样的。

2. 排序与投票：对你想参观的中国世界文化遗产进行排序，然后全班投票找出大家最想去的旅游目的地。
3. 角色扮演：选择一个中国的世界文化遗产，学生扮演导游和游客，讲解和问答有关旅游景点的特点、相关历史故事、文化意义等。
4. 项目与演讲：介绍一个中国或自己国家的文化遗产，并说明它的特点和你喜欢的理由。
5. 课外活动：上网搜索与中国文化遗产或名胜古迹相关的视频，了解它的地理环境和文化特色。

文化遗产（大学及成人）

教学目标：

1. 了解中国文化遗产的特点和出土文物的历史文化价值。
2. 了解中国古代建筑的特点，理解其文化内涵。
3. 了解中国古代园林的特点，理解其文化内涵。
4. 理解中国文化遗产与现代社会和人们生活的关系。

关键词：

四大石窟 / 佛教艺术 // 天坛 / 祈年殿 // 苏州园林 / 亭台楼阁

讨论题举例：

1. 中国四大石窟指的是什么？分别在什么地方？有什么不同的特点和文化意义？
2. 除了四大石窟，你还知道其他的中国佛教艺术形式吗？你们国家有哪些具有代表性的宗教艺术形式？
3. 天坛是一种什么建筑？有什么特点？体现的文化内涵是什么？你们国家有类似的建筑吗？你们国家有哪些标志性建筑？
4. 你知道的中国的园林建筑有哪些？在哪里？你最喜欢哪个园林？为什么？你们国家有哪些著名的园林？

5. 中国古代的建筑有什么特点？与你们国家的建筑最大的不同是什么？

教学活动举例：

1. 看图说话：描述中国四大石窟的年代、位置以及佛像的主要特点。

2. 课堂采访：询问学生了解或者去过的中国名胜古迹，让学生在中国地图上标注相应位置，并分享自己的印象或参观经历。

3. 模拟旅游：选择一个中国名胜古迹，设计2—3天的旅游计划，包括景点介绍、住宿、交通、美食、活动等。以海报形式展示，全班投票选出最佳旅游计划。

4. 分组辩论：发展旅游事业对于保护世界文化遗产的利弊是什么？应该如何兼顾文物保护和发展经济的关系？

5. 课外活动：

（1）采访你们国家的人，了解他们对中国文化遗产的印象和看法。

（2）网上搜索你最好奇的一个中国世界文化遗产，了解其地理环境和文化价值。

第三节　文学

一、文化教学内容概要

（一）上古神话

中国的上古神话与创世神话、始祖神话密切相关，以盘古和女娲的故事为代表。创世神话解释了中国人对世界和人类起源的认识。在远古时期，世界是由盘古顶天立地三万六千年而来，人类是女娲用黄土捏出来的。女娲是中华民族共同的始祖。

中国的古代神话还包括大禹治水、后羿射日、仓颉造字、燧人氏钻木取火等广泛流传的传说故事，反映了中国先民对自然的认识，征服自然的决心和成果。这些神话中所描写的人物大多是英雄形象，他们具有舍己为人、追求幸福、自强不息的精神。

总之，中国的上古神话表现了远古人类对宇宙、自然、人类和社会现象的认识和理解，包含着中华民族的民族精神和思维方式，对后来的诗歌、小说、戏剧都产生了很大影响。上古神话中的英雄精神也鼓舞了世世代代的中国人。

（二）民间传说

中国的神话和传说很早就在民间以口头形式流传，后来又形成了文字记录。在中国的民间传说中，牛郎织女、孟姜女哭长城、梁山伯与祝英台、白蛇传这四个爱情故事最为有名。

牛郎织女的故事形成较早，起源于《诗经》，后来发展为人间的放牛郎和天上的仙女之间相识、结婚、生子，最后被迫天人远隔的故事。两人之间真挚的爱情还感动了喜鹊，每年农历七月初七，喜鹊飞上天搭桥供牛郎和织女相见。这个故事表达了人们对冲破传统束缚、追求美好爱情的愿望。七夕节就源于这个传说。

除了四大民间传说，中国还有其他一些家喻户晓的动人传说，木兰从军就是其中的典型代表。它讲述了木兰女扮男装替父出征，最终得胜归家的故事。这个故事充满传奇色彩，表达了劳动人民"谁说女子不如男"的朴素愿望，也歌颂了中国社会认同的孝道、忠君、爱国的思想。木兰从军的故事不仅被诗歌、散文所记录，其中女扮男装的情节还被很多小说、戏剧所化用，影响深远。

（三）寓言和成语

先秦时期是中国历史上"百家争鸣"的时代，各家哲学学派为了形象生动地阐述哲学思想，常采用比喻性的故事或者拟人手法来说明意味深长的道理，或者进行讽刺或劝诫。因此，本来产生于民间的寓言故事就进入了各个思想流派的著作当中，成为一种文学样式。

中国有很多著名的寓言故事，如愚公移山、守株待兔、拔苗助长、画蛇添足、自相矛盾、亡羊补牢等。愚公移山讲的是愚公不畏艰难想要搬走门前两座大山，最终感动天帝的故事，反映了人们改造自然的惊天魄力，歌颂了自强不息、迎难而上、坚持不懈的斗争精神。这些篇幅短小、情节凝练、寄寓深刻的寓言故事后来也进入了成语，成为成语的一个主要来源，丰富了中文的语言表达，使得人们可以通过简短而深刻的成语，传递出丰富的道理和哲理。

（四）《诗经》

《诗经》是中国最早的一部诗歌总集，记录了自西周初年到春秋中叶（约公元前11世纪至公元前6世纪）大约五百年间的诗歌，共305篇。《诗经》本称《诗》或《诗三百》，西汉时被儒家列为经典之一，因此称作《诗经》。

"风""雅""颂""赋""比""兴"合称《诗经》六义，前三者是按照音乐曲调区分的，后三者是表现手法。"风"是国都之外黄河流域十五个地区带有地方色彩的音乐；"雅"是国都之乐，也是典范的音乐；"颂"是专门用于宗庙祭祀的音乐。"赋"是铺排和陈述，"比"是比喻，"兴"是先言他物以引起所咏之辞，对后世的中文修辞手法如比喻、象征、烘托等产生了重要影响。

在当时的社会生活中，《诗经》发挥着重要的作用。孔子曾说"不学诗，无以言"。《诗经》对中国后世的诗歌创作产生了多方面深远的影响，为中国文学的发展奠定了坚实的基础。《诗经》中的风诗反映了平民的劳动生活，雅诗主要反映了贵族对时政的关心或不满，由此形成了中国文学的现实主义传统。另外，《诗经》大量运用赋、比、兴等表现手法，加强了作品的形象性。其中"比兴"含蓄委婉的表情达意方式成为后世抒情诗基本的表现手法，为中国古典诗词追求意境、形成独特的抒情传统奠定了基础。

（五）楚辞

楚辞兴起于公元前4世纪长江流域的楚地，是一种更能抒发复杂激烈感情的新诗体。楚辞一般词语华丽、铺排夸饰、想象丰富，重视文学作品外在的美感。屈原是楚辞的代表性诗人,也是中国文学史上第一位伟大的诗人,他的出现标志着中国诗歌由集体歌唱进入了个人独创的新时代。1953年,屈原被列为世界四大文化名人之一,受到全世界人民的隆重纪念。

《离骚》是屈原的代表作,也是楚辞的代表作,是中国古代篇幅最长的抒情诗。《离骚》大量运用"赋"的铺陈手法,塑造了一个在理想和现实的尖锐冲突之下,仍执着追求美好情操、至死不渝、殉身无悔的抒情主人公形象。除此之外,《离骚》还继承和发展《诗经》比兴手法,创造出了很多充满深刻含义的文学意象,例如以美人比喻君王或者自己,以香草比喻道德和人格的高洁等,后来成为中国文学史上常见的创作手法。

后世将《诗经》与屈原所开创的新诗体楚辞并称为"风、骚",是中国诗歌史上现实主义和浪漫主义两大传统的源头。

(六)陶渊明与田园诗

陶渊明(365—427)是东晋末至南朝宋初期伟大的诗人,他取舍调和道家和儒家哲学,形成了自己特有的"自然观"。他向往静谧安宁的古朴社会,追求淡泊高远的人生,选择了辞官归隐、躬耕自励的道路。因此,陶渊明在人格上成为中国历代士大夫都仰慕的"隐逸高士"的楷模。

陶渊明在诗歌、散文、辞赋等方面都有很高的成就,但影响最大的是他的诗歌,特别是他把五言抒情诗推到了充分个性化的成熟境界。陶渊明开创了田园诗题材,并将其发展到艺术顶峰,《归园田居》组诗是其田园诗的代表作。陶渊明著名的诗还包括饮酒诗。他深刻影响了唐宋等后世田园诗人的创作,他的"采菊东篱下,悠然见南山"成为后世中国文人所向往的生活境界。

(七)唐诗

唐代诗歌是中国唐代文学的代表,也是中国古典文学繁荣和成熟的标志之一。唐代诗歌数量巨大、内容丰富、形式多样,名家辈出。唐诗以五言、七言的绝句和律诗为主要形式,代表性的诗人有李白、杜甫、白居易等。

李白继承和发扬中国诗歌的浪漫主义传统，写下了大量清新脱俗、飘逸出尘的杰作，如《将进酒》《月下独酌》《望庐山瀑布》《静夜思》等。李白因其作诗的天分与诗作中强烈的浪漫主义色彩，被誉为"诗仙"，是中国浪漫主义诗歌的代表人物。

杜甫继承现实主义传统，结合自己颠沛流离的人生经历，形成了"沉郁顿挫"的诗风。杜甫以《自京赴奉先咏怀五百字》《忆昔》《春望》等诗歌深刻反映了唐代由盛转衰的社会现实和重大事件，因此他的诗歌被称为"诗史"，他本人被称为"诗圣"。杜甫是中国现实主义诗歌的代表人物。

除李白、杜甫之外，唐代还有以王维、孟浩然为代表的山水田园诗派，以高适、岑参、王昌龄为代表的边塞诗派，晚唐李商隐的创作也非常有特色，能够反映唐诗追求"风骨""兴象"的整体风貌，有助于理解中国以意境为核心的诗文化。

（八）宋词

宋词是宋代文学的代表，也是中国诗歌发展的另一个高峰。宋词历来与唐诗并称双绝，成就堪与唐诗媲美。宋词是一种不同于诗的诗歌样式，与音乐密切相关，因此有"长短句""诗余""曲子词"等多种叫法。宋词与唐诗的区别在于宋词长于描写内心的情感与感动，有"诗之境阔，词之言长"的说法。两宋时期共有词人1300余人，词作20000余首，词体样式完备，艺术风格多样。

宋词可以分为婉约和豪放两大流派。北宋柳永、南宋李清照继承了词的婉约风格，词作缠绵委婉，含蓄动人，蕴含阴柔之美；北宋苏轼开创了豪放词风，南宋辛弃疾继续拓展，作品慷慨激昂、豪爽雄健，具有阳刚之气。苏轼的代表作有《水调歌头·明月几时有》《念奴娇·赤壁怀古》等，辛弃疾的代表作有《永遇乐·京口北固亭怀古》《南乡子·登京口北固亭有怀》等，表达了忧国忧民的爱国主义情怀和壮志未酬的悲愤。

(九) 四大名著

明清两代文学的代表形式是小说，根据语言形式可以分为文言和白话两类，根据篇幅可以分为长篇和短篇。其中影响最大的是白话长篇小说（也称章回体小说），《三国演义》《水浒传》《西游记》《红楼梦》被誉为"四大名著"。

历史演义小说《三国演义》，全称《三国志通俗演义》，元末明初由罗贯中依据史书、话本、杂剧、民间传说加工创作而成。小说以描写三国时代魏、蜀、吴三国之间长达97年的政治、军事、外交斗争为主，通过空城计、草船借箭等脍炙人口的情节，塑造了一大批个性鲜明的历史人物形象，如阴险狡诈的曹操、足智多谋的诸葛亮、忠义勇武的关羽、刚烈粗犷的张飞等。这些人物后来在人们心目中都成了某种典型人物或性格的代表。

英雄传奇小说《水浒传》也创作于元末明初，是由作者施耐庵依据史书、话本、杂剧、民间传说中的水浒故事加工再创作而成。小说讲述北宋时以宋江为首的108名英雄好汉被官府逼上梁山、聚众起义、杀富济贫的故事。书中有很多为人熟知的人物和情节，如林教头风雪山神庙、武松打虎、鲁智深倒拔垂杨柳等。小说也通过梁山好汉受朝廷招安后的悲剧结局，再现了封建时代农民起义从发生、发展到失败的全过程。

神魔小说《西游记》是明代吴承恩借助历史上的玄奘取经故事所作。小说讲述了唐僧、孙悟空、猪八戒和沙僧去西天取经的故事，曲折地反映和揭露了社会现实，同时寄寓了对自由理想的向往。小说里的师徒四人个性鲜明，其中最吸引读者的人物是孙悟空。孙悟空本领高强、桀骜不驯，同时也锄强扶弱、疾恶如仇，体现了个性自由精神和不畏艰险的追求探索精神。书中的很多故事如大闹天宫、三打白骨精等尤其为人熟知。

世情小说《红楼梦》原名《石头记》，由清代曹雪芹、高鹗所作，是由作者独立创作的第一部长篇章回体小说。小说以贾、史、王、薛四大家族的兴衰为背景，以林黛玉和贾宝玉的爱情故事为中心，揭示了封建社会必然崩溃的历史发展趋势。《红楼梦》塑造了一个个栩栩如生、个性鲜明的人物，内容丰富多彩、包罗万象，被誉为"封建社会的百科全书"，是中国古典小说的最高峰。

四大名著是中国古典小说的精华，具有很高的文学价值和艺术成就，深深影响了中国人的思想观念和价值取向，在世界范围内也有广泛影响。

（十）中国古代文学的特点

中国文学从《诗经》算起已有三千多年的历史，是中国文化体系中的精华。它的内容和形式都体现了中国文化的基本精神，不仅包括中华民族的理想信念和美学追求，还包括中国各个社会阶层对世界、社会、人生的认识和看法。

中国古代文学体裁多样，每一种文学体裁都有其独特的表现方式和特点，它们的兴衰变化与朝代的更迭有密切的关联，由此形成了"一代有一代之文学"的基本格局，例如先秦散文、汉赋、魏晋骈文、唐诗、宋词、元曲和明清小说。

中国古代文学的观念以儒、道两家为主。儒家注重文学的社会功能，主张"文以载道"。因此，在儒家影响下，许多作家常用诗歌、散文体裁表现忧国忧民的情怀和人生政治理想。道家注重文学的审美价值，主张自由抒写性情。因此在道家影响下，一些作家在遇到挫折时，常用词曲、小说体裁表现旷达潇洒的人格、独善其身的生活方式。正因为如此，中国文学自始至终体现了关注现实和人生的伟大精神，具有强烈的抒情色彩。

二、文化教学参考

文学（小学）

教学目标：

1. 了解中国著名的神话传说故事，理解其文化含义。
2. 了解中国著名的成语寓言故事，理解其文化含义。
3. 了解中国著名的民间传说故事，理解其文化含义。

关键词：

女娲补天 / 盘古开天地 / 仓颉造字 / 大禹治水 / 后羿射日 // 愚公移山 / 守株待兔 // 牛郎织女 / 木兰从军

讨论题举例：

1. 盘古和女娲是谁？他们做了哪些了不起的事情？你能讲述他们的故事吗？

2. 你知道传说中汉字是谁创造出来的吗？怎么创造出来的？

3. 大禹、后羿是谁？他们是什么样的英雄？你喜欢他们什么样的品质和特点？

4. 你知道"愚公移山"和"守株待兔"这两个故事吗？你觉得他们聪明不聪明？你从故事中学到了什么？

5. 你看过迪士尼动画片《花木兰》吗？请你说一说木兰从军的故事。如果你是木兰，你会怎么做？

教学活动举例：

1. 看图说话：识别图上的中国神话传说故事，说出故事的内容。（大禹治水、女娲补天、盘古开天辟地、守株待兔、牛郎织女等）

2. 故事分享：讲述在你们国家家喻户晓的神话传说、民间故事等，并比较与中国神话传说故事的异同。

3. 拼图游戏：把讲述中国神话传说故事的图片按照故事情节的顺序进行排序，在小组中接龙讲故事。

4. 表演：你最喜欢中国哪个神话传说故事？请和你的同学进行模拟表演。

文学（中学）

教学目标：

1. 了解并欣赏唐诗、宋词所表达的意境和艺术特点。

2. 了解并欣赏《西游记》《三国演义》的主题、形象和艺术特点。

3. 理解中国古典文学与历史和社会生活的关系。

关键词：

唐诗 / 李白 / 杜甫 // 宋词 / 苏东坡 // 《西游记》/ 孙悟空 / 唐僧取经 / 三打白骨精 / 《三国演义》/ 曹操 / 诸葛亮 / 空城计 / 草船借箭

讨论题举例：

1. 你听说过李白吗？他是哪个时代的人？有什么有名的作品？你能说出他的著名诗句吗？

2. 你听说过杜甫吗？他跟李白是同时代的人吗？他的作品有什么特点？你能说出他的著名诗句吗？

3. 你还知道唐代和宋代其他诗人吗？他们有哪些著名诗句？你们国家古代的著名诗人是谁？有什么著名的诗句？

4. 你觉得唐诗和宋词容易懂吗？二者有什么不同？你更喜欢哪种？为什么？

5. 你知道《西游记》《三国演义》吗？你更喜欢哪部小说？对哪个人物、哪个情节印象最深？

教学活动举例：

1. 看图说话：识别图片上的小说人物，说出与他们有关的小说情节。（唐僧、孙悟空、曹操、诸葛亮等）

2. 文艺表演：背诵唐诗、宋词中的著名诗词，全班投票评选出最佳朗诵者。或者从《西游记》《三国演义》中选择一个故事情节进行表演。

3. 语言分析：学习下列诗句，说说它们是谁创作的，表达了什么主题。

   （1）飞流直下三千尺，疑是银河落九天。

   （2）感时花溅泪，恨别鸟惊心。

   （3）举头望明月，低头思故乡。

   （4）但愿人长久，千里共婵娟。

4. 研究与展示：介绍中国或自己国家古代的一位著名诗人或者一部小说作品，并用图片或海报的形式呈现。

5. 课外活动：

（1）观看中国四大名著改编的影视剧，如《西游记》《三国演义》，与同学分享一下。

（2）采访中国学生，了解他们喜欢的中国古代文学家和文学作品以及喜欢的理由。

文学（大学及成人）

教学目标：

1. 了解并欣赏中国古典诗歌所表达的意境和艺术特点及文学价值。

2. 了解并欣赏中国古典小说主题、形象和艺术特点及文学价值。

3. 理解中国古典文学的主要特征、与时代的关系和对中国文化的影响。

关键词：

《诗经》/ 楚辞 / 屈原 // 陶渊明 // 唐诗 / 王维 / 王昌龄 // 宋词 / 李清照 //《红楼梦》/ 曹雪芹 / 林黛玉 / 贾宝玉 /《水浒传》/ 林冲 / 武松打虎

讨论题举例：

1. 你知道《诗经》和楚辞吗？它们是什么样的作品？有什么重要的影响？

2. 陶渊明是什么时代的？他对中国文学的贡献有哪些？你喜欢他的什么作品？

3. 唐诗和宋词有哪些主要流派？你更喜欢哪个流派？为什么？

4. 你听说过《红楼梦》吗？有哪些主要人物和故事情节？你觉得作者想告诉我们什么？

5. 你觉得中国古代文学有哪些主要特征？请举例说明一下。这些特征与你们国家的古代文学有哪些不同的地方？

教学活动举例：

1. 语言分析：学习下列诗句的意思，说说它们是由谁创作的，属于哪个时期的作品。

（1）亦余心之所善兮，虽九死其犹未悔。

（2）莫道不消魂，帘卷西风，人比黄花瘦。

（3）大江东去，浪淘尽，千古风流人物。

（4）秦时明月汉时关，万里长征人未还。

（5）明月松间照，清泉石上流。

（6）久在樊笼里，复得返自然。

2. 比较异同：比较中国和你们国家的古代文学的异同。（文学主题、人物形象、艺术风格、与时代和社会的关系等）

3. 分组辩论：你觉得中国古代的诗词和小说，哪个更能代表中国文化的特点和体现中国文化的精神？抽签分组辩论。

4. 项目与演讲：

（1）评介中国一种文学体裁或文学流派的特点、价值和社会意义。

（2）介绍你们国家一部文学名著或一个有名的文学家。

5. 课外活动：

（1）阅读你感兴趣的中国古代文学原著或节选本，或观看四大名著改版的影视剧，进一步理解中国文学的特点。

（2）搜索网络，了解你们国家有没有《诗经》、楚辞和四大名著的译本，以及学者和普通读者的评价等。

第四节　艺术

一、文化教学内容概要

（一）书法

中国书法是中国特有的传统艺术，一般指用毛笔书写汉字，通过执笔、运笔、点画、结构、布局等，使书写的汉字成为富有美感的艺术作品。书法的基本工具是笔、墨、纸、砚，自古以来被称为"文房四宝"。随着汉字的发展演变，逐渐形成了篆书、隶书、楷书、行书、草书等五种不同的书法字体。其中，篆书分为大篆、小篆，是最早的字体，多用于印章。隶书，又称汉隶，字体庄重古雅。楷书横平竖直，有楷模之意，是学习书法首选字体。行书介于楷书和草书之间，是楷书的草化或草书的楷化。草书结构简省，笔画连绵，在狂乱中体现出优美的艺术效果。书法植根于中国传统文化，承载了抒发情感、陶冶性情的功能，自古为文人所推崇，被誉为"无言的诗、无行的舞、无图的画、无声的乐"。王羲之（303—361），东晋著名的书法家，擅长各种书体，广采众长，自成一家。他的书法造诣极高，后世称之为"书圣"，是中国书艺创作"尽善尽美"的象征。王羲之的《兰亭集序》为历代书法家所敬仰，被誉作"天下第一行书"。除了王羲之以外，中国历史上还有很多著名的书法家，如唐代的颜真卿、柳公权等。

（二）中国画

中国画，简称"国画"，古称"丹青"，是中国传统绘画形式。用毛笔蘸水、墨、彩作画于绢或纸上，以壁画、屏幛、卷轴、册页和扇面等形式呈现。题材分人物、山水、花鸟等，技法主要有工笔、写意、水墨等。中国画在世界美术领域中自成体系。表现手法上，主要运用线条和墨色变化描绘物象与经营位置，取景布局运用散点透视，视野宽广。在内容和艺术创作上，强调融化物我，创制意境，追求以形写神、形神兼备，讲究气韵和境界。中国画体现了自古中国人对宇宙、自然和社会的理解和认识。中国画与书法"书画同源"并相互影响，又与宗教及文人的自我修养紧密结合，形成显著艺术特征。其中，山水画主要描写自然景色，分为青绿、水墨、没骨等种类。水墨指不用彩色，仅以水墨点染的绘画法，近处写实，远处抽象，色彩微妙，意境丰富，极富特色。花鸟画以植物和动物为描绘对象，立意往往关乎人事，通过创作与欣赏影响人们的志趣、情操与精神生活，表达作者内在思想与追求。《清明上河图》是中国传世名画之一，作者张择端。画卷长5米多,采用散点透视构图法,生动记录了12世纪中国北宋都城(今河南开封)的城市面貌和各阶层生活状况。《清明上河图》以其丰富的思想内涵、独特的审美视角、现实主义的表现手法,在中国乃至世界绘画史上都被奉为经典之作。中国历史上有很多著名的画家,如唐代的吴道子,绘画造诣深厚,受佛教影响,尤精于佛道、人物,长于壁画创作。他所绘制的人物画有"吴带当风"之美誉,后世尊称他为"画圣"。还有近现代的绘画大师齐白石,擅画花鸟、虫鱼、山水、人物,笔墨、色彩独到,造型简练生动,意境淳厚朴实。他所作的鱼虾虫蟹,妙趣横生,画虾更是堪称一绝。

(三)古典音乐

中国自古创造了大量民族音乐,在中外文化交流、互动、碰撞的过程中,逐渐形成了内容丰富、理论完备、特色鲜明的音乐体系。中国传统音乐一般由五声音阶写成,故对唱歌不准有"五音不全"的说法。在表现形式上,传统音乐作品常常以单旋律方式进行,较少使用和声。如中国古代的十大名曲,基本上都是某一种乐器的独奏曲目。合奏音乐一般用于宫廷典礼、宗教仪式、迎神赛会等大型仪式和活动。艺术风格上,讲究旋律的韵味处理,强调形散神不散,追求情景交融的意境美和人与自然的和谐美,与中国书画艺术风格一致。此外,音乐与舞蹈、诗歌等有密切关系,通常音乐与舞蹈结合,歌词也是诗歌。中国传统乐器中,二胡是一种拉弦乐器,最早起源于中国北部地区的少数民族,表现力极强,既可表现深情悲怆,也可描写壮观辽阔。如《二泉映月》以深邃意境表现出了二胡的独特魅力,曾获"20世纪华人音乐经典作品奖"。琵琶是一种弹拨乐器,最早经"丝绸之路"由印度和波斯传入中国。其音域广阔,音色多变,表现力丰富,演奏技巧多样,艺术魅力独特。《十面埋伏》是琵琶独奏名曲,用音乐表现古代战争的激烈场面,气势雄伟激昂,艺术形象鲜明。古琴,又称七弦琴,是中国传统拨弦乐器,音域宽广,音色深沉,余音悠远。琴音最大特点是"静",也被称为"太古之音""天地之音"。古琴自古被视为高雅的代名词,在中国艺术领域地位崇高，弹奏者追求人琴合一的境界。《高山流水》是中国古筝名曲，源于古时伯牙与钟子期由琴曲相知相交的故事，后世以"高山流水"比喻知己或知音，也比喻乐曲高妙，体现了"天人合一""物我两忘"的文化精神。

（四）古典舞

中国古典舞，是以历史悠久的民间传统舞蹈为基础，具有中国风格特点的舞蹈形式。其标志与艺术灵魂在于"身韵"二字，即讲究形神兼备、内外统一，并通过"形、神、劲、律"四大基本动作要素加以体现。形，即外在动作。神，即神韵和心意，起主导支配作用。劲，是力，包含轻重、缓急、强弱、长短、刚柔等关系的艺术处理。律，指动作本身的运动规律。四大动作要素经过劲与律而最终达到"身韵"的效果。"身韵"遵循的"欲左先右""欲上先下""欲开先合"等"从反面做起"的运动规则，与"平圆、立圆、八字圆"的"三圆"路线规则，构成舞蹈动作的内在结构。由此展现出具有中国文化特色的舞蹈美学。《千手观音》是在中国几乎家喻户晓的古典舞。最初由一群聋哑演员表演，通过惟妙惟肖、层出不穷、千变万化的手臂舞蹈动作变化，展现了中国民间信仰中千手观音大爱无形的感召力量和慈悲形象。

（五）京剧

京剧，又称"京戏"，是18世纪末以徽班进京为标志，一些地方戏曲剧种陆续传入北京，在剧目、曲调和表演方法等方面不断交流、融合、创新而逐渐形成的新剧种。表演内容以历史故事为主，在文学、表演、音乐、舞台美术等方面形成了一套规范化的艺术表演体系。流传全国，影响甚广，有"国剧"之称，其多种艺术元素如脸谱、扮相、服装等，被用作中国传统文化的象征符号，入选《人类非物质文化遗产代表名录》。京剧脸谱，是具有中国文化特色的特殊化妆方法，一般认为来源于假面具，根据人物角色不同有各自大概的谱式，公认为中国传统文化标识之一。生旦净丑，是指京剧主要角色。"生"是男性正面角色；"旦"是女性正面角色；"净"大多是性格、品质或相貌特异的男性角色，化妆用脸谱，俗称"花脸"；"丑"是喜剧角色，通常在鼻梁上抹一小块白粉，俗称"小花脸"。唱念做打，是指京剧表演艺术手法，也是京剧表演四项基本技能。京剧有"四大流派"之说，梅兰芳是梅派的创始人，也是中国京剧的代表人物，代表作有《霸王别姬》《贵妃醉酒》等，深受国内广大群众的喜爱，且在国际上享有盛誉。

（六）地方戏曲

也叫地方戏，是流行于某个地区，具有地方特色的戏曲剧种的通称。中国地域辽阔，民族众多，各地方言不同，除京剧外，形成了丰富多彩的地方戏。据统计，中国地方戏有300多种，称得上世界之最，其中影响比较大的有豫剧、越剧、黄梅戏、评剧、秦腔、河北梆子、川剧、粤剧等。地方戏凝结着某一地域的民风习俗，为那一地域的大众所喜闻乐见。昆曲，也叫昆剧，是中国古老的戏曲声腔和剧种。发源于14世纪中国苏州昆山，经过改良而走向全国，自明代中叶独领中国剧坛近300年，后来的剧种大多在昆剧基础上发展起来，有"中国戏曲之母"的雅称。昆曲糅合唱念做打、舞蹈及武术等，以曲词典雅、行腔婉转软糯、表演细腻著称。其美感主要来源于所传达的思想感情和蕴含的审美趣味。爱情是昆曲永恒的主题，代表作有《牡丹亭》《长生殿》《桃花扇》等。联合国教科文组织把昆曲列为"人类口头和非物质遗产代表作"。川剧，俗称川戏，是一种主要流行于中国西南地区的传统剧种，由昆腔、高腔、胡琴、弹戏、灯调五种声腔组成。川剧分小生、须生、旦、花脸和丑角5个行当，在戏剧表现手法、表演技法方面有独特的创造，能充分体现中国戏曲虚实相生、遗形写意的美学特色。变脸是川剧表演的特技之一，演出中随着剧情转折和人物内心世界变化，脸谱相应瞬间发生变化，从而达到强烈的演出效果，是揭示剧中人物内心思想感情的一种浪漫主义手法，被誉为川剧绝活。

（七）民歌

民歌，即民间歌谣，属于民间音乐体裁，也属于民间文学。多为群众在口头相传中不断加工提高的集体创作，语言简明洗练，形象鲜明生动，表现手法丰富多样。从《诗经》的"国风"算起，中国的民歌已有几千年历史，蕴藏丰富，具有丰富的体裁和多样风格。它能反映中国各个时代的生活以及人们的审美需求，以及各民族文化交流和社会的发展状况，是中华民族丰富的艺术宝库。民歌的常见体裁有劳动号子、山歌、小调、儿歌、风俗歌等。儿歌多反映儿童生活情趣，传播生活、生产知识等。歌词多采用比兴手法，词句音韵流畅，易于上口，曲调接近语言音调，节奏轻快。按功能大致可分为游戏儿歌和教诲儿歌。游戏儿歌主要用于娱乐，简单易懂，朗朗上口，更贴近生活。如《丢手绢》《找朋友》，在儿童游戏中传递友谊的珍贵和友爱的重要性，深受少儿喜爱，流传不衰，成为儿歌中的经典。教诲儿歌更偏重教育引导，帮助儿童正确认知，培养好习惯、好品格，如《小老鼠上灯台》。《茉莉花》属于小调类单乐段民歌，以五声调式和级进的旋律，表现了委婉流畅、柔和优美的江南风格，具有鲜明民族特色，又与西方审美习惯相适应，成为世界上传播较广的中国民歌。另外，中国各个少数民族也有非常丰富的民歌流传，具有独特而鲜明的民族特色，如朝鲜族的《桔梗谣》、维吾尔族的《阿拉木汗》等。

（八）民间舞蹈

一般指历史上流传下来的，具有固定舞蹈程式、动作术语，以广场自娱性为主的舞蹈形式。中国民间舞蹈历史悠久、题材广泛、内容丰富、形式多样。从功能上划分，大体可分为宗教祭祀舞蹈、自娱舞蹈、礼仪舞蹈、生产劳动舞蹈等。在漫长的流传过程中，大多数舞蹈的功能趋于交叉混合，具有多元化特征。民间舞蹈最突出的特征是民俗性。每逢节假日，中国普通百姓盛装打扮，全身心投入，集中体现了中国人的乐观性格和审美情趣，如龙舞、狮舞、秧歌等。龙舞，俗称"舞龙灯"，在中国各地广泛流传，形式、品种多样。龙是中华民族的图腾，是华夏精神的象征，龙舞是中国人吉庆和祝福时节最常见的娱乐方式。狮舞，又称"舞狮"，狮子被视为瑞兽，象征着吉祥如意。舞狮寄托着人们消灾除害、求吉纳福的美好意愿。秧歌是中国北方汉族的民间舞蹈，一般载歌载舞，锣鼓伴奏，舞蹈与歌唱等融为一体，既有表演性也有自娱性，在农村更加流行。

（九）皮影戏

皮影戏，又称"影子戏"或"灯影戏"，是让观众通过白色幕布观看平面人偶表演的灯影来达到艺术效果的戏剧形式。皮影戏是我国出现最早的戏曲剧种之一。据记载，皮影戏兴起于西汉，成熟于唐宋，极盛于明清。它是中国民间工艺美术与戏曲巧妙结合而成的独特艺术品种。"皮影"是对皮影戏人物、道具和制品的通称，通常由民间艺人用手工刀雕彩绘而成，制作工艺考究，色彩鲜艳，特别是皮影人物及道具在后背光照耀下投影到幕布上的影子显得瑰丽而晶莹剔透，具有独特的美感和观赏性。皮影操耍技巧和唱功是皮影戏表演水平高低的关键。表演时，艺人在白色幕布后面，一边操纵影人，一边用当地流行的曲调和方言讲述故事，同时配以打击乐器和弦乐。皮影戏具有浓厚的乡土气息，是十分受欢迎的民间娱乐活动之一，流行范围广泛，并因各地所演的声腔不同而形成多种多样的表演流派。皮影戏在元朝时期传至西亚和欧洲，国外又有"中国影灯"之称，2011年入选《人类非物质文化遗产代表作名录》，成为中国非物质文化遗产的重要组成部分。

（十）剪纸

剪纸是一种用剪刀或刻刀在纸上剪刻出各种图案的艺术形式，包括窗花、墙花、顶棚花、灯花等，其中以窗花最为普遍。剪纸一般贴在窗户上、门上或墙上，用于美化环境、烘托气氛，是中国各种民俗活动如春节、婚庆等的重要装饰品。据考证，剪纸已有1500多年历史，是中国最古老的民间艺术之一。剪纸的内容十分丰富，其中以吉庆寓意的题材最为常见，多采用托物寄情的方式表达美好的愿望。例如，采用谐音法，剪刻鱼和莲花取"连年有余"的寓意。在艺术方面，剪纸的构图造型图案化，形象夸张简洁，特别是镂空手法，给人以美感和艺术享受。剪纸有丰富的文化内涵，表达了中国人生活中的喜怒哀乐以及对美满幸福生活的向往。剪纸的工具材料简便易得，技法易于掌握，深受中国各族人民的喜爱。2009年，中国剪纸入选《人类非物质文化遗产代表作名录》。

(十一) 年画

年画是中国特有的一种装饰画，通常在春节期间用来装饰生活环境和居住场所。年画多使用木版水印制作，属于中国古老的民间艺术。起源于汉代，发展于唐宋，盛行于明清。最初的年画是"门神画"，主题与祛凶避邪、祈福迎祥相关。随着时代变化，年画的内容变得丰富多彩，均含有祝福新年、吉祥喜庆之意，是中国民间喜闻乐见的艺术形式，反映了中国普通百姓朴素的风俗和信仰，同时也寄托着对美好未来的向往。年画的题材包括神仙与吉祥物、世俗生活、娃娃和美人、故事传说等。人物形象生动可爱，富有活力。年画色彩鲜明，具有很强的装饰性。因地域不同，年画形成不同艺术风格和明显的地方特色。中国年画的代表之一是天津杨柳青年画。全称"杨柳青木版年画"，其构图丰满、笔法匀整、色彩鲜艳、气氛热烈，而独特的半印半绘的加工工序，使其更接近于工笔重彩国画，形成了独特的艺术风格。

(十二) 非物质文化遗产

非物质文化遗产，是指中国各族人民世代相传，并视为其文化遗产组成部分的各种传统文化表现形式，以及与传统文化表现形式相关的实物和场所。非物质文化遗产是中华民族历史文化成就的主要标志，"非物质文化遗产"与"物质文化遗产"相对，合称"文化遗产"。其中传统艺术是非物质文化遗产的重要组成部分，包括民间文学、民间美术、传统音乐、传统舞蹈、传统戏剧等。中国对非物质文化遗产制定了"国家+省+市+县"的四级保护体系，保护总方针为"保护为主、抢救第一、合理利用、传承发展"。截至2020年年底，中国入选联合国教科文组织非物质文化遗产名录（名册）项目共计42项，居世界第一。

二、文化教学参考

艺术（小学）

教学目标：

1. 了解中国剪纸和年画的艺术特点及与春节习俗的联系。
2. 了解并欣赏中国皮影戏的表演技巧和艺术特点。
3. 了解并学唱中国著名的儿歌。

关键词：

剪纸/窗花 // 年画/杨柳青年画 // 皮影道具/皮影表演 //《茉莉花》/《找朋友》《丢手绢》

讨论题举例：

1. 你见过中国的窗花吗？你觉得窗花有什么特点？中国剪纸与春节有什么关系？你们国家也有类似的手工艺术吗？
2. 年画是什么？年画的人物、图案和色彩有什么特点？你们国家节日时有什么装饰画？与中国年画有什么不同？
3. 你看过中国皮影戏吗？皮影一般是用什么制作的？皮影戏表演有什么特点？你们国家也有类似的艺术表演形式吗？
4. 你听过中国的儿歌吗？听了以后有什么感受？你们国家最有名的儿歌是什么？能唱几句让大家听听吗？
5. 你听过中国的民歌《茉莉花》吗？听了以后有什么感受？你们国家最流行的民歌是什么？表达了什么意思？

教学活动举例：

1. 动手活动：学生学习剪窗花、灯笼、"春"字、"福"字等，并给白描的年画着色，然后用剪纸和年画作品装饰教室。
2. 模拟表演：老师准备制作简单的皮影戏道具，学生分组讨论要表演的故事，模拟表演皮影戏。
3. 多人游戏：学生学唱儿歌《丢手绢》或《找朋友》，边唱儿歌边做"找朋友"游戏，并介绍自己找到的新朋友。
4. 唱歌比赛：举行唱中国儿歌比赛，全班投票选出最佳表演者。
5. 课外活动：学生把自己完成的剪纸和年画作品带回家，向家人介绍中国的剪纸和年画。

艺术（中学）

教学目标：

1. 了解并欣赏中国书法艺术的特点和独特美感。
2. 了解并欣赏中国京剧艺术的特点和独特美感。
3. 了解并欣赏中国地方戏曲的特点及多样性。
4. 了解并欣赏中国民间舞蹈的特点和独特美感。

关键词：

书法 / 笔墨纸砚 / 王羲之 // 京剧 / 脸谱 / 生旦净丑 / 唱念做打 / 梅兰芳 // 昆曲 / 川剧 / 变脸 // 民间舞蹈 / 龙舞 / 狮舞 / 秧歌

讨论题举例：

1. 你以前接触过中国书法吗？你最欣赏哪种书法字体？为什么？你们国家有没有书法艺术？
2. 你看过中国的京剧吗？在什么地方看到的？京剧有什么特点？跟你们国家最著名的戏剧艺术有什么不同的特点？
3. 中国的京剧和地方戏曲都有脸谱，它们表达的文化内涵是什么？你们国家有没有类似的"面具"？有什么象征意义？
4. 你看过中国的舞龙、舞狮和秧歌表演吗？在哪里看到的？对这样的民间舞蹈，你有什么感受？你们国家有什么民间舞蹈？特点是什么？

5. 在你们国家，青少年了解并喜欢传统艺术吗？他们是如何了解和学习的？喜欢或不喜欢传统艺术的理由是什么？

教学活动举例：

1. 书法练习：老师准备文房四宝，指导学生练习并用楷书字体书写自己的中文名字或表达吉祥含义的汉字。完成后，全班投票选出最佳书法作品。

2. 画脸谱：学生按照脸谱模板绘制脸谱，并根据自己的理解进行着色。在全班展示时，要说明脸谱颜色和线条所展现的人物性格。

3. 京剧欣赏：观看京剧名家的选段，如《霸王别姬》《三岔口》等，分辨其中的生旦净丑和唱念做打等京剧程式，讨论对京剧特点和独特美感的理解。

4. 项目与演讲：

（1）介绍中国汉字与书法艺术的特点。

（2）介绍一项中国或自己国家的传统戏剧。

5. 课外活动：上网搜索有关中国春节期间各地舞龙、舞狮和扭秧歌的视频，了解其地域文化的特色。

艺术（大学及成人）

教学目标：

1. 了解并欣赏中国画特别是水墨画的艺术特点和代表作品。

2. 了解并欣赏中国古典音乐的艺术特点和代表作品。

3. 了解并欣赏中国古典舞蹈的艺术特点和代表作品。

4. 理解中外古典艺术在内容和艺术风格方面的异同。

关键词：

中国画 / 花鸟画 / 山水画 //《清明上河图》/ 吴道子 / 齐白石 // 二胡 /《二泉映月》// 古琴 /《高山流水》// 古典舞 /《千手观音》

讨论题举例：

1. 你看过中国传统绘画作品吗？在哪里看过？中国水墨画有什么特点？
2. 中国的山水画与西方的绘画或你们国家的绘画的主要不同是什么？
3. 你听过中国传统乐器演奏的乐曲吗？你听了有什么感受？与西方古典音乐或你们国家的古典音乐不同的地方是什么？
4. 你对中国古典舞蹈有什么印象？跟西方的芭蕾舞或者你们国家的古典舞蹈相比，主要不同是什么？
5. 你们国家是如何保护和继承古典艺术等非物质文化遗产的？有哪些有效的保护措施？

教学活动举例：

1. 艺术欣赏：欣赏中国代表性的绘画作品，思考作品中表达的思想和感情，将关键词写在黑板上，全班讨论归纳主要印象。
2. 体验活动：老师准备绘画材料，学生从展示的水墨画作品中选择一幅自己最喜欢的进行临摹，完成后在全班展览一下。
3. 小型音乐会：介绍和模拟表演中国或自己国家的传统音乐和舞蹈，选出最佳表演者。
4. 分组辩论：传统艺术应该以保护继承为主还是以创新发展为主？各自的理由和举措是什么？
5. 课外活动：

    （1）观看中国传统艺术如京剧、绘画、音乐、舞蹈等的视频，理解其艺术特点和文化内涵。

    （2）采访中国学生，了解他们最喜欢的中国传统艺术是什么，喜欢的理由是什么，以及学习传统艺术对他们的生活有什么影响。

第五节 哲学

一、文化教学内容概要

（一）孔孟及儒家学派

儒家学派提出各种关于学问、道德、礼仪的学说，是中国春秋战国时期影响最大的思想流派，其主要代表人物是孔子和孟子。

孔子（公元前551—前479），名丘，字仲尼，是中国古代伟大的思想家、教育家和政治家，儒家学派的开创者，被后人尊称为"圣人"。他的核心思想是"仁"和"礼"，对儒家思想和中国文化产生了深远的影响。孔子是中国历史上最伟大的教育家之一，他提出的"有教无类""因材施教"等教育观点至今仍然有积极的影响。大家熟知的《论语》就是由孔门弟子和后学回忆、整理孔子的言行而编著的，集中反映了孔子的思想。

孔子之后，战国时期儒家分为八派，主张性善论的孟子学派和主张性恶论的荀子学派是最主要的两派。其中，孟子与孔子合称为"孔孟"。孟子（约公元前372—前289），名轲，生平经历和孔子很相似——从事教育，在各国之间游说，推行他的政治主张。孟子继承并发扬了孔子的思想，他提出的"性善论"和"仁政说"对后世影响很大。《孟子》一书由他本人和学生合著而成。

汉代，儒家思想经过董仲舒的改造成为官方独尊的正统思想。魏晋时期，儒家学说受到玄学和佛学的挑战，一度衰落，但其中的纲常伦理等思想仍然影响很大。唐代，儒家思想再度受到推崇。宋代，儒学吸引佛道思想，经朱熹等人之手更加完善和哲理化，被称为理学。明代，理学发展为以王阳明为代表的心学，成为一时的重要思想流派。清代，儒学又转化为经世致用的实学。

（二）仁义与礼制

儒家思想的核心之一是"仁"。孔子认为，"仁者爱人"，从爱自己的父母出发，一直推广到爱天地万物。实现"仁"的方法是"忠恕之道"。"忠"即"己欲立而立人，己欲达而达人"，简单地说，就是在满足自己的意愿的同时，也让别人的意愿得到满足。"恕"就是"己所不欲，勿施于人"，意思是不将自己不喜欢的事物强加于人。总之，仁爱思想是一种同情心，也是一种宽恕的精神。孟子继承了孔子"仁"的学说，提倡由"仁者"管理国家，强调民贵君轻和施行仁政。

孔子思想的另一个核心是"礼"。"礼"包括社会生活的各种礼仪、社会制度和行为规范等。孔子认为所有人都应该遵守一定的社会规范，履行好自己的责任和义务。"礼"的目标是维护社会的安定与和谐，《论语》中有"礼之用，和为贵"的说法。"礼"的思想对中国社会和文化以及人际交往方式都产生了深刻的影响。当代中国也强调社会的安定与秩序以及人际关系的和谐。

（三）性善与性恶

孟子提出了性善论，他认为人本性善良，一出生即有恻隐之心、羞恶之心、辞让之心、是非之心等四种本心，但在成长过程中，因个体差异和外部环境的影响，后天的丑恶欲望会逐渐遮盖人的善良本心。因此，孟子强调修身、养气、养志与养性的重要性。他的性善论对后世人性思想的发展产生了很大的影响。与孟子相反，战国后期儒家的另一位思想家荀子提出了性恶论。荀子认为人生来就有欲望，人性本来就是自私自利的，善只是一种伪装，欲望得不到满足时就会引起纷争。因此，为了避免成为恶人，人人必须接受教育。同时，治理国家不仅应该用"礼"来教化，还需要用"法"来规范。荀子这种礼法并用的思想，成为其后历代君主专制统治思想的源头之一。

（四）老庄及道家学派

道家是以"道"为最高哲学范畴和终极关怀的一个文化流派，它以"道"来统摄自然、社会和人生三大层面，追求三者的自然平衡。其主要代表人物是老子和庄子。

老子（约公元前571—前471），姓李名耳，字聃，是道家学派的创始人。因博学而闻名，曾经指点过孔子。老子的思想集中体现在《老子》（又称《道德经》）当中，这本书只有五千字左右，但其中道法自然、无为而治等思想却对中国乃至世界都产生了重要影响。道家就是因老子的《道德经》而得名。

庄子（约公元前369—前286），名周，生活时代与孟子差不多或者稍晚。庄子多次拒绝出任重要官职。庄子是继老子之后道家思想的重要代表，故而历史上"老庄"并称，道家思想又称为"老庄思想"。《庄子》是一部辑录以庄子为中心，又包括其后学在内的整个庄子学派思想的文集，内容丰富多彩，多采用寓言故事阐发哲理，具有很高的哲学和文学价值。

汉代，道教创立，它以特有的宗教形式演绎、实践、发展着道家思想和精神，成为道家哲学的另一种存在形态。魏晋时期，道家思想演化为以道家为本、杂糅儒家思想的玄学，道教进入了成熟时期。盛唐时，道家受到皇家扶持，至宋代道家思想逐渐固化，道教盛极一时。道教与道家思想时远时近，金元时期一度活跃，教派众多，到了明清则逐渐式微。

（五）道法自然与无为而治

老子认为"道"是世界的本源，是天地形成、万物出现之前宇宙原始的状态，天地万物都是由道生成。庄子认同此种观点，并进一步解释说"道"通过"气"来产生万物。气有阴阳两种，生命是一个自然而然的过程。庄子以"道"观察世界，发现事物之间的差别——大与小、多与少、快与慢、美与丑等都是相对的，都可以相互转化。

"道"的特点是自然而然，"人法地，地法天，天法道，道法自然"。人不仅要顺从自身的规律，还应尊重其他各种事物的客观规律，去除"人为"对自然状态的破坏。老子认为"无为"才能做到顺应自然，"无为"并不是什么都不做的消极等待，而是不违反自然规律的顺势而为。老子把"无为"生发到人生和社会，提出了"无为而治"的主张，希望人们的生活与世无争，返璞归真。老庄的思想包含着合理的成分，也引起现代人对工业化社会的反思。

（六）阴阳五行

中国古代哲学的重要思想之一是阴阳五行学说。中国古人认为，世界由阴、阳两大范畴构成，光明的、处于控制地位的力量为阳，阴暗的、处于从属地位的为阴，阴阳两种势力互相对立又互相依存。阴阳互相作用，使宇宙有了生机和活力。《周易》的复杂思想就是建立在阴阳符号之上的。五行，即金、木、水、火、土五种物质，是构成世界万物的基本元素。五行之间存在相生相克的关系，遵循阴阳运行、对立转化的世界运行规律。阴阳五行学说对中国文化和中国人的生活产生了深远影响，如饮食、中医、太极等都体现了阴阳五行平衡的观念。

（七）天人合一

天人关系是中国古代哲学的重要组成部分，有"天人合一""天人感应"和"天人交胜"等不同观点，其中"天人合一"是主流思想。庄子在《齐物论》中说："天地与我并生，而万物与我为一。"对"天人合一"的含义，儒道释都有不同的阐释，但是核心观点是强调人是自然的一部分，人类社会与自然世界要和谐统一。天人合一的思想在今天仍然具有重要价值，体现了中国人的独特自然观，也对世界的自然观有启发意义。从中国传统的山水画、中式建筑，到当代生态文明建设政策，都体现了中国人追求与自然和谐统一的理念。

（八）入世与出世

儒家重视对人生、政治和社会的参与，强调以礼治国、建设和谐社会的思想受到历代统治者的推崇，自汉代之后儒家就成为中国思想文化的正统和主流。道家与儒家不同，在人生、政治和社会方面主张顺应自然，反对人为，追求精神世界的广大，对中国哲学的发展具有深刻影响。

从思想发展的历程看，儒道两家思想有入世、出世之别，但文化史上的儒道合流由来已久，二者既对立又互补，共同奠定了中华传统文化的基础。道家的人生哲学往往是儒家人生哲学的必要补充和调剂。古代的文人士大夫常常处于"居庙堂之高"和"处江湖之远"的得志与失意两种交错的心态中。直至今天，中国人的思想观念仍然受到儒道互补的影响：受儒家思想的影响，中国人格外关注伦理道德、社会秩序，积极学习如何做一个对社会有用的人；受道家思想的影响，中国人关心宇宙构成和生命本原，追求视野的宽广、精神的伟大，学习如何建构自我、顺势而为和应对逆境。

（九）传统美德

中华民族在漫长的历史发展进程中建构起了丰富多样的个人伦理、家庭伦理、国家伦理乃至宇宙伦理，对个人从内在情感信念到外在的行为方式都提出了比较完备的道德规范。

文化学者对中华民族的传统美德有各种解读，其中张岱年先生从人与自身、人与他人、人与群体三个方面进行的概括比较有代表性。他认为仁爱孝悌、谦和好礼、诚信知报、精忠爱国、克己奉公、修己慎独、见利思义、勤俭廉政、笃实宽厚、勇毅力行是中华民族的十大传统美德。这些传统美德在当代社会得到了继承和发扬，社会主义核心价值观也吸收了中国传统美德的重要部分，成为引领新时代中国特色社会主义发展的价值理念。

二、文化教学参考

哲学（中学）

教学目标：

1. 了解孔子的生平、主要思想和历史地位。

2. 了解老子的生平、主要思想和历史地位。

3. 理解传统哲学思想对中国文化和社会生活的影响。

关键词：

孔子 /《论语》/ 学而时习之 / 有教无类 / 有朋自远方来 / 礼治 / 和谐 // 老子 /

《道德经》/ 顺应自然 // 阴阳五行 / 物极必反

讨论题举例：

1. 你听说过孔子吗？他是一个什么样的人？有哪些主要思想？你对孔子的哪些方面有兴趣？为什么？
2. 你听说过老子吗？老子和孔子是同时代的人吗？他有哪些主要思想？
3. 你们国家有哪些重要的哲学家？他们的主要思想是什么？与孔子和老子有什么不同的思想？
4. 孔子和老子作为中国传统哲学的代表人物，他们的哪些思想对当代中国人的观念和生活产生了影响？
5. 你们国家出版过《论语》和《老子》的插图本或者翻译本吗？你知道孔子或老子的哪些名言？它们分别表达了什么意思？

教学活动举例：

1. 语言分析：学习《论语》和《老子》中的名言，它们表达了什么意思？反映了孔子和老子的哪种思想？

    （1）柔弱胜刚强。

    （2）一日克己复礼，天下归仁焉。

    （3）己所不欲，勿施于人。

    （4）道生一，一生二，二生三，三生万物。

    （5）人法地，地法天，天法道，道法自然。

2. 情景模拟：学习孔子与他弟子的故事，表演孔子和弟子之间关于如何做人或学习方面的对话。
3. 比较异同：比较孔子或老子与你们国家最重要的哲学家、思想家在时代背景、生活经历、主要观点、社会影响方面的异同。
4. 项目与演讲：介绍中国儒家或者道家的重要哲学家，包括但不限于老子和孔子，内容包括历史背景、生平经历、主要思想、社会地位、重要影响、你的评价等方面。

5. **课外活动**：上网搜索与孔子、老子相关的信息，包括生平、名言、对中国和世界所产生的影响等。

哲学（大学及成人）

教学目标：

1. 了解儒家思想的主要内容、历史发展及其影响。
2. 了解道家思想的主要内容、历史发展及其影响。
3. 理解传统哲学思想对中国文化和社会生活的影响。

关键词：

孔孟思想 / 孟子 / 忠恕之道 / 仁 / 礼 / 性善论 / 四书五经 // 老庄思想 / 庄子 / 《庄子》/ 道法自然 / 无为而治 // 天人合一 // 入世 / 出世 / 传统美德

讨论题举例：

1. 除了孔子和老子，你还听说过中国古代哪些哲学家？他们的主要思想是什么？你最感兴趣的方面是什么？

2. 你听说过"四书五经"吗？包括哪几部经典？你知道其中哪些著名的句子？体现了什么思想？

3. 你觉得中国的儒家思想和道家思想的主要不同是什么？儒家思想和道家思想对中国人的思想观念有什么重要影响？

4. 中国人如何看待人和自然的关系？和你们国家的自然观有什么异同？

5. 你认为中国的哲学思想对世界文化有哪些启发意义？你们国家出版过哪些与中国古代哲学有关的普及性书籍？

教学活动举例：

1. **看图说话**：识别和描述孔子、孟子、老子等人的画像，说出他们的主要思想。

2. **语言分析**：学习下列句子的意思，说说它们反映了儒家或道家的哪种思想。

（1）仁者爱人。

（2）己欲立而立人，己欲达而达人。

（3）无为而无不为。

（4）祸兮福之所倚，福兮祸之所伏。

（5）老吾老以及人之老，幼吾幼以及人之幼。

（6）制天命而用之。

3. 分组辩论：有人认为儒家和道家是宗教，你觉得儒家和道家是宗教吗？理由是什么？

4. 项目与演讲：

（1）中国儒家思想和道家思想对现代社会的影响。

（2）中国与你们国家的最重要的哲学思想的比较。（主要思想、历史意义、对现代的影响等）

5. 课外活动：采访中国人：

（1）你最喜欢的中国古代哲学家是谁？

（2）你自己的哪些行为观念受到了中国传统思想的影响？

第六节　宗教

一、文化教学内容概要

（一）中国佛教及其重要教义

佛教在两汉之际（公元1世纪左右）从印度传入中国，最初只被少数中国人接受。为扩大影响，佛教开始逐渐本土化，大力宣传与中国文化相通的观念，如"慈悲普度""济世救人""因果报应""轮回转世"等。在魏晋南北朝时期，佛教得到了中国社会各个阶层的响应,产生了很多中国化的佛教宗派,其中禅宗被视为佛教中国化的显著标志。禅宗创立"顿悟成佛"思想,使修行摆脱了烦琐的宗教仪式,并迅速扩大了影响,流传到朝鲜和日本。隋唐以后,佛教在中国哲学中的地位已经和儒家大体相当,出现了"儒表佛里""三教合一"等说法。佛教的思维模式、修行方法对中国哲学、语言、文学、书法、绘画产生了巨大影响,同时强化了中国已有的因果报应等观念,对中国人的人生观念、风俗习惯产生了不小的影响。

(二)道教及其神仙信仰

道教是土生土长的中国宗教,源于原始宗教、巫术、方术,理论基础是道家学说。东汉后期在民间得到迅速发展,创始人是张道陵,被尊称为"张天师"。道教与道家思想有一定的联系,如道教以《老子》中的"道"为基本信仰,道教最高神之一的"道德天尊"(又名"太上老君")即是老子的化身。

道教内部存在很多派别,神仙体系也十分庞杂,但它们都以得道成仙为最终目标。民间熟知的道教神仙有玉皇大帝、王母娘娘等。炼丹养性、画符念咒是道教最常见的宗教活动。由于道教徒常常借助丹药、符箓驱鬼治病、济世救人,因此道教在民间具有强大的生命力,并在无形之中促进了化学、医学、药学等科学研究的发展,也影响到了文学和艺术领域。对今天的中国人来说,道教思想体现在贴门神、祭灶神、拜财神等各种民俗活动及气功等养生理论当中。

(三)祖先崇拜

尽管祖先崇拜并非中国独有的文化现象,但由于中国人习惯以农耕为主和聚族而居,人们对祖先崇拜的重视程度相对较高。儒家的忠孝观念和礼乐制度又进一步强化了祖先崇拜的观念,并使其制度化。古代中国人相信"灵魂不死",祭祖既是表达对祖先的追思和怀念,也是希望祖先的灵魂能够庇护后代子孙,保佑家族繁盛。因此,祭祖是春节、清明等传统节日的重要习俗和组成部分。祖先崇拜反映了中国人重视血缘亲情的观念,同时也增强了宗族凝聚力和认同感。直至今日，还有某些姓氏的中国人热衷于寻亲探祖、修建祠堂、编撰家谱。

（四）关公、妈祖等民间信仰

中国人认为万物有灵，因此民间广泛存在各种自发形成的，对某些神、鬼、祖先、圣人以及其他一些超自然力量的信仰或者崇拜，如山神、河神、龙神、灶神、土地公等，其中一部分神灵后来被道教所吸纳。民间信仰一般没有严密的组织或者复杂的仪式，比较随意和多元，往往带有地域、行业等色彩。

关公，本名关羽（？—220），是汉代一位以"忠义"闻名的将军。由于佛教、道教、儒家和官方因种种原因不断予以加封，到明代关公已成为与孔子并称的"武圣人"，还有了"关圣帝君"的称号。《三国演义》等文学艺术作品推广后，祭祀关公在清代成为普遍性的活动，关帝庙遍及城乡各地，关公也被民间尊为集战神、财神、商神、文教神、农业神等多种职能于一身的"万能之神"。对中国人来说，信仰关公就是认同道德成神、爱国敬业，是中华民族内聚力的外化。如今，关公信仰已经遍及全球华人，各宗各教、各门各派、各行各业都对其敬奉有加。

妈祖从小信奉观音，善观气象，因救助海难去世，死后被奉为海神。妈祖信仰在中国南方沿海，特别是台湾、福建两省特别流行，妈祖是船员、海员、渔民和商人特别崇祀的神灵。目前全世界47个国家和地区共有上万座从湄洲祖庙分灵的妈祖庙，有3亿多人信仰妈祖。20世纪80年代，联合国有关机构授予妈祖"和平女神"称号。2009年，妈祖信俗被联合国教科文组织正式列入《人类非物质文化遗产代表作名录》，成为全人类的共同精神财富。

（五）中国人的宗教观

因为历史上农业文明的繁荣和自给自足的生活方式，中国人普遍具有崇实黜虚的心理特征，注重现实和现世，而且因为儒道释的互相影响和融合，中国从古到今一直保持着多种宗教并存、信仰自由的格局，从来没有出现过一统天下的"国教"。有人把儒学称为"儒教"，认为儒教是中国正统的宗教。事实上，儒学不是严格意义上的宗教，因为儒学没有人格神，也不讲鬼神和来世。但是，儒学专注于现世生活,强调人的伦理道德,因此在中国发挥了宗教的社会功能。

中国人信仰宗教,并不像世界其他民族那样希冀"救赎"或者"超越",而是期望通过信仰神灵实现现世生活的平安和幸福。反映到宗教活动中,就是中国人为了达到现世生活的目标,可能同时祭拜不同的神。因此,在中国大多数庙宇中,宗教活动的仪式感已经大大减弱,庙宇成为供人参观的旅游胜地。有的庙宇甚至同时供奉道教、佛教和民间神灵。

二、文化教学参考

宗教(大学及成人)

教学目标:

1. 了解中国佛教的主要信仰和文化内涵。
2. 理解道教和其他民间宗教的主要信仰和文化内涵。
3. 理解传统宗教信仰对中国文化和社会生活的影响。
4. 理解中国人独特的宗教观念。

关键词:

中国佛教 / 禅宗 / 轮回 / 慈悲 / 顿悟 // 道教 / 长生不老 / 济世救人 // 妈祖 / 关公 / 祖先崇拜 / 祭祀 // 多神信仰

讨论题举例:

1. 中国有哪些宗教?这些宗教有哪些理论主张?
2. 中国的道教与道家有什么联系和区别?
3. 佛教传入中国以后如何本土化的?与其他国家的佛教有什么区别?
4. 中国人的宗教观念有什么特点?和你们国家一样吗?不同之处在哪里?为什么会有这些不同?
5. 你家有祭祀祖先的习惯吗?如果有,请你说一说祭祀的时间和方式。如果没有，请你想一想为什么没有。

教学活动举例：

1. **看图说话**：识别和描述中国主要的宗教及其主张。（释迦牟尼像、太上老君或玉皇大帝像、关公像、妈祖像等）

2. **比较异同**：比较中国人和你们国家的人在宗教活动和观念方面的特点和异同。

3. **语言分析**：分析汉语中的成语和谚语是属于什么宗教的，并说明它们的含义。（善有善报，恶有恶报；八仙过海，各显神通等）

4. **项目与演讲**：

   （1）中国人的宗教行为与观念。

   （2）你们国家流行的宗教及其对社会和生活的影响。

5. **课外活动**：采访中国人，了解他们祭拜的情况和原因。

第七节　发明

一、文化教学内容概要

（一）中国农历

中国农历相传始创于黄帝时代或夏朝时期，它是阴阳合历，即"阴月阳年"的历法，农历大月30天，小月29天，以闰月方式实现农历年与天文年同步。农历以二十四节气确定月份，每个月份的时间都符合一年的季节变化。农历的纪月能使人们更精确地了解时令季节、气候物候的变化，比如农历中"寒有三九，热有三伏"的描述，人们可以依此协调农业生产，并做好防寒避暑准备，甚至形成独特的食俗文化。中国农历使用干支纪年，10个天干和12个地支按顺序相配共形成60对组合，因此农历年以60年为一周期，有"六十一甲子"的说法。从1912年起,中国改用世界通用公历,但中国农历仍有重要的价值,广泛应用于标记生日、民俗活动、节日等。中国传统节日如春节、端午节、中秋节等都是基于中国农历。中国农历对朝鲜半岛、越南以及世界各地的华人社区有着重要影响。

(二) 二十四节气

二十四节气起源于中国黄河流域,后传播于全国各地。它根植于中国传统农耕文化,是中华民族的特有文化符号。中国古代先民观察太阳的周年运动轨迹,将一年划分为二十四等份,并将每一等份设为一个节气。这些节气包括立春、雨水、惊蛰、春分、清明、谷雨、立夏、小满、芒种、夏至、小暑、大暑、立秋、处暑、白露、秋分、寒露、霜降、立冬、小雪、大雪、冬至、小寒、大寒,统称为二十四节气。二十四节气涵盖了气候变化、物候特点、农作物生长等方面的内容,是古代农耕社会用于认知自然和气候变化规律的重要时间知识体系,也是中国传统历法体系的组成部分,对传统农业生产和日常生活起到指导作用。此外,二十四节气蕴含着丰富的民俗,如清明踏青、"冬至饺子夏至面"等。二十四节气与现代气象科学相符,也反映出古代中国人顺应自然规律,与自然和谐相处的智慧与精神。二十四节气在历史上为多地多民族所采用,并在东亚、东南亚国家产生了深远影响。在国际气象界,二十四节气被誉为"中国的第五大发明"。2016年,二十四节气被列入《人类非物质文化遗产代表作名录》。2022年,北京冬奥会开幕式采用二十四节气倒计时,生动展现了中华文化的魅力。

(三) 算盘、珠算等数学成就

算盘与珠算在中华民族发展史上有重要贡献。中国算盘是一种木制的计算工具,由算筹逐渐演变而成。世界上有各种形式的古算盘,但中国的串珠算盘较为先进,因其灵便和准确等特点而被广泛应用。珠算是一种以算盘为工具,通过拨动算珠进行加减乘除等数字计算的方法。珠算萌芽于商周时期,始于秦汉,成于唐宋,至明代日趋完善,并形成了以口诀为指导的独特运算体系,运算方式更为成熟。珠算文化从明代开始,传播到日本、朝鲜、泰国、越南等国,对周边国家和地区的经济、科学技术的发展起到了推动作用。中华人民共和国成立后，珠算的研究和国际交流得到进一步重视与发展，并传播到美国、英国、墨西哥、巴西等国，对世界文化产生了重要影响。珠算于2013年被列入《人类非物质文化遗产代表作名录》。

《九章算术》是数学经典著作之一，成书于汉代，是对中国古代先秦至汉代数学研究成果的系统总结。该书的题材涵盖实数系统、比例、求积、勾股、方程等丰富内容。其理论体系、数学思想和算法对汉代之后的中国数学研究有深远影响。该书在隋唐时期曾传到日本、朝鲜，并成为这些国家当时的数学教科书。它的一些成就如十进位值制、今有术、盈不足术等还传到印度和阿拉伯，并通过印度、阿拉伯传到欧洲，促进了世界数学的发展。古代数学成就还包括对圆周率的精确计算，南北朝时期数学家祖冲之是世界上第一个把圆周率计算到小数点后第七位的人。中国也是最早发现和研究勾股定理的国家之一，《周髀算经》对此有相关记载。中国古代数学对世界数学发展做出了伟大贡献。

（四）四大发明

"四大发明"指的是指南针、造纸术、印刷术和火药。它们在军事、文化、经济等方面对中国社会和世界文明做出了重要贡献。

中国人在战国时期发明了司南来指示方向，在9世纪至10世纪发明了指南针，并广泛应用于航海业。指南针的发明不仅促进了中国导航技术和航海事业的发展，还传播到阿拉伯和欧洲地区，为欧洲航海家的海上航行提供了条件，推动了地理大发现，也促进了世界各国间的联系与贸易交流。

造纸术发端于西汉时期的植物纤维纸，东汉时期蔡伦在此基础上扩大造纸原料，改善造纸工艺，使造纸术得到推广，纸张逐渐代替原来作为书写材料的竹帛。造纸术的发明提供了经济便利的书写材料，改革了文字载体。其中宣纸的发明促进了中国书画艺术的发展。宣纸传统制作工艺于2009年被列入《人类非物质文化遗产代表作名录》。

雕版印刷术最早出现在初唐时期，唐代的《金刚经》是世界上最早的标有确切日期的雕版印刷品。北宋时期毕昇发明了活字印刷。用活字排版经济实用，是印刷史上的重大革命。造纸术和印刷术不仅传入日本、朝鲜等邻国，更通过海上"丝绸之路"和陆上"丝绸之路"传到欧洲等地区，促进了各国文化的普及，为人类文明传播带来巨大变革。雕版印刷技艺于2009年被列入《人类非物质文化遗产代表作名录》。活字印刷术于2010年被列入《急需保护的非物质文化遗产名录》。

火药的发明起源于唐代的炼丹术，炼丹家将硫磺、硝石与木炭混合燃烧炼制成药丸以求长生不老。唐末火药开始用于军事，宋朝时逐渐发明了火箭、火球、火炮等火药武器，并广泛地运用于战争中。火药和火器于十三四世纪传到阿拉伯和波斯，并经此传入欧洲，对世界战争形式和军事技术产生了重要影响，推动和加速了人类历史的进程。

（五）丝绸

丝绸起源于中国，蚕桑文化是东亚农耕文明的重要组成部分。中国养蚕历史可追溯到四五千年之前，传说中嫘祖发明了种桑养蚕。唐宋以后，中国纺织机械及纺织工艺日趋完善，印染、刺绣等工艺使丝绸更加绚丽多彩。丝绸是制作衣物的珍贵布料，在纸发明之前曾经也是重要的书写载体，曾被用于赏赐或税收，也在外交中扮演重要角色。长期以来，古代中国是世界上唯一生产丝绸的国家。自西汉"丝绸之路"开拓以后，丝绸传到了西方国家。丝绸的魅力吸引了西方国家的兴趣，据说，古罗马人称中国为"丝国"，身穿中国的绫罗绸缎成为当时王公贵族的一种时尚。丝绸的西传也引发了其他产品的商贸流通，进而促进了东西方文化的互通和交流。现在，丝绸作为纺织品中的一类，仍然具有昂贵奢侈的特性。中国传统桑蚕丝织技艺于2009年被列入《人类非物质文化遗产代表作名录》。

中国丝绸中最为精致的丝织物是织锦，其中四大名锦是中国传统丝织工艺品的代表，主要指云锦、蜀锦、宋锦、壮锦。中国的织锦工艺可以追溯到周朝，历史悠久，其中南京云锦曾是明清时期皇室贵族的御用品，于2009年入选《人类非物质文化遗产代表作名录》。刺绣随着丝织品的发展而兴起，在长期发展过程中，最具代表性的是"四大名绣"——苏绣、蜀绣、湘绣、粤绣，在题材、技巧上各有特色，体现了各地民俗的不同特点。刺绣工艺品有实用和装饰价值，被广泛应用于日常生活、艺术欣赏等不同场景中。

（六）瓷器

瓷器由远古制陶技术的发展而产生，中国人在商代已经开始创造原始瓷器。到了东汉时期，真正的瓷器问世，在隋唐时期形成南方烧造青釉瓷器、北方烧造白釉瓷器，如著名的唐三彩就是盛行于唐代的一种低温釉陶器。至宋代，制瓷技术进入成熟期。宋瓷包括钧、定、官、哥、汝五大名窑，其中哥窑、汝窑等具有典型的"开片"特征，追求天然的纹理或裂痕，在色彩上宋瓷偏好青色、蓝色，清新雅致，这些都体现了宋朝人对自然美的追求。2009年，龙泉青瓷传统烧制技艺被列入《人类非物质文化遗产代表作名录》。彩绘瓷器技术在元代发展成熟，明清时期达到顶峰。江西景德镇自元代开始逐渐成为中国制瓷中心。青花瓷在元朝末年成熟，明清时期大量制造，这是一种白地蓝花瓷器，以钴料在白色胎体上作画，经上釉烧制而成。青花瓷有清雅纯净之美，体现了中国人所追求的天然宁静的美学境界。中国瓷器从原始瓷到青瓷、黑瓷、白瓷、彩色釉瓷等，形状精致、图案优雅，体现出中国人的工艺技术和审美情趣，是物质文明和精神文明的主要标志。从唐代开始，中国瓷器大规模外销。景德镇的青花瓷更是通过海上"丝绸之路"远销多国，在海外贸易中一度是最重要的出口商品，对世界陶瓷发展和全球贸易有重要贡献。因此，中国也被称为"瓷国"，中国瓷器成为东西方文化交流的纽带。

（七）茶叶与饮茶习俗

茶树的种植和制茶工艺都源自中国。中国人从两三千年之前开始种植茶树，汉代《神农本草经》中记载了上古先人发现茶叶的起源和过程，传说"神农尝百草，日遇七十二毒，得茶解之"。历史上，中国人用茶经历了药用、食用、饮用等不同阶段。饮茶习俗在秦朝之前就已发端。秦汉时期，茶的价值仍以药用为主，但饮茶已在中国不同地区传播开来。至隋唐时期，茶已成为中国各地流行的普遍饮料，并形成茶文化，饮茶习俗更为讲究。进入宋代，茶饮活动活跃，茶文化更为兴盛发达。明清时期，茶馆发展迅速，成为民间娱乐场所之一。中国现存最早的完整介绍茶的专著是《茶经》，由唐代"茶圣"陆羽所著。内容涵盖茶的历史、产地、功效、采制、饮用、茶艺文化等，对中国茶文化发展有不可替代的推动作用。

（八）水稻栽培

中国是世界上最早进行水稻栽培的国家之一。史前栽培稻遗存的出土证明，长江流域地区在新石器时代已开始种植水稻，如浙江余姚河姆渡遗址曾出土新石器时代的碳化稻谷遗存，证明种稻业已有至少七千年的历史。至南宋时期，对于稻田和水稻种类都有了具体分类与操作方法，种稻产量提高，南方产的稻米也开始在全国范围内供应，因此有"湖广熟，天下足"的说法。水稻种植从南方逐步推广至北方地区。目前，水稻种植主要分布在秦岭、淮河以南地区，如成都平原、长江中下游平原、珠江流域等地，东北地区也有一定面积的稻作区。长期以来，中国人对水稻栽培技术和耕作制度的革新以及对农田水利建设的重视，大力促进了中国水稻作业的发展。中国也是世界上最早用文字记载水稻品种与栽培方式的国家，如《禾谱》《稻品》等。南宋《耕织图》记载了水稻栽培的详细过程。

（九）中国古代水利工程

中国大运河是世界上最长、最古老的人工运河之一。大运河开凿于春秋时期，至隋朝建成以洛阳为中心、南通杭州、北通北京的大运河，从北到南贯通了海河、黄河、淮河、长江、钱塘江五大水系。元代时形成贯通南北的京杭大运河，全长约1794千米。历史上，大运河作为南北交通主线，发挥着重要的漕运作用，促进了南北经济交流与文化交融。目前，大运河仍继续发挥着运输、灌溉、泄洪、南水北调等重要功能。大运河是中国古代先进水利工程技术的体现，于2014年被列入《世界文化遗产名录》。

都江堰位于四川成都平原岷江上游，相传由战国时期李冰父子主持修建，是世界上年代最久且尚留存使用的大型水利工程体系。都江堰以"乘势利导、因时制宜"为治水原则，以无坝引水为特征，建造了鱼嘴分水堤、飞沙堰溢洪道、宝瓶口进水口等主体工程，发挥了防洪防旱、排沙和灌溉等功能。两千多年来，都江堰经过历代整修维护，对成都平原的农业发展和经济建设发挥着重要作用，使之发展成为富庶的天府之国。都江堰工程是区域水利网络化的典范，于2000年与青城山一同被列为世界重要文化遗产。

（十）针灸

针灸是中国人以"天人合一"的整体观为基础，以经络腧穴理论为指导，用针具和艾叶等主要工具和材料，通过刺入或熏灼身体特定部位，以调节人体平衡状态而达到保健和治疗的方法。经络是经脉与络脉的总称，是人体气血运行的通道。针灸的方法就是对穴位施以适度的刺激，从而激发经络的调节作用来达到防治疾病的目的。针灸从6世纪开始向海外传播，因其疗效显著、安全无毒、无副作用等特点，受到世界人民的欢迎。据统计，世界上已有超过180个国家和地区在使用针灸解除病痛。中医针灸于2010年被列入《人类非物质文化遗产代表作名录》。

（十一）中医理念

中医以阴阳五行为理论基础，讲究"天人合一"和"辨证论治"。中医将人体看成是气、形、神的统一体，通过"望闻问切"四诊合参的方法，使用中药、针灸、推拿、按摩、拔罐、气功、食疗等多种治疗手段，使人体达到阴阳调和而康复。整体观念是中医诊疗疾病的一种思想方法，即把人体内脏和体表各部组织、器官之间看成是一个有机的整体，在疾病的诊断和治疗中综合考虑身体内部的协调性和完整性。中医的辨证论治指根据病人的发病原因、症状、脉象等,结合中医理论,全面分析、做出判断,进行治疗。中医药不仅有防治疾病的实用价值,其中还蕴含了丰富的中国传统文化。2019年,中医药学首次被纳入世界卫生组织第11版《全球医学纲要》。

二、文化教学参考

发明（小学）

教学目标：

1. 了解中国农历和二十四节气的时间和特点，理解其文化意义。

2. 了解二十四节气与气候、农耕、节日的关系，理解二十四节气的价值。

3. 了解珠算的特点和使用算盘的方法，理解其文化意义。

关键词：

农历 / 二十四节气 / 节气民俗 // 珠算 / 算盘 / 加减乘除

讨论题举例：

1. 你们国家的新年是什么时候？用的是什么历法？你知道中国的农历新年是什么时候吗？农历有什么特点？

2. 中国人一般有两个生日，其中一个是农历生日。你们的文化有这样的情况吗？

3. 你听说过中国的二十四节气吗？不同季节各有哪些节气？你对哪些节气感兴趣？

4. 你们的文化中使用节气吗？你们有什么与节气或季节相对应的特色活动吗？

5. 你见过算盘吗？你会珠算吗？学习数学计算时，你有什么好的工具或方法？

教学活动举例：

1. 分类与排序：展示带有节气名称的图片，让学生根据季节进行分类或根据时间顺序进行排序。

2. 看图说话：描述图片上展示的一些二十四节气的民俗特点和故事。

3. 动手活动：选择一个或几个节气，画出相关的节气元素和传统习俗。

4. 计算比赛：学习如何使用算盘，并进行简单的加减法计算比赛，或者使用乘法口诀进行计算比赛。

发明（中学）

教学目标：

1. 了解中国四大发明的年代和特点，理解其对世界文明的贡献。
2. 了解中国丝绸的特点和与"丝绸之路"的关系。
3. 了解中国瓷器的特点和与"丝绸之路"的关系。

关键词：

造纸 / 指南针 / 印刷术 / 火药 // "丝国"的来历 // "China"的来历 / 青花瓷

讨论题举例：

1. 中国古代四大发明是哪些？你以前知道这些是中国的发明吗？你是从什么途径了解到的？

2. 四大发明各有什么重要的作用？古代的四大发明与现代生活还有什么关系？

3. 除了四大发明，你还知道中国在历史上有哪些其他的重要发明？你们国家有哪些重要发明？

4. 你知道"丝绸之路"是从哪儿到哪儿吗？为什么被称为"丝绸之路"？你们国家与古代的"丝绸之路"有关系吗？

5. 你家使用什么瓷器？这些瓷器是中国生产的吗？你觉得中国古代的瓷器是怎么传到西方国家的？

教学活动举例：

1. **看图配对**：把图片上的四大发明与发明时代和发明者进行连线配对。

2. **动手活动**：使用彩泥、卡纸等材料制作活字，并进行排字游戏，从中了解活字印刷的便捷性和实用性。

3. **比较异同**：比较中国的青花瓷与自己国家或其他国家的瓷器在图案、颜色、用途等方面的异同，理解中国瓷器的特殊艺术风格和审美特点。

4. **项目与演讲**：

   （1）介绍四大发明、丝绸、瓷器中的一项或学生自己国家的一项重要发明。

   （2）介绍中国四大发明、丝绸、瓷器对世界的影响。

5. **课外活动**：搜索网络或参观博物馆、艺术馆，了解中国的古代发明以及是如何传播到世界各地的。

发明（大学及成人）

教学目标：

1. 了解中医在病理诊断和治疗方面的理念和特点，理解其文化内涵和价值。

2. 了解中国古代农业的特点及对中国历史和社会的影响，理解其历史价值。

3. 了解中国古代水利工程的特点及对中国农业和水利的影响，理解其历史与文化价值。

关键词：

中医 / 中药 / 针灸 / 按摩 / 拔罐 / 刮痧 / 望闻问切 / 经络 / 整体观念与辨证论治 // 水稻栽培 / 养蚕 /《农政全书》 // 都江堰 / 大运河 / 漕运

讨论题举例：

1. 中国的水稻种植主要分布在什么地区？这对中国人的饮食文化有何重要影响？你们国家的主要农作物是什么？你们常以什么为主食？

2. 中国大运河的特点是什么？它在历史上发挥了什么作用？你还了解世界上其他有名的大运河吗？
3. 都江堰的特点是什么？为什么今天还有价值？它的文化意义是什么？
4. 你尝试过针灸吗？吃过中药吗？你觉得哪种中医药在防病治病方面有疗效？
5. 中医药防病和治病的主要理念是什么？与西医有什么区别？

教学活动举例：

1. 体验活动：观看视频，学做眼保健操或按摩其他穴位，体验按摩穴位缓解疲劳的功效，理解中医经脉理念。
2. 经历分享：分享自己、家人、朋友等通过尝试中医治疗而得以康复或者改善健康情况的故事，谈谈你对中医的看法。
3. 比较异同：列表比较中医和西医的治疗效果，说明各自的优势和劣势是什么。
4. 项目与演讲：

   （1）中国古代水利工程和水稻种植技术对中国历史发展的影响。

   （2）中医药在世界各国发展的现状和未来方向。
5. 课外活动：

   （1）采访中国人和自己国家的人，谈谈他们用中医药防病和治病的经历以及对中医药的态度。

   （2）参观当地中医诊所、药店等，了解中医药在当地存在和发展的特点。

第八节　中外交流

一、文化教学内容概要

（一）丝绸之路

一般有广义和狭义之分。狭义上指的是陆上"丝绸之路"，即西汉时由张骞出使西域开辟的，以长安（今西安）为起点，经甘肃、新疆，到中亚、西亚，并连接地中海各国的陆上通道。古代的"丝绸之路"大体分为南、中、北三条路线。南道过帕米尔高原、阿富汗等地到达南亚各国，中道抵达今伊朗等中亚各国，北道则绕过咸海、里海，最终抵达今伊斯坦布尔。从西汉到隋唐时期，陆上"丝绸之路"一直是东西方文明交流的最重要的通道，带动了沿线各地区各民族之间的经济联系和商品流通，葡萄、核桃、胡萝卜、胡椒、胡豆等物产陆续东来，中国的丝绸、瓷器、铁器、金器、银器、镜子等大量商品，以及造纸术、印刷术等相继西传。这不仅丰富了东西方各国的物质文化生活，还促进了古代欧亚大陆各国各民族之间的文化交流。佛教、基督教、伊斯兰教等也由"丝绸之路"传入中国，对后世中外文化沟通互鉴产生了持续而深远的影响。元代以后，陆上"丝绸之路"逐渐为海上交通所取代。近年来，中国提出的"一带一路"倡议，为这一古老的商路注入了新的生机。

（二）佛教传入

佛教起源于公元前6世纪印度，学界普遍认为其在两汉之际（公元1世纪左右）沿着"丝绸之路"传入中国。佛教的传播路线主要有两条：一条经巴基斯坦、阿富汗、中国新疆传入内地，最终到达洛阳；另一条经印度洋、太平洋，由南洋诸岛传入中国东南地区。佛教以陆路传播为主，并最终形成了汉传佛教。此外还有一条传播路线，即沿着喜马拉雅山进入青藏高原，最终形成了藏传佛教。佛教传入中国后，经历了一个漫长的传播过程。魏晋南北朝时期，随着佛经的大量翻译、佛寺的大量兴建以及佛教石窟的大量开凿，佛教在中国得到极大发展，空前盛行。在与中国文化深度交融和演变过程中，隋唐之际出现了中国自创的佛教宗派，并开始向日本和朝鲜半岛传播，其中以禅宗的影响最大。到了宋明时期，佛教最终完成了中国化的进程，形成了儒、释、道三家融合的局面。长期以来，佛教在中国社会和人们生活中发挥着重要作用，并通过文学艺术、社会礼俗、道德修养等方面广泛影响着中国人的生活，成为具有长期和广泛影响力的宗教。

(三) 遣唐使

遣唐使指7世纪到9世纪之间，日本、新罗等国向唐朝派遣的以学习中国文化为目的的外交使团。其中，日本遣唐使对中日文化交流产生的影响最大。据记载，日本先后派出19次遣唐使，每次达百人以上，有时多至五百余人，包括不少知名学问僧和留学生，如阿倍仲麻吕、吉备真备、空海等。他们学习唐朝的律令制度、文化艺术、科学技术以及风俗习惯等，并将这些知识传入日本，对日本社会发展产生了重大影响。如引进唐朝典章律令，推动日本社会制度的革新；汲取盛唐文化，借用汉字偏旁或草体创造出日本假名文字；引进唐朝书法、绘画、雕塑、建筑、音乐、舞蹈等艺术，以及围棋等技艺和相扑、马球等体育活动，经过消化改造，融为日本民族文化。此外，学问僧最澄、空海回国后，分别创立了日本天台宗和真言宗，并且仿效唐朝开创了日本佛教在山岳建寺的风气。在中日两国交往历史中，遣唐使以次数多、规模大、时间久、内容丰富成为中日文化交流史上的一次盛举，并为此后中日之间文化上的深入往来与认同奠定了基础。

(四) 鉴真东渡

鉴真是唐代赴日传法名僧，日本常称之为"过海大师""唐大和尚"。他出生于扬州江阳县（今江苏扬州），少年出家，在江淮佛教徒中享有盛名。742年，应日本僧人的邀请，鉴真东渡日本，历尽千辛万苦，先后6次东渡，期间还遭遇双目失明，最终在754年到达日本，并留居日本10年，直到去世。鉴真带去了很多佛经和医书，主持重要的佛教仪式，系统讲授佛经，成为日本佛学界一代宗师，被尊为日本律宗初祖。同时，指导日本医生鉴定药物，传播唐朝的建筑和雕塑艺术，促进了日本佛学、医学、建筑和雕塑水平的提高。其设计和主持修建的唐招提寺以唐代风格的佛殿为蓝本，保存至今。寺中供奉着鉴真圆寂后弟子为其制作的坐像，现已被定为"国宝"。鉴真东渡使佛教在日本得到更为广泛传播，对日本宗教和文化事业发展产生了积极深远的影响，是历史上中日民间友好交流的代表。

（五）马可·波罗

马可·波罗（Marco Polo，1254—1324），意大利著名的旅行家和商人。他出生在威尼斯一个富商家庭，早年随父亲和叔父沿着"丝绸之路"向东，历经4年到达元朝时期的中国，并在中国各地游历了17年。回国后，经口述写成《马可·波罗游记》（又名《马可·波罗行纪》《东方见闻录》）。该书记述了他在中国的所见所闻，赞扬了当时中国的繁荣昌盛，如发达的工商业、繁华热闹的市集、华美廉价的丝绸锦缎、宏伟壮观的都城、完善便捷的驿道交通、普遍流通的纸币等。这本书是欧洲人撰写的第一部详尽描绘中国历史、文化和艺术的游记，后来在欧洲广为流传，大大丰富了欧洲人的地理知识，激发了欧洲人此后几个世纪的东方情结，对新航路的开辟产生了巨大影响。尽管人们对马可·波罗其人的真实性存疑，但是《马可·波罗游记》的出版，有意或无意开辟了中西方直接联系和接触的新时代，大大促进了中西方交通和文化交流，具有划时代意义。

（六）海上"丝绸之路"

指历史上中国与世界其他地区交通贸易和文化交往的海上通道，也称"海上陶瓷之路"和"海上香料之路"。它形成于秦汉，兴盛于唐宋，转变于明清，是已知最为古老的海上航线。主要有两条航线，一条是东海航线，主要前往日本列岛和朝鲜半岛；另一条是南海航线，主要前往东南亚及印度洋地区，最远抵达东非和欧洲。在宋朝之前，东海航线主要由宁波进出港，南海航线则主要由广州进出港。此外，在隋唐以前，海上"丝绸之路"只是陆上"丝绸之路"的一种补充形式。隋唐以后，伴随着中国经济重心转移和造船、航海技术的发展，海上"丝绸之路"最终替代陆上"丝绸之路"，成为中国对外交往的主要通道。其中，明朝郑和下西洋标志着海上"丝绸之路"发展到了极盛时期。在长达两千年的历史中，海上"丝绸之路"推动了中国与沿海各国的共同发展和经济文化交流。近年中国倡导建立"21世纪海上丝绸之路"，一定意义上是这一海上通道在更大国际合作领域的历史延伸和有益尝试。

(七) 西学东渐

通常指近代西方学术思想向中国传播的历史过程。该过程可分为明末清初和清末民初两个阶段，具体过程和产生的影响各有特点。在明末清初阶段，欧洲耶稣会传教士利玛窦等人来到中国传播基督教，同时也传入了大量的科学技术。这一阶段以传教士和一些中国人共同翻译西方科学著作为主要特点，更新了当时中国人对于科学和世界的认识。在清末民初阶段，19世纪中叶鸦片战争使国门洞开，许多外来因素加速了西学东渐的过程。以来华西人、出洋华人、报刊书籍以及新式教育等为媒介，以中国香港、澳门和其他通商口岸以及日本等作为重要窗口，大量西方的自然科学、社会科学以及人文学科的最新知识和成果传入中国，为中国人所积极学习和尝试借鉴。这一阶段对中国学术、思想、政治、经济和社会生活均产生了重大影响，极大地推动了中国社会从传统走向近代的各项重大变革。西学东渐由此成为中外交流史上非常重要的历史现象，其影响至今不衰。

(八) 东学西传

东学西渐指中国文化向西方传播的历史过程。东学西传有一千多年的历史，对世界文化的发展产生了影响。早在宋元之际，中国的火药和造纸术、印刷术等技艺沿着"丝绸之路"陆续传播到欧洲，其后《马可·波罗游记》的问世，激发了欧洲社会对中国的憧憬。明末清初，以利玛窦为代表的耶稣会传教士大批东来，西学东渐的同时，也开启了将中国文化向西方传播的新时代。他们大量翻译出版中国古籍，如"中国的智慧"丛书，包括了《大学》《中庸》《论语》《礼记》《诗经》《易经》等儒家经典。同时，他们也撰写有关中国的报道，把亲身了解到的中国情况介绍到西方，在西方产生很大反响，一定程度上成为欧洲启蒙学者的精神力量，对近代欧洲社会变革有一定的推动作用。历史上西学东渐和东学西传是互相补充的东西方文化交流过程，二者双向互动，也表明不同文明之间平等对话和交流互鉴是人们的普遍愿望和共同追求。

（九）汉字文化圈

文化圈指的是具有相同文化特质的群体所构成的人文地理区域。汉字文化圈主要指汉字的诞生地——中国以及周边的越南、朝鲜、日本等地区。历史上，这些区域受中国及汉文化长期影响，曾以汉语文言文作为交流的媒介（日朝越称之为"汉文"），并从中国历代王朝引进国家制度、政治思想以及生活习俗等，逐渐发展出相似的文化和价值体系。汉字文化圈的主要特征包括受儒家思想影响深厚，百姓中信仰佛教者众，在历史特定时期以汉字作为传播语言和文化载体等。其中，共同使用汉字是这一文化圈的基本特征之一。汉字文化圈的形成是汉字文化发展和在中国境内外长期传播的结果，反映了历史上中国与东亚及周边地区频繁而广泛、深入而持久的文化交流状况。时至今日，其较长的相对稳定性的生命力，使这些国家和地区之间在语言文字和价值认知方面依然保持着一定程度上的沟通和交流便利。

二、文化教学参考：

中外交流（大学及成人）

教学目标：

1. 了解历史上中外交流的重要事件及历史作用。
2. 理解历史上外国文化的传入和对中国文化的影响。
3. 理解历史上中国文化的海外传播及对世界文明的贡献。

关键词：

"丝绸之路" / 佛教传入 // 遣唐使 / 鉴真东渡 // 马可·波罗 / 海上"丝绸之路" // 东学西传 / 西学东渐 // 汉字文化圈

讨论题举例：

1. 中国历史上有哪些比较著名的中外交流事件？你印象最深的是哪一次？为

什么？

2. 你们国家历史上有哪些比较著名的对外交流事件？是否有跟中国有关的对外交流事件？你觉得影响最大的是哪一次？说说理由。

3. 从古到今有哪些外国文化传入了中国？对中国有什么影响？你怎么看待这些影响？

4. 你们国家接受了哪些来自外国的文化？产生了什么社会影响？跟中国的情况相比有什么异同？

5. 历史上中国文化在哪些国家和地区传播比较广？具体影响是哪些？

教学活动举例：

1. 看图描述：描述古代"丝绸之路"途经的主要国家和地区以及"丝绸之路"上发生的中外文化交流的重要事件。

2. 故事分享：讲述中国历史上中外文化交流的故事及其现代意义。（玄奘、鉴真、马可·波罗、郑和、利玛窦等）

3. 分组辩论：保持自己国家的文化传统与吸收外来文化的关系是什么？哪些外国文化是值得借鉴的？哪些是应该排斥的？

4. **项目与演讲**：

（1）"丝绸之路"对中国和世界的意义。

（2）中外文化交流互鉴的过去和未来。

5. **课外活动**：采访当地华人华侨，了解他们接受了哪些当地文化，保留了哪些中国文化。

第六章 "当代中国"的文化教学内容与应用

第一节 地理

一、文化教学内容概要

(一) 地理位置和国家概况

中国位于亚洲东部,太平洋西岸,陆地面积约960万平方千米,是世界上第三大国家。中国的海域也十分辽阔,拥有大小岛屿7600多个,其中台湾岛是最大的岛,海南岛是第二大岛。有人形容中国的版图像一只雄鸡,因此有"一唱雄鸡天下白"的诗句形容中国。中国与俄罗斯、朝鲜等国家接壤,与日本、韩国等国家隔海相邻。中华人民共和国的首都是北京,国旗是五星红旗,国歌是《义勇军进行曲》。

(二) 地形地貌

中国地形多样,其中山地面积广大,约占全国面积的2/3。中国地势西高东低,大致呈三级阶梯状分布。地势的第一级阶梯是青藏高原,平均海拔在4000米以上;地势的第二级阶梯平均海拔在1000—2000米,位于中国的中部地区,包括高原和盆地;地势的第三级阶梯上主要分布着广阔的平原,间有丘陵和低山,海拔多在500米以下。

中国东邻大海，西北是戈壁和沙漠，西南有世界屋脊青藏高原，这些自然地理环境所形成的相对独立性和封闭性，使得古时中国人与外部世界交往较少，经济上重视自给自足，这也是中华文明能够完整而持续发展的原因之一。中国地形地貌以及自然资源的特点，也形成了中国人吃苦耐劳的性格特点。

（三）名山大川

喜马拉雅山位于中国西南部的青藏高原，是世界上最高的山脉，其中海拔8848.86米的珠穆朗玛峰，更是世界第一高峰。

长江发源于青藏高原上的唐古拉山，全长6387千米，是世界第三、亚洲第一长的河流。长江是中国主要的运输河流，沿线有很多重要的城市，如重庆、武汉、南京、上海等。沿线还有很多重要的文化遗产和历史遗迹，如重庆的大足石刻、成都都江堰、苏州古典园林、南京明孝陵等。长江流域人口密集、经济发达、文化繁荣，长江是中华文明的发源地之一，被称为中国的"母亲河"。

黄河是中国第二长河，发源于青藏高原上的巴颜喀拉山，自西向东流经青藏高原、内蒙古高原、黄土高原、华北平原。在黄土高原地区呈现汉字"几"字形，河水饱含泥沙呈黄色而得名。早在远古时代，中国的原始先民在黄河流域劳动生息，创造了灿烂的古代文化，重要的古都西安、洛阳、开封、安阳等都位于黄河流域，因此黄河也被称为中国的"母亲河"，是中华文明的摇篮。

（四）气候特点

中国幅员辽阔，受到距海远近差距、地势高低、地形地貌等因素的影响，其气候类型复杂多样，大致可以分为东部季风气候、西北部大陆性干旱气候以及青藏高原高寒气候。中国大陆性季风气候特点明显，大部分地区四季分明，但受到日照和季风的影响，冬季南北方气温差别大，夏季除青藏高原等地势高的地区外，全国普遍高温。由于中国特殊的地理位置和地形特点，每年都会出现干旱或洪涝等极端气候和自然灾害。

（五）自然资源

中国国土面积广阔，自然资源丰富。中国的植物种类繁多，分布错综复杂，兼有寒、温、热三带的植物。一些植物如水杉、银杏等在世界上其他地区已经灭绝，是残存于中国的"活化石"。中华人民共和国成立之初，中国的森林覆盖率仅有8%左右，经过几十年的植树造林、退耕还林等，现在中国的森林覆盖率达到了23%。此外，中国还有丰富的栽培植物，是水稻等很多重要农作物的原产地。中国的动物资源也丰富多样，国家一级保护动物有90多种，如大熊猫、亚洲象、梅花鹿、丹顶鹤、中华鲟等。中国地质条件多样，矿产资源丰富。截至2021年年底，全国已发现173种矿产，其中煤、铁等矿产储量居世界前列。中国耕地资源南少北多，耕地面积仅为国土面积的10%左右，人均耕地面积只有1.4亩，相当于世界人均耕地面积的1/3。

（六）珍稀动物

中国动物资源丰富，种类很多。其中珍稀动物有大熊猫、金丝猴和藏羚羊等。大熊猫主要分布在中国四川、陕西、甘肃等部分地区。大熊猫体态肥胖像熊，皮毛为黑白相间，喜欢吃竹笋和竹叶。中国曾将大熊猫当作礼物送给友好国家，成为中外友谊的使者。藏羚羊，被称为"高原精灵"，主要生活在平均海拔4000多米的青藏高原地区，擅长奔跑，有群居和迁徙的习惯。金丝猴是中国特有的珍贵动物，主要分布在四川、陕西、甘肃、湖北的高山密林中。因为毛色金黄发亮，像金色丝线一样，因而得名。金丝猴具有典型的家庭生活方式，喜欢群居，成员之间一起觅食，一起玩耍和休息。为保护这些珍稀动物，中国建立了国家级自然保护区。

（七）行政区划

中国共有34个省级行政区，包括23个省、5个自治区、4个直辖市和2个特别行政区。在历史传统上，各省级行政区都有简称，如北京市简称为"京"，江苏省简称为"苏"等。首都是北京，是中央人民政府的所在地。中国的4个直辖市分别为北京、上海、天津和重庆。自治区是少数民族聚居区民族自治的地方，包括新疆维吾尔自治区、内蒙古自治区、宁夏回族自治区、西藏自治区和广西壮族自治区。中国政府已于1997年7月1日对香港恢复行使主权，成立了香港特别行政区；于1999年12月20日对澳门恢复行使主权，成立了澳门特别行政区。

（八）北京

北京，是中华人民共和国首都，是中国的政治中心、文化中心、国际交往中心、科技创新中心，是世界著名的国际化大都市。北京也是一座拥有三千多年历史的古都，至今仍保存着大量的历史文物古迹，是全球拥有世界遗产最多的城市（7处）。北京拥有多所著名高校，如清华大学、北京大学、中国人民大学等，以及多家科技公司，如百度、字节跳动等。2008年、2022年北京分别举行了奥林匹克夏季运动会和奥林匹克冬季运动会，是世界上首个"双奥之城"。

（九）上海

上海位于华东地区，是中国的直辖市之一。上海是中国最大的港口，华东地区最大的公路、铁路、水运和航空交通枢纽。上海拥有超过200个国家和地区的贸易伙伴，截至2022年，港口集装箱吞吐量连续13年保持世界第一。上海是中国的金融中心，拥有众多的金融机构和公司，如中国人民银行上海总部、上海证券交易所、上海期货交易所、上海银行、浦发银行等。上海文化教育和科学技术基础雄厚，拥有多所高等院校和科研院所。

（十）香港

香港是一座高度繁荣的自由港和国际大都市。香港自古以来就是中国的领土，1842—1997年间曾被英国占领。1997年7月1日，中国政府对香港恢复行使主权，香港特别行政区成立。"一国两制""港人治港"、高度自治是中国政府的基本国策。香港是全球第三大金融中心，是重要的国际金融、贸易、航运中心和国际创新科技中心。香港是中西方文化交融之地，有"东方之珠""美食天堂"和"购物天堂"等美誉。

(十一) 四大经济区域和三大经济圈

中国各地在地理位置、自然资源、产业结构和发展水平等方面存在明显的差异，为科学反映中国的社会经济发展状况，中国政府将全国划分为东部、中部、西部和东北四大经济区。根据中国经济社会加速发展的新形势，中国又规划了"三大经济圈"，即长三角、珠三角和环渤海经济圈。这三大经济圈各有一定规模，定位也各不相同。这三大经济圈的发展很大程度上代表着中国经济发展的最高水平，也担负着率先实现现代化的重任。

二、文化教学参考

地理（小学）

教学目标：

1. 了解中国的地理位置和国家概况。
2. 了解中国主要名山大川的地理位置和主要特点。
3. 了解中国珍稀动物的主要特点和栖息地。

关键词：

国旗 / 国歌 / 首都 / 人口 / 民族 // 长江 / 黄河 / 喜马拉雅山 // 大熊猫 / 藏羚羊 / 金丝猴

讨论题举例：

1. 中国在哪里？离你们国家远不远？是否在一个大洲？隔着什么海洋？
2. 中国有多少个民族？你们国家是否也有不同的民族？你们国家人口最多的民族是哪个？
3. 中国最著名的山是什么山？最重要的河流有哪几条？你们国家呢？
4. 你喜欢大熊猫吗？大熊猫主要生活在中国什么地方？你们国家有大熊猫吗？

5. 你们国家最可爱的动物是什么？什么颜色？你为什么喜欢？

教学活动举例：

1. 指认和定位：在世界地图和中国地图上指认或标注主要地理标志物以及相邻的国家。

2. 看图说话：描述中国的珍稀动物大熊猫、藏羚羊、金丝猴等的特点，并在中国地图上标出它们的主要栖息地的位置。

3. 画画比赛：学生画出自己最喜欢的中国或自己国家的动物，并涂上自己喜欢的颜色。然后全班投票选出最佳图画。

4. 研究与展示：以小组为单位，以"中国的珍稀动物"为主题创作宣传画，并在全班展示和交流。

地理（中学）

教学目标：

1. 了解中国自然地理的概况和主要特点。

2. 了解中国行政区划的概况和主要特点。

3. 了解中国重要城市的概况和在中国的地位。

关键词：

地大物博 / 西高东低 / "母亲河" / 四季分明 // 省 / 自治区 / 直辖市 / 特别行政区 // 北京 / 上海 / 香港

讨论题举例：

1. 根据你的学习和了解，中国的地形地貌有什么特点？和你们国家的地形地貌有什么相同和不同的地方？

2. 中国的黄河和长江流经哪里？有什么特点？中国人为什么称黄河和长江为"母亲河"？

3. 你们国家有哪些有名的山和河流？它们有什么特别的文化意义？

4. 中国有省、自治区、直辖市和特别行政区，你知道它们的区别吗？

5. 你去过中国吗？如果选择一个中国的城市作为旅游目的地，你最想去哪里？为什么？

教学活动举例：

1. 识别与定位：请在中国地图上标注出中国著名的高山和河流的位置，如喜马拉雅山、长江、黄河，并说明它们各自有什么特点。

2. 排序与投票：你想去中国哪个城市旅游？按喜爱程度进行排列，然后全班投票选出大家最想去旅游的城市。

3. 角色扮演：请选取一个中国的或自己国家的城市，以旅行社工作人员的身份，设计一个城市一日游项目。

4. 比较异同：比较中国与你们国家在地形地貌、气候、资源等方面的异同，并说明这些自然地理的特点是如何影响国家发展的。

5. 课外活动：以"……欢迎你"为主题拍摄短视频，以城市代言人身份介绍一个中国的或者自己国家的城市。

地理（大学及成人）

教学目标：

1. 了解中国经济区域的分布和特点，理解经济发展的多样性和不平衡性。

2. 理解地理环境对中国文化和民族性格的影响。

3. 理解中国环境保护所面临的挑战和应对措施。

关键词：

四大经济区域 / 三大经济圈 / 一线、二线、三线城市 // 土地资源保护 / 大气污染与防治 / 水资源保护 // 新能源 / 碳减排 / 低碳生活

讨论题举例：

1. 中国的四大经济区域和三大经济圈分别指的是什么地方？这两个概念的区

别是什么？

2. 中国人常说自己是南方人或者北方人，你知道中国南北方是怎么划分的吗？在你们国家是否也有类似的说法？

3. 你了解中国近些年在环境治理方面有哪些举措吗？你们国家有哪些举措或有益的经验？

4. 你觉得中国的地理环境与中国人的生活方式和性格有关系吗？你如何看待你们国家的地理特征对社会、经济、生活的影响？

5. 全世界面临的气候和环境的主要挑战是什么？你认为中国和其他国家应该如何合作来共同应对？

教学活动举例：

1. 看图说话：识别和描述中国三大经济圈的位置、所包含的重要城市以及发展的多样性和不平衡性等特点。

2. 经历分享：分享你所了解或经历的事实，说明不同地区的中国人在生活习惯和性格等方面的特点，讨论这些特点与地理环境的关系。

3. 分组辩论：经济发展和环境保护是矛盾的吗？一个国家应该优先发展经济还是优先保护环境？

4. 项目与演讲：

（1）中国在环境保护方面的成就与挑战。

（2）全世界各国如何面对全球气候变化的挑战。

5. 课外活动：

（1）采访你们国家的华人华侨或中国朋友，询问他们是南方人还是北方人，了解他们对南北方人性格、生活习惯差别的看法。

（2）网上搜索你感兴趣的中国环保举措，结合你们国家的环境问题提出对应的建议。

第二节　人口与民族

一、文化教学内容概要

（一）人口概况

中国是世界上人口最多的国家之一，截至2023年4月12日，全国人口总数达14.4亿，约占全球人口总数的18%。中国人口分布不均，东部地区人口多，西部地区人口少。城镇人口多于农村人口，人口流动数量呈上升趋势。全国60岁及以上人口比例超18%，老龄化进程明显加快，中国人的人均预期寿命从1949年以前的35岁提高到2021年的78.2岁，达到世界较高水平。全国具有高中及以上文化程度的人口比例和15岁及以上人口的平均受教育年限均呈现逐年上升趋势，公民整体受教育程度不断提高。中国人口最多的省是广东省，人口最多的城市是重庆。

（二）人口流动

中国自古是农耕社会，人们有比较强烈的乡土观念，因此历史上大规模的人口流动并不多见。1949年以后，由于实行计划经济和户籍制度，人口流动的规模也比较小。但随着改革开放以来经济的快速发展，中国经历了人口迁移和流动的深刻变化，流动人口的规模和数量都在不断增加。目前，中国人口流动的主要特点包括：流动人口中男性略多于女性；人口流动的趋势主要是从农村到城市、从内地到沿海、从欠发达地区到发达地区；主要目的是求学、务工和经商。随着中国工业化和城镇化进程的加快，城市人口比例不断上升，目前中国城镇人口占比超过60%。进城务工人员或者农民工是中国现阶段人口流动的主体，也形成了中国社会一个特殊的社会群体。

（三）人口政策

中国政府根据全国人民和整个民族的当前利益和长远利益，着眼于人口发展与自然资源开发相协调、人口增长与经济社会发展相适应，兼顾人民意愿和民族风俗，制定了符合中国国情的人口政策。自20世纪80年代起，计划生育成为中国的一项基本国策。其主要内容可以概括为：提倡晚婚晚育，少生优生，一对夫妇只生育一个孩子。中国的计划生育政策在控制人口数量、提高人口素质方面做出了积极贡献，使世界人口达到70亿的日期得到推迟。

为改善中国人口结构、积极应对人口老龄化趋势，2016年中国全面实施一对夫妇可以生育两个孩子的政策；2021年进一步优化生育政策，实施一对夫妻可以生育三个子女政策及配套支持措施。中国人口政策的逐渐放宽是根据社会发展和国情变化所做出的重要调整，旨在促进人口健康发展、促进经济社会可持续发展。

（四）民族概况

中华各民族人民的祖先自古以来就在中华大地上劳动、生息、繁衍，共同为中华文明和建立统一的多民族国家做出了贡献。中国共有56个民族，其中汉族人口比重最大，约占全国人口总数的91%，其他55个民族被称为少数民族，人口大约占9%。全国55个少数民族中人口最多的是壮族，主要的少数民族还包括蒙古族、藏族、傣族、苗族、回族等。

中国各民族分布的特点是：大杂居、小聚居，相互交错居住。汉族地区有少数民族聚居，少数民族地区有汉族居住。少数民族主要分布在中国东北、西北和西南边疆地区，那里景色优美、资源丰富，但经济发展水平不如沿海地区。中国少数民族人口虽少，但分布很广。全国各省、自治区、直辖市都有少数民族居住，其中民族数量最多的是云南省，共有25个少数民族。

（五）藏族

藏族是青藏高原的原住民，主要分布在西藏、青海和四川西部及云南迪庆、甘肃甘南等地区。西藏现有360多万人，藏族约占86%。藏族拥有自己的语言和文字，并普遍信奉藏传佛教。藏族的民间节日有藏历新年、雪顿节等。

藏医学已有2000多年的历史，具有独特的医学理论和诊断治疗方法。藏传佛教寺院建筑富有民族特色，规模宏大，金碧辉煌。碉房为藏族特色的民居建筑，风格古朴粗犷。

1965年9月，西藏自治区正式成立，西藏开始实行民族区域自治制度。拉萨是西藏自治区的首府。历史上汉藏文化交流密切，唐朝的文成公主入藏与松赞干布联姻更是汉藏一家亲的佳话。

（六）维吾尔族

"维吾尔"是民族自称，含有"团结""联合""协助"之意。维吾尔族主要聚居在新疆维吾尔自治区，主要分布于天山以南地区，语言为维吾尔语。维吾尔族人大多信仰伊斯兰教，传统节日有肉孜节、古尔邦节等。维吾尔族人喜食羊牛肉，蔬菜吃得相对较少，主食最常吃的有馕、抓饭等。维吾尔族人擅长歌舞，著名的民歌有《阿拉木汗》《达坂城》等。维吾尔族舞蹈以旋转快速和多变著称，传统舞蹈有顶碗舞、大鼓舞等。

（七）苗族

苗族是一个古老的民族，现主要分布于中国西南部的云贵高原地区。由于与汉族长期交往，有一部分苗族人兼通并使用汉语。苗族信仰万物有灵，崇拜自然，祀奉祖先。苗族人能歌善舞，以芦笙舞最为普遍。苗族的刺绣、蜡染、首饰制作等工艺也享有盛名。苗族的传统节日比较多，如苗年、四月八、龙舟节、吃新节、赶秋节、捕鱼节等，以苗年最为隆重。吊脚楼是苗族的一种特色建筑。

（八）傣族

傣族是一个历史悠久的民族，有自己的民族语言和文字。傣族先民制定了傣历来安排生活与生产。傣族普遍信仰佛教，很多节日都与佛教活动有关。泼水节是傣族最盛大的节日，也是云南少数民族中影响面最大、参加人数最多的节日，有浴佛、诵经、跳孔雀舞、互相泼水等习俗。

傣医药为中国四大民族医药之一，有着较系统的医学理论和丰富的临床经验。傣族的竹楼是一种干栏式建筑，采用竹子、木材等天然材料构成，具有防火、通风、隔热等优点。傣族舞蹈种类繁多，其中孔雀舞是最受人们喜爱的舞蹈之一。

（九）中华民族

"中华"一词源于中国古代华夏族即汉族的前身，历史上曾专指汉族。如今，中华民族成为中国56个民族所组成的共同体的代称。几千年来，在中华大地上繁衍生息的各民族不断交融汇聚，特别是自秦汉形成统一的多民族国家以来，大一统的理念深入人心，各民族在分布上交错杂居、经济上相互依存、文化上兼收并蓄、情感上相互亲近，最终形成了多元一体的中华民族。平等、团结、互助、和谐的民族关系，体现了中华民族多元一体的基本格局，体现了中华民族大家庭的根本利益。

（十）民族政策

中国是统一的多民族国家，56个民族构成了中华民族大家庭。《中华人民共和国宪法》明确指出："平等团结互助和谐的社会主义民族关系已经确立，并将继续加强。"

中国的民族政策主要包括：（1）坚持民族平等和民族团结；（2）实行民族区域自治；（3）使用和发展少数民族语言文字；（4）尊重少数民族风俗习惯；（5）尊重少数民族宗教信仰自由等。中国政府还制定了许多帮助少数民族地区发展的优惠政策，例如对少数民族的人口政策比较宽松，发达省市对口支援民族地区的经济、教育事业，少数民族子女上学有优惠政策等。

二、文化教学参考

人口与民族（中学）

教学目标：

1.了解中国的人口概况和主要特点。

2. 了解中国的民族概况和少数民族分布的特点。

3. 理解中国少数民族的习俗和风情。

关键词：

人口数量／人口分布／人口素质／预期寿命∥少数民族／藏族／维吾尔族／苗族／傣族∥中华民族

讨论题举例：

1. 中国哪个城市的人口最多？中国哪个省的人口最多？哪个省的人口最少？

2. 中国的人口分布有什么特点？你们国家的人口分布的特点是什么？

3. 你对中国哪个少数民族印象深刻？有什么主要特点？你们国家也有不同的民族吗？

4. 中国少数民族的居住地有什么特点？哪个省的少数民族的数量最多？

5. 在你们国家，城市人口多还是农村人口多？农村人和城市人可以自由流动和选择居住地吗？

教学活动举例：

1. 识别与定位：在中国地图上标出少数民族自治区的位置，并说明主要有哪些民族居住。

2. 比较异同：列表比较中国和你们国家在人口数量、地区分布、城乡比例、民族构成、人口政策等方面的异同。

3. 体验活动：学唱中国少数民族的民歌，如《阿里郎》《桔梗谣》《格桑拉》等，或者学习表演一段少数民族的舞蹈，如维吾尔族的赛乃姆、傣族的孔雀舞等。

4. 项目与演讲：研究并介绍一个中国或自己国家的民族，说明其独特的民族文化。

5. 课外活动：上网搜索有关中国少数民族风情的视频，观看其中感兴趣的一个，深入了解其民族文化特色。

人口与民族（大学及成人）

教学目标：

1. 了解中国人口流动的趋势和影响因素。

2. 了解中国人口政策的变化和中国国情的关系。

3. 理解中国民族关系的特点和民族政策的落实。

关键词：

农民工 / 移民 / 海外华侨 // 独生子女 / 二孩 / 三孩 / 老龄化社会 // 民族平等 / 民族团结 / 民族区域自治 / 少数民族优惠政策

讨论题举例：

1. 中国的人口移动有什么特点？产生这些特点的主要原因是什么？

2. 你是否了解中国人口政策的变化？中国人口政策变化的特点和原因是什么？

3. 你们国家是否面临老龄化问题？政府采取的措施是什么？

4. 你认为中国的民族政策有哪些突出的特点？和你们国家的民族政策有哪些相同或不同的地方？

5. 在全球化时代，世界人口移动的特点是什么？你们国家对移民有什么样的政策？

教学活动举例：

1. 看图说话：看图识别中国主要的少数民族，并描述他们独特的文化特点。

2. 比较异同：比较中国和其他国家在人口政策方面的异同，并说明这些人口政策与国情之间的关系。

3. 分组辩论：在升学、就业等方面应该对少数民族实行优惠政策吗？为什么？

4. 项目与演讲：

（1）中国人口政策的变化及影响因素。

（2）比较中国和外国在民族关系和民族政策方面的异同。

5. 课外活动：

（1）采访你们国家的华人华侨，了解他们移民或移居海外后是如何保持与中国和中国文化的联系的。

（2）网上搜索你感兴趣的一个中国少数民族人物，了解其背后的民族故事。

第三节　政治

一、文化教学内容概要

（一）中华人民共和国成立

1949年10月1日，毛泽东主席在天安门城楼上向全世界庄严宣告："中华人民共和国中央人民政府成立了！"10月1日被确定为中国的国庆日。中华人民共和国的成立，彻底结束了旧中国半殖民地半封建社会的历史，废除了一系列不平等条约，实现了中国向人民民主制度的伟大跨越，实现了中国的高度统一和各民族的空前团结。中华人民共和国的成立也改变了世界政治格局，对世界历史进程产生了深远的影响。

（二）政治制度

中国是人民民主专政的社会主义国家。政治制度包括人民代表大会制度、中国共产党领导的多党合作和政治协商制度等。全国人民代表大会是最高国家权力机关，由近三千位人民代表组成，主要职责包括最高立法权、决定国家重大方针政策、选举国家主席和副主席等。中国的政党制度是中国共产党领导的多党合作和政治协商制度。中国共有8个民主党派，"长期共存、互相监督、肝胆相照、荣辱与共"是共产党同各民主党派合作的基本方针。政治协商制度是指在共产党领导下，各政党、各人民团体、各少数民族和社会各界的代表，以中国人民政治协商会议为组织形式，经常就国家的大政方针进行民主协商的制度。

(三) 中国共产党

中国共产党成立于1921年,在毛泽东的领导下确立了农村包围城市、武装夺取政权的新民主主义革命的道路。从1934年到1936年,中国共产党带领红军走完了二万五千里长征,转战十四个省,经历了无数的艰难险阻。长征是人类历史上的奇迹,体现了中国共产党艰苦奋斗、勇往直前的精神。中国共产党的领导是中国特色社会主义最本质的特征。中国共产党的组织原则是民主集中制,强调党员个人服从党的组织,下级组织服从上级组织,重大问题由党的委员会集体讨论作出决定。中国选择社会主义制度和坚持共产党的领导与中国历史文化传统、国情和社会发展有密切的关系。

(四) 政府结构和职能

根据《中华人民共和国宪法》,全国人民代表大会及其常务委员会行使立法权,人民法院行使审判权,人民检察院行使检察权,人民政府行使行政权。在行政系统中,国务院是最高国家权力机关的执行机关,是最高国家行政机关,主要负责制定行政法规,执行经济计划,管理科学、教育、文化、卫生等方面的工作。

(五) 主要领导人

1949年以后,中国的主要领导人包括毛泽东、邓小平、习近平等。毛泽东是中华人民共和国的缔造者。他领导中国共产党和中国人民,经历了长期艰难曲折的斗争,取得了新民主主义革命的胜利,成立了中华人民共和国。毛泽东思想是马列主义中国化第一次历史性飞跃的理论成果,是革命取得胜利的理论基础,是中国革命和建设的科学指南,也成为建设中国特色社会主义的理论基础。邓小平是中国社会主义改革开放和现代化建设的总设计师,使中国走上了繁荣富强的现代化道路。他提出社会主义初级阶段的基本路线,引入市场经济体制,提出"一国两制"构想,发展中国特色社会主义外交等。习近平引领中国走向民族复兴之路，他的新时代中国特色社会主义思想包括"中国梦"、社会主义核心价值观等。

（六）宪法和法律

《中华人民共和国宪法》是国家的根本大法，主要内容包括中华人民共和国国家的基本制度、公民基本权利和义务、国家机构组织和活动原则等。《中华人民共和国宪法》经历了五次修订，不断适应时代的新要求和新特点。除了宪法之外，中国还制定了一系列法律法规，如《中华人民共和国刑事诉讼法》《中华人民共和国民法典》《中华人民共和国环境保护法》等。其中《中华人民共和国民法典》内容十分丰富，包括了物权、合同、人格权、婚姻家庭、继承、侵权责任等内容，被称为"社会生活的百科全书"，着眼于满足人民对美好生活的需要，对公民的人身权、财产权、人格权等做出明确的规定，体现了对人民权利的充分保障。

（七）减贫脱贫

在改革开放之初，中国的贫困人口数量达到7.7亿。改革开放以来，中国政府把消除贫困作为一项国家的重要战略，采取了精准脱贫和精准减贫的政策，具体措施包括基础设施建设、教育扶贫、易地搬迁、就业培训、科技扶贫等。到2020年年底，中国全部贫困人口脱贫，实现了全面建成小康社会的目标，并提前10年实现了《联合国2030年可持续发展议程》的减贫目标，为世界的减贫事业做出了重要贡献。中国精准扶贫脱贫的举措也为许多发展中国家的减贫实践提供了"中国方案"。然而，减贫脱贫仍是一项长期而艰巨的任务，如何防止脱贫人口重新返贫将成为中国面临的新的挑战。

（八）生态文明建设

近年来，中国大力推进人与自然和谐共生的现代化建设。各省区市政府在大气、水、土壤三大领域纷纷采取了重要举措，全面推动环境保护和治理的制度化、规范化、法治化。例如，通过减煤、除尘、控车等方式治理大气污染，降低主要污染物的排放总量；加强地下水资源保护，积极建设污水处理设施，综合治理湿地生态，提高水污染企业问题整改效率；增加林草种植面积，防治土壤荒漠化及水土流失；积极推广太阳能发电等新能源和可再生能源在工业领域的应用；在日常生活中推广垃圾分类，倡导绿色低碳的生活方式。目前，中国的生态文明建设已经取得了显著成果，但是仍面临着许多环境保护方面的挑战。

（九）政治理念

中国政府在新时期提出了"中国梦"、社会主义核心价值观、共同富裕等政治理念。"中国梦"的内容是国家富强、民族振兴、人民幸福。社会主义核心价值观的内容是富强、民主、文明、和谐，自由、平等、公正、法治，爱国、敬业、诚信、友善。其中富强、民主、文明、和谐是国家层面的价值目标，自由、平等、公正、法治是社会层面的价值取向。爱国、敬业、诚信、友善是公民个人层面的价值准则。共同富裕是指全体人民通过辛勤劳动和相互帮助最终达到丰衣足食的生活水平，也就是消除两极分化和贫穷基础上的普遍富裕。共同富裕是中国特色社会主义理论的重要内容之一，也是社会主义的本质规定和奋斗目标。

二、文化教学参考

政治（中学）

教学目标：

1. 了解中国政治体制的性质和特点。
2. 了解中国政府的结构和主要职能。
3. 了解中国重要领导人的思想和政治影响。

关键词：

中国特色社会主义 / 人民代表大会制度 / 政治协商制度 // 国家主席 / 中国共

产党 / 国务院 // 毛泽东 / 邓小平 / 习近平

讨论题举例:

1. 中国的基本政治制度是什么?中国的政治结构有什么特点?与你们国家的政治结构有什么相同和不同的地方?

2. 中国国家领导人毛泽东、邓小平、习近平的主要政治思想是什么?他们在现当代中国的地位和影响是什么?

3. 中国选择社会主义制度和确立中国共产党的领导与中国历史文化传统、国情和社会发展的关系是什么?

4. 你认为政府与民众的关系是什么?作为国家的领导人和政府公务员应该具备什么样的品格、才能和人格魅力?

教学活动举例:

1. 比较异同:根据中国政治结构图,绘制你们国家的政治结构图,比较二者的异同。(立法机关、行政机关、司法机关、国家主席、总理、部长等)

2. 话语分析:学习毛泽东、邓小平、习近平的语录,讨论这些语录体现了什么样的政治理念和价值观念?("妇女能顶半边天""独立自主,自力更生""科学技术是第一生产力""发展才是硬道理""绿水青山就是金山银山")

3. 项目与演讲:介绍中国当代一位对中国产生重要影响的政治人物。(生平故事、历史背景、主要政治思想、在中国的地位和影响、你的评价等)

4. 课外活动:采访中国人:

(1)你最了解的中国国家领导人是谁?了解哪些信息?

(2)你如何对外国人描述中国政治制度的特点?

政治(大学及成人)

教学目标:

1. 了解中国司法制度的特点和对社会生活的影响。

2. 了解中国的治国方针、举措和取得的成绩。

3. 理解中国的治国理念及对国家发展和社会生活的意义。

4. 解释中国重要治国方针的内容、影响及体现的政治理念。

关键词：

宪法 / 民法典 / 公检法 / 派出所 // 改革开放 / 脱贫减贫 / 新农村建设 / 生态文明建设 / 依法治国 / 反腐倡廉 // "中国梦" / 小康社会 / 共同富裕 / 社会主义核心价值观

讨论题举例：

1. 《中华人民共和国宪法》的主要内容包括什么？你们国家最重要的法律是什么？主要内容是什么？二者在强调的内容方面有什么异同？

2. 中国哪些治国方略和发展成就给你留下了深刻印象？这些治国方略对中国社会和人民生活产生了什么影响？有哪些实际的效果？

3. 中国在减贫脱贫方面取得了哪些成果？具体的举措是什么？对其他国家的减贫事业有什么借鉴和启发意义？

4. "中国梦"是什么意思？你们国家有这样的表达吗？你们国家的梦想是什么？

5. 你目前最关心的中国国内政治议题是什么？为什么？

教学活动举例：

1. 分享故事：分享你从各种渠道所知道的关于中国治国方略和发展成就给中国社会和人民生活带来影响变化的真实故事。

2. 专题讨论：讨论中国的减贫脱贫事业的背景、举措、成果及对中国和世界的意义是什么。

3. 排序：讨论中国社会主义核心价值观的内容，哪些是你非常认同的价值观？按照重要程度进行排序，并说明你的理由。

4. 项目与演讲：

（1）中国社会制度的特点与中国国情的关系。

（2）中国生态文明建设的内容、意义和挑战。

5. 课外活动：采访中国人：

（1）中国的改革开放、减贫脱贫、新农村建设、生态文明建设、反腐倡廉等重大治国方略对你和周围的人产生了什么影响？请举例说明。

（2）你目前最关心的中国政治议题和政策是什么？为什么？

第四节 经济

一、教学内容概要

（一）经济体制

依据《中华人民共和国宪法》，中国的经济制度是"在社会主义初级阶段，坚持公有制为主体、多种所有制经济共同发展的基本经济制度"，并且"坚持按劳分配为主体、多种分配方式并存的分配制度"。公有制经济不仅包括国有经济和集体经济，还包括混合所有制经济中的国有成分和集体成分。公有制的主体地位主要表现在：公有资产在社会总资产中占优势；国有经济控制国民经济命脉，对经济发展起主导作用。

（二）产业结构与企业类型

第一产业指的是农业，第二产业是工业和制造业，第三产业是服务业。在中国的产业结构中，第三产业所占比重最大，已经超过了50%，对经济的主导作用逐渐增强。中国有不同类型的企业，如国有企业、民营企业、外资企业等，其中国有企业占比超过50%。根据所有权的不同，国有企业又分为中央企业和地方国有企业，著名的央企包括中国石油、中国电力、中国建筑、四大国有银行（中国工商银行、中国银行、中国建设银行、中国农业银行）等。截至2022年，世界500强企业中有145家中国企业，其中国家电网有限公司、中国石油天然气集团有限公司、中国石油化工集团有限公司、中国建筑集团有限公司进入了前十。

（三）经济发展成就

从1949年中华人民共和国成立到1978年改革开放前，中国是一个以农业为主导产业的发展中国家，第一产业在国内生产总值（GDP）中占据绝大部分的比例。自1978年实行改革开放以来的短短40多年，中国经济持续高速增长，占世界GDP的比例从4.9%上升到2022年的18%左右，中国经济总量名列世界第二，人均GDP超过1万美元。中国经济的迅速发展不仅改变了中国社会和普通人的生活，而且对世界经济的稳定和发展产生了重要的影响。

（四）改革开放

改革开放是1978年12月中国开始实行的对内改革、对外开放的政策。中国的对内改革先从农村开始，其中主要标志之一是实行家庭联产承包责任制。城市改革主要是针对国有企业经营自主权方面的改革。经济开放的内容包括建立经济特区、引进外资、外向型经济活动采用灵活优惠政策等。改革开放是中国经济发展的历史性转折点，从此建立了社会主义市场经济体制，取得了举世瞩目的成就。中国经济从此走上高速发展的轨道，对外开放也成为中国的基本国策之一。邓小平是中国改革开放政策的总设计师。

（五）人民经济生活

随着中国经济的迅速发展，中国人的生活有了巨大的改善。老百姓的收入水平、衣食住行、休闲消费等方面与改革开放以前相比有了翻天覆地的变化。例如，中国人主要代步工具从自行车变成了私家车，"结婚三大件"由"自行车、手表、缝纫机"变成了"商品房、轿车、境外旅游"，这些变化都反映了中国人经济能力和生活水平的提高。到2020年，中国实现了全面建成小康社会的目标。但是，中国人的生活水平在城乡之间和不同地区之间仍然存在差距。总体上来说，城市居民的生活水平高于农村人口，东南沿海地区高于西北内陆地区。

（六）经济特区和自由贸易区

建立经济特区、保税区、自由贸易区是中国引进外资的重要标志，在中国改革开放中发挥着重要的试验和示范作用。20世纪80年代以来，中国共建立了7个经济特区：广东省的深圳经济特区、珠海经济特区、汕头经济特区，福建的厦门经济特区，海南经济特区，新疆喀什经济特区、霍尔果斯经济特区。从2013年开始，中国建立了21个自由贸易区，包括上海、广东、天津等，自由贸易区的建立是改革开放的深化，促进了中国进出口贸易的发展和中国城市与世界的融合。经过几十年的建设，经济特区之一的深圳已经发展成为中国一线城市。

（七）深圳模式

经过40多年的发展，深圳从一个小渔村变成了拥有两千万人口、人均GDP最高的城市之一，2021年GDP突破3万亿元。这片昔日中国改革开放的试验田，早已崛起成为中国的移民之城、创新之城、科技之都、开放高地。深圳是华为、腾讯等大型科技公司的所在地。"深圳模式"是中国改革开放的成功案例，也是中国经济发展的一个缩影。

（八）中国经济与全球化

中国于2001年加入世界贸易组织以后，加快了融入世界经济体系的进程，现在中国经济已经成为经济全球化的重要组成部分，构成全球产业供应链不可或缺的一环。中国与很多国家签订了双边或多边经贸合作协议。目前，中国在引进外资投资、进出口贸易量等方面排名世界前列，"中国制造"的产品遍及全世界。中国是经济全球化的受益者、贡献者和推动者。

（九）"一带一路"倡议

2013年，中国政府提出了"一带一路"倡议，肩负着探寻经济增长之道、实现全球化再平衡、开创地区新型合作的三大使命。"一带一路"倡议的目标是要建立一个政治互信、经济融合、文化包容的利益共同体、命运共同体和责任共同体。"一带一路"倡议在2016年年底首次被写入联合国大会决议。随后，在2017

年9月11日,第71届联合国大会又通过决议,将"一带一路"倡议中的"共商、共建、共享"原则纳入全球经济治理理念。

(十)经济发展新阶段

2015年,中国提出了从"中国制造"向"中国智造"转变。"中国智造"是中国加快推进产业结构调整、加快发展战略性新兴产业,全面提升产业技术水平和国际竞争力的一项重要发展战略。"中国智造"强调自主创新能力、建设以数据为核心的新型产业模式等。

二、文化教学参考

经济(中学)

教学目标:

1. 了解中国经济的主要特点和取得的主要成就。

2. 了解中国经济发展对中国社会和人民生活的影响。

3. 了解中国经济开放政策的历史背景、内容和意义。

4. 理解中国经济与世界经济的关系。

关键词:

世界第二经济大国 / GDP / 人均GDP // 生活水平 / 小康社会 / 改革开放 / 经济特区 / 自贸区 / 深圳模式 // 中国制造 / 全球化

讨论题举例:

1. 现在中国经济在世界经济中的地位怎样?请举例说明。

2. 你听说过中国的改革开放吗?是从什么时候开始的?谁是中国改革开放的总设计师?

3. 改革开放以来,中国老百姓的生活水平发生了什么变化?请举例说明。

4. 你听说过深圳吗?在哪里?有什么特点?深圳在中国城市中有什么特别的

地方？

5. 中国的经济与你们国家的经济和世界经济有什么关系？请举例说明。

教学活动举例：

1. 看图说话：分享你经常使用或喜欢的"中国制造"的日用品，如手机、电脑、衣服、鞋、家居用品等，描述这些日用品有什么特点。（名称、用途、价格、质量、制造商、与其他国家产品的比较等）

2. 故事分享：分享和交流中国经济发展对中国百姓生活产生影响的故事和实例。（衣食住行、旅游休闲、购物、教育等）

3. 比较异同：比较中国的深圳与你们国家一个经济发达城市的异同。（经济指标、经济模式、经济活动、居民生活水平等）

4. 项目与演讲：

（1）改革开放对中国社会和百姓生活的影响和意义。

（2）改革开放与世界的关系是什么。

5. 课外活动：

（1）采访中国人：中国改革开放以来的经济发展对你们家庭有什么影响？

（2）采访你们国家的人：你经常使用或喜欢的"中国制造"的商品是什么？喜欢的理由是什么？

经济（大学及成人）

教学目标：

1. 了解中国经济体制的性质和产业结构的特点。

2. 了解中国对外经济合作交流的重要事件及意义。

3. 理解中国经济的新特点和新政策。

4. 理解中国经济与世界经济的关系和相互影响。

关键词：

经济体制 / 社会主义市场经济 / 公有制经济 // 第一、二、三产业 / 国企 / 私企 / 外企 // "中国智造" / "一带一路"倡议

讨论题举例：

1. 中国经济制度的性质是什么？中国三大产业的特点和分布情况如何？

2. 中国特色社会主义的经济模式与其他国家的经济模式有什么异同？你们国家的经济模式有什么主要的特点？

3. 从"中国制造"到"中国智造"转变的意义是什么？中国经济方面的创新性体现在什么地方？取得了哪些成就？

4. 中国提出"一带一路"倡议的内容和目标是什么？中国与你们国家的经贸关系有什么特点？

5. 中国经济发展的新阶段有什么特点？新的经济发展理念是什么？这种发展理念与当前中国和国际的经济环境有什么关系？你的看法是什么？

教学活动举例：

1. 比较异同：比较中国与你们国家的经济模式的异同。（三大产业结构、公有制与私有制企业的比例、市场调节的程度、政府规划和监管特点等）

2. 故事分享：分享和交流你们国家与中国经贸往来或合作的故事，这种交往对你学习中文和未来职业选择有什么影响？

3. 分组辩论：经济全球化对各国经济利大于弊还是弊大于利？今后何去何从？

4. 项目与演讲：

    （1）中国的经济模式、经济政策的特点及取得的成就。

    （2）中国改革开放对中国人生活水平和行为观念的影响。

    （3）中国经济与世界经济的关系。

5. 课外活动：采访中国人：

    （1）中国经济发展的哪些方面给你留下深刻印象？给你们国家带来了什么

影响?请举例说明。

(2)你觉得经济全球化和自由贸易对你们的国家和百姓生活带来的影响是什么?你希望全球化如何发展?

第五节 社会保障

一、文化教学内容概要

(一)中国社会保障制度

中国社会保障制度包括医疗保险制度、退休养老制度、社会救助制度等。中国政府十分重视民生和社会保障工作,建立了具有中国特色、世界上规模最大、功能完备的社会保障体系,以保障人们在年老、失业、患病、工伤、生育时的基本收入和基本医疗不受影响。2016年,在国际社会保障协会第32届全球大会上,中国政府被授予"社会保障杰出成就奖"。近些年来,中国稳步提高各项社会保障待遇,但是由于中国特殊的国情,中国的社会保障制度仍面临着很多困难和挑战。

(二)医疗保险制度

中国已建立了全国统一的城乡居民基本医疗保险制度。截至2021年年底,全国基本医疗保险覆盖了13.6亿人,参保率稳定在95%以上,全民医保基本实现。中国的医疗保险主要分为两种:城镇职工基本医疗保险和城乡居民基本医疗保险,其中新型农村合作医疗并入城乡居民基本医疗保险,实行个人缴费、社会统筹、政府补贴相结合的方式。农村合作医疗基金为集体出资和个人集资或集体投资和个人集资相结合的形式。中国的医疗保险制度与中国的国情和经济发展水平相适应,但还存在着医疗资源总量不足、城乡医疗保险制度存在差别等方面的挑战。

(三) 退休养老制度

目前中国的退休年龄是：男性年满60周岁，女性干部年满55周岁，女性职工年满50周岁。随着中国社会老龄化趋势的加快，中国的退休养老制度也在进行改革。改革的内容包括：逐步提高法定退休年龄，发展第三支柱个人养老保险，分阶段实行弹性退休政策，缩小企业与机关单位退休职工养老金的差距等。由于退休养老制度是中国民生的大事，牵涉每个家庭的利益和福祉，因此受到中国政府和老百姓的广泛关注和重视。然而，由于历史遗留问题、老龄化社会的挑战以及经济发展水平的制约，中国养老制度的改革面临着很多复杂的问题和压力。

(四) 社会救助制度和最低生活保障

中国社会救助制度根本目的是扶弱济贫，保障困难群体的最低生活需求。主要包括八项内容：最低生活保障、特困人员供养、受灾人员救助、医疗救助、教育救助、住房救助、就业救助、临时救助。其中，最低生活保障是对家庭人均收入低于当地政府公告的最低生活标准的人口给予一定现金资助，是保证基本生活的生活费用补贴，是为贫困人口提供的一种救济。由于经济发展水平、物价水平等因素的影响，各地区以及城乡之间的最低生活保障标准存在较大差距。例如，2022年河南城乡最低生活保障标准分别达到月人均不低于630元、420元。各地最低生活标准逐年调整并不断增加。中国社会救助制度的特点是以政府为主导，社会力量参与为补充。目前，中国整体的社会福利水平并不高，但是中国政府采取各种举措重点帮扶困难群体，也鼓励企业、组织和个人参与公益慈善事业，回馈社会，实现共同富裕和扶弱济贫的社会理想。

(五) 教育救助制度

根据不同教育阶段的需求，中国政府采取多种方式保障教育救助对象基本学习、生活需求。对义务教育阶段的中小学生减免学杂费；对普通高中学校的学生提供生活补助；对普通本科高校、高等职业学校和中等职业学校的学生，助学方式更加多样，包括国家奖学金、国家助学金、国家助学贷款、勤工助学、学费减免、补偿代偿等形式。中国教育救助制度帮助很多农村贫困地区的学生实现了受教育和上大学的愿望,体现了教育公平的理念。

二、文化教学参考

社会保障(大学及成人)

教学目标:

1. 了解和理解中国医疗保险制度的特点和对人民生活的影响。

2. 了解和理解中国退休养老制度的特点和对人民生活的影响。

3. 了解和理解中国社会救助制度的特点和对人民生活的影响。

关键词:

城乡居民基本医疗保险 // 退休养老金 / 退休年龄 // 贫困线 / 最低生活保障 / 助学金 / 助学贷款

讨论题举例:

1. 中国医疗保险制度的内容和特点是什么?你们国家的医疗保险制度与中国有什么异同?请举例说明一下。

2. 中国退休养老制度的内容和特点是什么?与你们国家和世界其他国家有什么不同的地方?请举例说明一下。

3. 中国有哪些社会救助制度?政府采用了什么举措帮助社会弱势群体?如贫困人群、残疾人、孤寡老人、儿童、失业者等。请举例说明一下。

4. 中国政府对家庭生活困难的大学生有什么助学举措?在你们国家,贫困大学生上学会得到什么样的经济帮助?

5. 你觉得在社会保障制度方面,中国与你们国家最大的不同是什么?这些不同与国情有什么关系?

教学活动举例：

1. 比较异同：中国社会保障制度的内容和特点是什么？列表比较与你们国家的异同。

2. 经历分享：以你们家庭为例，说明你们国家在医疗保险和退休养老方面的特点，并解释形成这种特点的原因是什么。

3. 案例分析：你对中国退休养老制度有什么建议？

    养老是关乎民生的大事，也是全世界各国政府共同面对的难题之一。目前世界上主要有四种类型的退休养老制度：传统型，以美国为代表；福利型，以北欧为代表；国家型，以俄罗斯为代表；储蓄型，以新加坡为代表。根据中国的国情，你觉得以上退休养老制度的哪些方面值得中国借鉴？你对中国的退休养老政策有什么建议？

4. 课外活动：采访中国人：

    （1）在社会保障制度方面，你最关心的问题是什么？理由是什么？（养老、医疗、失业、教育救助等）

    （2）你觉得中国政府在社会保障和民生方面做了哪些有成效的工作？希望在哪些方面得到改进和完善？

第六节 教育

一、文化教学内容概要

（一）基础教育

中国的基础教育主要采用公立学校为主的办学机制，包括小学和中学。儿童在6—7岁开始上学，接受6年的小学教育和5—6年的中等教育。中等学校包括初中和高中，高中又分为普通高中、职业高中和中专（中等专业学校）。初中毕后，学生可以选择升入普通高中，或升入职业高中或中专。初中和高中的课程包括语文、数学、英语、政治、历史、地理、物理、化学、生物、体育、音乐和美术等。职业高中和中专有医学、汽车、计算机、旅游、幼师、财经等专业。

（二）中小学的校园生活

中国教育部规定，小学生每天睡眠时间应达到10小时，初中生应达到9小时，高中生应达到8小时。中小学生通常早上8：00上课，每节课40分钟左右，每天有6—7节课，主课是语文、数学和英语，还有其他课程如科学、体育、信息技术、道德与法治、音乐、美术、劳技等。学生的校园活动包括课间体育活动、升旗仪式、广播体操和眼保健操等，课外活动包括参观博物馆，参加各种公益劳动、兴趣小组、文体活动、科技创新竞赛等。每个学校都制定了学生守则。中国中小学每年都评选"三好学生"，"三好"指的是品德好、学习好、身体好。因此，"三好学生"也成为"好孩子、好学生"的同义词。

（三）义务教育制度

中国实施九年义务教育制度，有三个主要特点：（1）公益性，又叫免费性，即学生上学不收学杂费；（2）统一性，全国制定统一的义务教育阶段教科书设置标准、教学标准、经费标准、建设标准以及学生公用经费的标准等；（3）强制性，又叫义务性，让适龄儿童、少年接受义务教育是学校、家长和社会的责任。中国义务教育制度面临的最大挑战是农村留守儿童的失学问题和进城务工人员子女的就学问题。

（四）高等教育

中国高等教育分为专科教育、本科教育、研究生教育3个层次。普通高中学生毕业后参加高考，达到相应要求后才能进入大学专科或本科相关院系学习。大专一般为2—3年，本科一般为4年，个别专业要求5—6年。大学学费一般为每学年5000—10000元。本科毕业后一部分学生继续攻读2—3年硕士学位、3—4年博士学位。截止到2022年，中国各类大学在校学生人数超过4000万，应届毕业生超过

1000万。中国的大学门类齐全，专业设置广泛，目前有700多个本科专业。著名的大学有北京大学、清华大学、复旦大学等。

（五）高考制度

"高考"是"普通高等学校招生全国统一考试"的简称。每年的考试时间是6月7日—8日，个别省份安排在6月7日—10日。高考有两种类型：全国统一命题的考试和各个省市自主命题的考试。必考科目为语文、数学、外语3科，选考科目为政治、历史、地理、物理、化学、生物6科。由于中国历来重视知识和教育，很多家长和学生把高考看作是改变个人和家庭命运、实现社会阶层上升的重要途径，因此整个社会都重视高考。中国目前也在不断进行高考的改革，力求实现教育的公平公正，改变一考定终身和应试教育的局限。

（六）现代教育理念

"德智体美劳"是指德育、智育、体育、美育、劳育，是中国教育对人的素质定位的基本准则，也是中国教育和人才培养的目标。德育是培养学生正确的人生观、价值观，形成良好的道德品质和正确的思想方法的教育。智育是授予学生系统的科学文化知识、技能，发展他们的智力和与学习有关的非智力因素的教育。体育是授予学生健康的知识、技能，发展他们的体力，增强他们的体质，培养他们的意志力的教育。美育是培养学生的审美观，发展他们鉴赏美、创造美的能力，培养他们的高尚情操和文明素质的教育。劳育是培养学生进行劳动观念和劳动技能的教育。中国教育的总目标是培养德智体美劳全面发展的人。

（七）传统教育思想

中国历来有重视教育的文化传统，孔子是中国古代最重要的教育家。中国传统的教育思想，如"有教无类""因材施教""德才兼备""教学相长""尊师重道""知行合一"等，深刻影响了中国的现代教育理念和模式。另外，中国古代的科举制度，也对中国古代和现代的教育产生影响。科举选拔制度能够使贫苦家庭的子弟通过读书进入仕途，国家选拔人才的方式也体现了公平。科举制度也对中国人重视教育、勤奋读书的传统有积极的影响，但是后期的科举制度也存在一些弊端，如强化了一些人"万般皆下品，唯有读书高"的观念，"八股文"的考试形式也束缚了学生的头脑，禁锢了思想。

（八）教育改革和创新

中国当代教育强调以人为本、立德树人，培养具有爱国意识和社会责任感、德智体美劳全面发展的社会主义建设人才和接班人。中国的教育重视改革和创新，教育改革包括办学方针、办学结构层次、高考招生制度、专业设置、课程改革等方面，教育创新包括大力开发优质数字教育资源，促进新技术与教育教学深入融合，如建设网上教育平台、建设精品网络课程、推动混合教育模式等。

（九）留学

出国留学和来华留学是中外教育交流的一部分，也是中国对外开放的标志之一。自改革开放以来，来华留学生人数稳步增长。中国政府为来华留学生设立了一系列奖学金，如政府奖学金、优秀生奖学金等。近年来，"一带一路"沿线国家成为来华留学的新增长点。中国出国留学的人数也不断增加，留学目的地呈多元化趋势，不再局限于欧美国家和地区。从2012年以来，学成回国的中国留学生占了80%以上。

二、文化教学参考

教育（小学）

教学目标：

1. 了解中国中小学的学校作息时间和主要校园活动。
2. 了解中国中小学生课堂学习和课外活动的内容和特点。
3. 理解中国中小学的学生守则和好学生的标准。

关键词：

作息时间 // 升国旗 / 课间操 // 作业 / 兴趣小组 // 学生守则 / 三好学生

讨论题举例：

1. 你每天几点上学，几点放学？一天上几节课？你们学校的作息时间跟中国的学校有什么不同？
2. 你每天上什么课？你最喜欢的课是什么？为什么？每天的作业多吗？回家要做多长时间的作业？
3. 你们学校的校园活动跟中国的有什么异同？你最喜欢的校园活动是什么？为什么？
4. 除了学校的学习，你有什么课外活动？最喜欢的课外活动是什么？
5. 你的学校有什么学生守则或行为规范？跟中国学生的行为规范一样吗？
6. 如果学生违反了学生守则，会怎么样？

教学活动举例：

1. 看图说话：用图片展示中国校园活动，按照时间顺序进行排列并描述。（升国旗、课间操、打扫卫生、体育活动、兴趣小组活动、班会等）
2. 角色扮演：模拟和表演中国课堂的情景，并比较与其他国家的课堂情景的异同。（老师进教室、师生眼神交流、上课举手发言、坐姿、迟到等）
3. 比较异同：比较中国的中小学生守则和你们学校的学生守则的异同，比较中国好学生的标准和你们学校好学生的标准的异同。
4. 竞选班长：每个学生说一段自己想为班级做什么的发言，分享交流后大家选出说得最好的学生做班长或者课代表。
5. 画画比赛：画一张你理想中的教室，描绘在教室中师生活动的情景。

教育（中学）

教学目标：

1. 了解中国基础教育在学制、课程内容、考试、升学等方面的特点。
2. 了解中国义务教育的概况、主要特点和面临的挑战。

3. 理解中国基础教育阶段学生的培养目标。

4. 理解中外基础教育阶段在教学理念、内容、方式等方面的异同。

关键词：

中小学学制 / 九年义务教育 // 必修课 / 选修课 / 中考 // 校园生活 / 学生社团 // 素质教育 / 德智体美劳

讨论题举例：

1. 中国基础教育的学制和特点是什么？和你们国家的学制和特点有何异同？

2. 中国义务教育的内容和特点是什么？你们国家有义务教育的概念吗？义务教育的内容和特点与中国的义务教育有什么异同？

3. 中国中小学在课程设置、教学目标、教学内容、教学方式、升学考试等方面有什么特点？和你们国家中小学的主要区别是什么？请举例说明一下。

4. 中国进入高中和大学要参加中考和高考，在你们国家上高中和大学要参加考试吗？有什么录取标准？

5. 你们国家对中小学生进行德育教育的主要内容是什么？与中国的德育教育相比，在内容和目标方面有什么异同？

教学活动举例：

1. 比较异同：比较中国的中学课表和你们国家的中学课表的异同。（教学目标、内容、方法、成绩评估、课外作业等）

2. 专题讨论：中国义务教育的主要挑战是农村留守儿童和城市流动儿童的就学问题。你们国家中小学教育的主要问题是什么？你对政府、学校、家长、学生有什么建议？

3. 角色扮演：学生竞选学生会主席，发表你的竞选演讲，然后大家投票推选出最佳人选。（个人能力和素质、组织学生活动、协助教学和管理等）

4. 分组辩论：

（1）很多人认为中国的基础教育比西方的基础教育的质量更高，你的看法是什么？

(2) 什么样的老师是好老师？什么样的学生是好学生？

5. 课外活动：采访中国中学生：

(1) 你喜欢的科目和校园活动是什么？

(2) 你认为什么样的老师是好老师，什么样的学生是好学生？

教育（大学及成人）

教学目标：

1. 了解中国高等教育的基本情况和特点。

2. 理解中国高等教育的教育理念和人才培养目标。

3. 了解高考的特点和内容，理解高考对中国社会和个人的意义。

4. 理解中国教育改革和创新的特点和未来方向。

关键词：

本科生／研究生 ∥ 高考／招生录取 ∥ 著名高校 ∥ 专业与课程 ∥ 传统教育思想／人才培养目标 ∥ 教育改革 ∥ 远程教育／网络课程

讨论题举例：

1. 中国高等教育的学制和结构有什么特点？和你们国家的高等教育有何异同？

2. 中国的高考是什么？有什么特点？高考改革的主要内容和意义是什么？中国人为什么非常重视高考？

3. 在你们国家大学最热门的专业有哪些？学生为什么选择这些专业？

4. 中国历来重视教育，有哪些传统教育思想对现代教育仍然具有启发意义？和你们国家所强调的教育思想有哪些异同？

5. 现代教育的新趋势是线上和线下教学相结合，你认为这种教学模式的优点和缺点是什么？你认为哪些数字信息技术对教育有特别的意义和教学效果？

教学活动举例：

1. 语言学习：学习中国古代关于教育的名言，分析这些传统教育思想对中国现代教育的影响和意义。（"学而不思则罔，思而不学则殆""因材施教""有教无类""师者，所以传道受业解惑也"等）

2. 比较异同：比较中国和你们国家在大学录取方面的异同。（统考、平时成绩、教师推荐信、申请文书、才艺、社会活动、面试等）

3. 观点交换：你同意以下的观点吗？为什么？

    （1）上大学的主要目标是为了找到好工作。

    （2）大学课程应该重视专业课学习，通识教育不太重要。

    （3）网上教学是未来教育新趋势，应该代替传统的课堂教学。

    （4）中国高考是合理的大学录取制度，体现了教育公平。

    （5）上大学可以改变人的命运，并实现社会阶层的上升。

4. 分组辩论：线上和线下教学的利弊是什么？将来线上教学会代替线下教学吗？

5. 课外活动：

    （1）采访中国大学生：你觉得高考对你的影响是什么？高考的利弊是什么？应该如何改革？

    （2）采访本国大学生：你觉得上大学可以改变人的命运吗？理由是什么？

第七节 语言文字

一、文化教学内容概要

（一）汉语及其特点

语音方面，汉语的音节一般可划分出声母、韵母和声调三个部分。韵母至少包含一个元音，没有复辅音。古代汉语和近代汉语有入声，虽然一些方言中现在还保留着入声调，但现代汉语普通话中已经没有入声了。声调是外国学习者学习汉语的一个难点。词汇方面，汉语中音节与语素多一一对应，双音节词占优势。汉语的词汇以复合词为主，具有较强的能产性。语法方面，汉语有独特的量词系统，并且量词数量丰富。除了名量词，汉语中还有很多动量词，如"踢了他一下""打了他一顿"。除了固定的量词之外，还使用大量的临时借用量词，如"一口饭""砍一刀"等。汉语与印欧语系不同，没有形态变化，很多语法意义都是通过语序和虚词表达的。如"我要学"和"要我学"，"说不好""不好说"和"不说好"等，由相同的词组成的短语或句子因语序不同表达的意思也不同。使用不同的介词也能表达完全不同的意思，如"把他打了"和"被他打了"，介词分别使用"把"和"被"，仅一字之差，表达的意义就完全不一样了。

（二）古代汉语与现代汉语

汉语的发展大致可分为古代汉语和现代汉语两个阶段。古代汉语是汉族的古代语言，是与现代汉语相对而言的。从广义上说，凡1919年新文化运动前汉族人民使用的语言都可以看成是古代汉语。古代汉语分为书面语和口语两种形式。现代汉语在语音、词汇和语法方面的许多特点，大都可以在古汉语中找到它发展形成的源头。广义的"现代汉语"指五四运动后汉民族所使用的语言，它不仅包括现代汉民族共同语（普通话），而且包括汉语各方言。新文化运动后，中国掀起了"我手写我口"的白话文运动，白话文逐渐在全社会普及应用，现代汉语慢慢发展成熟。与古代汉语相比，现代汉语吸收了很多西方语法，也增加了很多双音节词。狭义的"现代汉语"只指普通话。

（三）普通话

普通话以北京语音为标准音，以北方话为基础方言，以典范的现代白话文著作为语法规范。经过这样规范的现代汉民族共同语，就是汉语的通用语——普通话。普通话于1955年向全国推广,2000年颁布的《中华人民共和国国家通用语言文字法》从法律上确立了普通话和规范汉字作为国家通用语言文字的地位。

由于中国不同方言之间的差别很大,如果各地的人都用自己的方言进行交流,那么很可能互相都听不懂,所以需要用一种通用的语言来交流。这种通用语就是普通话。据统计,2020年全国范围内普通话普及率达到了80.72%。推广普通话并不是一个短时间就能实现的事情,而且在推广普通话的同时也会带来一些问题,各地方言、少数民族语言逐渐式微,甚至加速了部分民族语言的消亡。因此,中国在推广普通话的同时,也特别注意保护方言和少数民族语言。如何平衡推广普通话与保护地方方言、民族语言之间的关系值得进一步思考。

(四) 七大方言区

中国方言比较复杂,根据其主要特征,可以概括地将汉语方言分为七大方言,包括北方方言、吴方言、湘方言、赣方言、客家方言、粤方言和闽方言。北方方言主要分布在长江以北,占七区总人口的71.4%,大多比较接近普通话,容易听懂。吴方言主要分布在江苏、浙江、上海等地,以苏州话和上海话为代表,约占七区总人口的6.4%。粤方言分布在广东、广西、香港、澳门等地,以广州话为代表,占七区总人口的5.5%。闽方言主要分布在福建、海南、台湾、广东潮汕、浙江温州等地,以厦门话和福州话为代表,占七区总人口的6.2%。客家方言分布在广东、福建、台湾、江西、广西、湖南、四川等地,其中以广东东部和北部、福建西部、江西南部和广西东南部为主,以梅县话为代表,占七区总人口的3.5%。赣方言分布在江西大部分地区,以南昌话为代表,占七区总人口的4%。

(五) 少数民族语言

中国是一个多民族、多语言、多文字的国家,56个民族共有上百种语言,汉语只是其中之一。根据国务院2009年发表的《中国的民族政策与各民族共同繁荣发展》,中国55个少数民族中,除回族和满族通用汉语外,其他53个民族都有自己的语言,有的还兼通汉语。实际上,汉语已经成为中华民族共同使用的一种交际工具。

随着现代化进程的加快,一些少数民族语言正在消亡。据统计,我国有129种少数民族语言,其中117种已经濒危或正在走向濒危(如贵州木佬语),有的已经消亡(如台湾的巴则海语)。当前中国在少数民族语言文字保护方面做了很多工作,比如编纂民族语言词典、建立少数民族历史文化资源库等,而且已经取得了一定成绩。尽管如此,少数民族语言保护形势依然严峻,需要采取更多的措施来加强保护。

(六)中文在海外

汉语历史悠久,使用人数最多,世界上使用汉语的人数至少15亿,超过世界总人口的20%。在海外,世界各地的广大华人华侨使用的汉语也称华语、国语、华文、国文等,这些都是指代汉语和汉字的称法。现代汉语也是世界公认的国际通用语言之一。七大方言中,粤方言、闽方言、北方方言和客家方言都在海外得到了广泛传播,其中使用人口最多的是粤方言和闽方言。汉语是新加坡的四种官方语言之一,也是联合国六种工作语言之一。汉语和汉字对亚洲其他一些语言也有很大的影响,如日语、朝鲜语、越南语等都曾经使用过汉字,有的至今仍然在自己的文字系统中保留着一部分汉字,在它们的词汇中还都保存着大量汉语借词。汉字文化圈的形成,对东亚、东南亚国家的文化形成产生了深远的影响。

(七)汉字

汉字至今已有三千多年的历史,现已发现的最早的古文字是甲骨文,这种文字刻在龟甲和动物骨头上,主要作为帝王占卜的工具。中国历史上记录文字的载体也在不断变化发展:甲骨(商朝)→青铜器(商朝后期到周朝后期)→竹简(东周到魏晋)→纸张(东汉)。汉字形体也经历了很多变化:甲骨文到金文,到大篆、小篆,到隶书,进而发展出楷书、草书、行书等。随着汉字形体的不断丰富,还发展出了汉字书法和篆刻艺术。

汉字是一种以方块结构为主体,表示汉语中最小的音义结合体的语素文字。

汉字是表意文字，大多数汉字都是有意义的。目前，现代通用规范汉语共8105个。汉字的结构较为复杂，它由笔画组成部件，再由部件组成整字。汉字缺少一个完备的表音系统，单看一个汉字，如果没有学习过它的读音，是无法读出来的。所以汉字是外国学习者学习汉语的一大难点。

（八）汉字的笔画、笔形、偏旁、部首与笔顺

笔画是汉字构形的最小单位。每个汉字有一定数目的笔画，如"小"有3画，"骨"有9画等。笔形指笔画的形状，现代汉字的基本笔形有五种：横（一）、竖（丨）、撇（丿）、点（丶）、折（乙）。在五种基本笔形里，横和竖出现的次数最多。偏旁是从汉字构形的角度对合体字进行分析所得到的结构单位，如"三点水（氵）""单人旁（亻）""草字头（艹）"等。部首是字典词典按汉字结构和意义进行分类，方便人们检索汉字的符号目录。部首根据使用的不同被划分为识字部首和检字部首。识字部首通常是指合体字的表义偏旁，如"三点水（氵）""提手旁（扌）"等，这类部首能够帮助学生了解字义。检字部首主要用来查字典，《新华字典》和《现代汉语词典》都有"部首检字表"。笔顺指书写汉字时笔画的先后顺序。汉字书写的基本笔顺规则包括先横后竖、先撇后捺、先上后下等。

（九）汉字的结构

汉字整字由部件组成，部件是由笔画组成的具有组配汉字功能的构字单位，一般大于笔画小于整字。如"兵"的部件包括"丘"和"八"，"古"的部件包括"十"和"口"。整字就是我们平时看到的一个个的方块字，它是汉字的使用单位。整字可分为独体字和合体字。独体字是由一个部件构成的，如"一、人、事"等。合体字是由两个或两个以上部件构成的字，如"倍、街、国"等。合体字的组合模式可以分为：（1）左右结构，如"语、河、磋"；（2）左中右结构，如"辙、浙、挪"；（3）上下结构，如"台、要、患"；（4）上中下结构，如"高、煎、鼻"；（5）全包围结构，如"回、困、圆"；（6）上三包

围结构,如"问、同、夙";(7)左三包围结构,如"匡、匣、匿";(8)下三包围结构,如"凶、击、幽";(9)上左包围结构,如"厄、病、居";(10)上右包围结构,如"句、可、习";(11)下左包围结构,如"这、建、翘";(12)下右包围结构,如"头、斗";(13)框架结构,如"乖、坐、爽"。

(十)汉字的六书

六书是由汉代的学者把汉字的构成和使用方式归为六种类型,分别是象形、指事、会意、形声、转注和假借。象形字是用文字的线条或笔画,把要表达事物的外形特征具体地勾画出来,如"日、月、云、雨"等。一部分指事字只用抽象的符号来表示,如"一""二""三"用一横、两横、三横表示。还有一部分指事字在象形的基础上,加上有抽象意义的符号,表示其他的意思。会意字由两个或多个独体字组成,两个部分的形状和意思合起来表示这个字的意思,如"休"是一个人在树下,表示休息的意思;"男"上面是"田",下面是"力",表示田间劳作的人,反映了中国的农耕文化传统。人们可以从会意字的字形上猜测该字的大致意思。形声字由形旁和声旁两部分组成,形旁表示字义,声旁表示字音,如"沐",声旁"木"表示发音,"氵"表示与"水"有关。形声字占汉字的大多数。转注是归于同一部类的字,它们的字义可以互为训释,如"考"和"老"。假借是借用音同或音近的已有汉字表示新词,如"令"和"长"。

(十一)繁体字与简化字

汉字是记录中国文化的重要的工具。汉字自产生以来一直处于不断的变化中,简繁互补是其演变规律,总体变化趋势是"简化"。20世纪50年代,中国政府对汉字进行了简化。简化字(也叫简体字)与繁体字相对。同一个汉字,简体比繁体笔画少。在中国内地,以简化字为规范体,繁体字主要用于书法、古籍出版、翻印古书等方面。在游览中国名胜古迹时,也常常可以看到对联、诗歌、题字等大多都是用繁体字书写的。从世界范围来看,在使用汉字的国家和地区,汉字简化已成为一种趋势,如新加坡、马来西亚、泰国都在使用简化字。

(十二)《汉语拼音方案》

《汉语拼音方案》(以下简称《方案》)是1958年正式公布,用于记录现代汉语标准音——普通话语音的拼音符号。汉语拼音被广泛用于普通话推广、国际中文教育、对外交流等领域,成为识读汉字、学习普通话、培养和提高中文阅读能力的重要工具。

《方案》中共有25个单字母、4个双字母和1个加符字母。普通话的声调可以分为四个调类:阴平(又叫第一声),调值是55;阳平(又叫第二声),调值是35;上声(又叫第三声),调值是214;去声(又叫第四声),调值是51。《方案》中以"ˉ ˊ ˇ ˋ"分别表示这四个声调。普通话的轻声一般都有原本的声调,所以不算作一个独立的声调。

汉语拼音输入法是一种能够将汉语拼音转为汉字的工具,目前广泛应用于各类智能设备中,如电脑、手机等。汉语拼音的推广还有助于将汉语翻译成其他语言,如中国的一些人名、地名、食物名、节日名等,甚至一些有中国特色的文化词语,都可以直接用汉语拼音拼写。汉语拼音是重要的对外翻译标准和对外交流桥梁。

二、文化教学参考

语言文字(小学)

教学目标:

1. 了解汉字的结构特点和书写规则,了解汉字的表意特点。
2. 了解汉语拼音的基本知识,能够使用汉语拼音拼读汉字。
3. 了解象形字的含义,熟悉一些常见的象形字。

关键词:

汉语 / 汉语拼音 // 表意文字 / 汉字 / 汉字结构 / 笔画 / 笔顺 // 象形字

讨论题举例：

1. 你对汉字有什么印象？汉字与你们的文字最主要的不同是什么？

2. 什么是汉字的笔画？汉字都有哪些基本的笔形？汉字的哪种笔形最常见？

3. 写汉字时需要遵照什么样的顺序规则？你能用正确的顺序写一个汉字吗？

4. 什么是汉语拼音？汉语拼音中元音和辅音各有哪些？哪些元音和辅音的发音与你的母语发音不同？

5. 象形字是什么？举例说明。

教学活动举例：

1. 看图说话：根据图片猜出对应的汉字。（"山、日、月、休、家"等）

2. 写字比赛：学生分组，轮流书写常用汉字，要求笔画和笔顺正确，全班评判哪些汉字写得正确、写得好看。

3. 动手活动：把一些常用的汉字部件组合在一起，看是什么字。（"你、好、国、妈、海"等）

4. 学唱拼音歌：学唱一些练习声母、韵母和声调的拼音歌，针对学生的发音特点，练习一些比较难学的音。

语言文字（中学）

教学目标：

1. 了解汉字的特点、功能和汉字形体的演变过程。

2. 了解繁体字和简化字的关系和使用范围，能够辨别繁体字和简化字。

3. 了解中国七大方言区的分布，了解普通话与方言的异同。

关键词：

七大方言区 / 北方方言 / 粤方言 // 偏旁 / 部首 / 六书 // 繁体字 / 简化字

讨论题举例：

1. 汉字与表音文字有什么不同？它在结构上有什么特点？你觉得汉字和你们国家的文字相比有什么优缺点？

2. 现在已发现的最早的汉字是什么？汉字的形体有哪些变化？你喜欢哪种字体？

3. 你知道哪些象形字、指事字、会意字、形声字？

4. 繁体字和简化字的关系是什么？有什么不同？中国什么地方使用繁体字？什么样的场合会使用繁体字？

5. 什么是普通话？什么是汉语方言？汉语有几个方言区？使用人口最多的汉语方言是什么？

教学活动举例：

1. 连线和指认：把图片上的字体和字体名称进行连线。（甲骨文、金文、篆书、隶书、楷书、草书、行书等）

2. 汉字分析：说说"说、手、走、本、蚊、鱼"等字的结构，它们是六书中的哪一种？

3. 动手活动：利用汉字的偏旁、部首等概念，使用《新华字典》查查"什、废、冰、跑、宝、花"等字的读音和意义。

4. 识别与定位：把写有方言名称的卡片放在中国地图的相应位置上，给大家简单介绍一下这个方言，说说哪些地区使用这个方言。

5. 课外活动：分析一下自己或朋友的中文名字每个汉字在结构和含义方面的特点。

语言文字（大学及成人）

教学目标：

1. 了解中文在语音、词汇和语法方面的主要特点。

2. 了解中国推广普通话、保护少数民族语言等语言政策和实施情况，理解政策的意义和目的。

3. 了解中文在海外使用和传播的情况和特点，理解学习中文的意义。

关键词：

声调 / 量词 // 《汉语拼音方案》/ 推广普通话 / 保护方言和少数民族语言 // 海外华语 / 中文传播 / 外国人学中文

讨论题举例：

1. 在语音、词汇、句法等方面，中文与你的母语相比有什么特点？你觉得中文最难学的部分是什么？
2. 中国推广普通话的政策是什么？目的是什么？在你们国家有没有类似这样的政策？
3. 中国有多少种少数民族语言？中国采取了什么措施去保护濒临消失的少数民族语言？你们国家有即将消失的语言吗？有什么保护措施？
4. 哪种汉语方言在海外比较常见？在你们国家除了普通话，你还听到过哪种汉语方言？什么人在说这种方言？
5. 你们国家的人可以在什么地方学中文？人们学习中文的主要目的是什么？

教学活动举例：

1. 看图说话：识别和描述汉语各大方言的分布情况和特点。
2. 故事分享：以小组形式分享自己学习中文的经历。（目的、所遇到的挑战、学习策略等）
3. 分组辩论：

    （1）推广民族共同语和保护少数民族语言之间存在矛盾吗？

    （2）学好外语与学好母语的关系是什么？学习外语对个人和国家有什么好处？

4. 项目与演讲：

    （1）你们国家外语教育的特点和政策。

    （2）你们学习中文的故事。

5. 课外活动：采访你们国家的华人华侨：

    （1）你会说哪种语言？

（2）你或者你的祖先来自中国什么地方？

（3）他们在什么场合使用汉语方言（或普通话）？

第八节　文学艺术

一、文化教学内容概要

（一）鲁迅的现代小说与杂文

鲁迅（1881—1936），原名周树人，中国著名的文学家、思想家和革命家。他生活在中国半殖民地半封建时代，曾留学日本，作品主要有小说、杂文、散文等。小说的代表作有《呐喊》《彷徨》《故事新编》。《呐喊》是短篇小说集，收录了《狂人日记》《阿Q正传》《孔乙己》等14篇小说，它描绘了辛亥革命前后到五四运动时期的中国社会现实，揭露了封建宗法制度的本质，也批判了国民的劣根性。《彷徨》是五四运动后的短篇小说集，收录了《祝福》《幸福的家庭》《肥皂》《高老夫子》等11篇小说，该小说集主要描述农民和知识分子的生活与命运，体现鲁迅"哀其不幸，怒其不争"的深切关怀。

鲁迅的杂文作品数量众多，包括《坟》《热风》《华盖集》《南腔北调集》等。这些作品形式自由，语言精练犀利，针砭时弊，极具批判性和思想深度。

鲁迅的散文集《朝花夕拾》主要以回忆青少年时期的生活为题材，内容平实，包含对故乡、师长和亲友的怀念，代表作品有《从百草园到三味书屋》《藤野先生》等。散文诗集《野草》用富有哲理性的语言书写了他的心境与思想，具有极高的艺术价值。

（二）茅盾、老舍、沈从文等的现当代小说

茅盾（1896—1981），原名沈德鸿，字雁冰，现代著名作家，新文化运动的先驱者。他的小说被称为"社会剖析小说"，具有社会编年史的性质。代表作品有《子夜》《林家铺子》等。《子夜》以1930年半封建半殖民地的旧上海为背景，以民族资本家吴荪甫为中心，描写了当时中国社会的各种矛盾和斗争，反映了当时中国急剧变化的社会风貌。

老舍（1899—1966），原名舒庆春，字舍予，中国现代著名的小说家、文学家和戏剧家，被授予"人民艺术家"称号。老舍作品题材以市民生活为主，语言富有浓郁的北京特色。长篇小说代表作有《骆驼祥子》《四世同堂》等，话剧代表作有《茶馆》。《茶馆》以一家茶馆的兴衰变迁为背景，展示了从清末到抗战胜利以后的近五十年间北京的社会风貌，是中国当代话剧艺术的经典之作。

沈从文（1902—1988），中国现代文学家和历史文物研究者。小说代表作《边城》以湘西的乡村生活为题材，赞美自然单纯的人性美，抒发乡土情怀，独具地方特色。湘西的自然风光和风土人情在散文集《湘行散记》中也有生动展现。

在中国当代文学界，也涌现出了多位优秀的小说作家，其中具有代表性的有莫言和余华。莫言（1955—   ），是首位获诺贝尔文学奖的中国籍作家。他以一系列乡土作品崛起，是"寻根文学"的代表。他的小说受魔幻现实主义影响较多，运用魔幻现实主义的创作技巧，以中国传统的人格结构和文化积淀为基础，形成了独具特色的东方魔幻现实主义。代表性作品有《红高粱》《蛙》《檀香刑》等。1988年，张艺谋执导的电影《红高粱》根据莫言的同名小说改编，为国内外观众所熟知。余华（1960—   ），代表作品是小说《活着》，根据这部小说拍摄的同名电影也广受关注，表现了人在社会和时代急剧变革中所遭遇的坎坷，充满了现实感和历史感。

（三）巴金、冰心、史铁生的现当代散文

巴金（1904—2005），原名李尧棠，中国现代作家。他的散文直抒胸臆，感情真挚强烈，明快朴素的语言中富含深刻哲理，代表作有《鸟的天堂》《繁星》等。长篇小说代表作有"激流三部曲"《家》《春》《秋》等。

冰心（1900—1999），原名谢婉莹，中国现代诗人、作家、翻译家，儿童文学的奠基人。代表作品有诗集《繁星》《春水》，散文集《寄小读者》等。冰心作品以母爱、童心、自然为主题，叙事细腻自然，在思想和艺术风格上都对中国现当代文学产生了重要影响。

史铁生（1951—2010），当代中国著名小说家、散文家，作品致力于书写对于人生和命运的思考。散文代表作《我与地坛》表现了作者对苦难、生命、亲情、生死等重要命题的深层体悟，达到了散文创作的新高度。

（四）曹禺的当代话剧

曹禺（1910—1996），原名万家宝，是中国现当代戏剧史上具有重要影响力的剧作家。他广泛借鉴吸收中国传统戏曲和欧洲近代戏剧的艺术手法，将中国话剧艺术提升到了新的高度。曹禺的剧本擅长设计曲折情节和戏剧冲突，创造出丰富多样的人物形象，注重反映现实生活，表现人物的悲剧性。他的剧作在结构布局、人物塑造、思想内涵、语言风格等各方面都达到了成熟的境界，推动了中国话剧创作水平的发展。他的成名作《雷雨》描写了一个具有封建色彩的资产阶级家庭的悲剧，充满故事性和戏剧性，人物个性鲜明典型，具有较强的可读性和可演性，被公认为中国现代话剧成熟的标志。曹禺有"中国的莎士比亚"之称，其他经典作品还包括《日出》《北京人》《原野》等。

（五）卞之琳、海子等人的现当代诗歌

卞之琳（1910—2000），现当代诗人、文学评论家、翻译家，被公认为新文化运动的中重要诗歌流派——新月派和现代派的代表诗人。她的诗歌深受中国古典诗词、现代诗人和西方现代诗派影响，充满联想和诗意，于平淡中写出深意，具有哲理化特征。代表作《断章》将自然的画面与哲学思辨交融在一起，是中国现代诗歌中的经典。

海子（1964—1989），原名查海生，当代诗人，20世纪80年代后期新诗潮的代表人物。他的诗歌风格独特，具有浪漫主义和理想主义色彩，影响了一个时代的诗歌观念。代表诗作有《面朝大海，春暖花开》《麦地》《以梦为马》《春天，十个海子》等。海子的诗歌受到年轻人的喜爱，特别是他的"面朝大海，春暖花开"经常被引用。

（六）刘慈欣等的科幻小说

刘慈欣（1963—　），中国当代最著名的科幻小说家之一。2015年，他凭借《三体》获得第73届世界科幻大会颁发的雨果奖，成为首位获得该奖项的亚洲人。次年，中国另一位科幻作家郝景芳的《北京折叠》也获得雨果奖。

《三体》从中国视角切入，凭借奇特的想象力和科幻审美，构建了一个具有浓郁中国气质的科幻故事，以中国人的价值观去理解宇宙并强调人类命运共同体，堪称当代中国科幻的"名片"。《三体》先后被翻译成20多种语言，并在海外引发阅读热潮。《北京折叠》讲述的是一个切中时弊的中国故事。当代中国科幻小说广泛取材于中国历史史料、神话传说、古典文学作品等，关注未来发展，例如人类如何在太空扩大生存空间的问题。2018年上映的科幻电影《流浪地球》根据刘慈欣的同名小说改编，被视为中国科幻电影的一座里程碑。

（七）《黄河大合唱》《梁祝》等当代经典音乐

中国现当代音乐承袭了中华传统音乐特色，又融合了中国新音乐风格，将中国民族调式和民歌旋律与西洋乐作曲技法相结合，展现了鲜明的时代特点。《黄河大合唱》是著名的抗战歌曲，创作于1939年，以黄河为背景，展现了抗日救亡的主题思想，歌颂了中国人民的斗争精神。该曲后被改编为钢琴协奏曲《黄河》，是西方古典钢琴协奏曲与中国民间传统音乐的融合，在中国和世界音乐史上颇具影响力。小提琴协奏曲《梁祝》创作于1958年，取材自中国民间传说梁山伯与祝英台的故事，并以同名越剧曲调为基础，综合采用交响乐与民间戏曲音乐的表现手法，被誉为"中西合奏第一曲"。

（八）华语流行音乐

华语流行音乐是在中国内地、港澳台地区以及新加坡、马来西亚等华语通用地区流行的音乐,使用普通话、粤语、闽南语等进行演唱。20世纪20年代,上海和台湾是华语流行音乐的重要发源地。改革开放后,港台流行音乐进入中国内地并广受欢迎,代表性歌手有叶倩文、凤飞飞、罗大佑、费玉清、张明敏、郑智化等。台湾校园歌曲也传入大陆地区,著名歌曲包括《外婆的澎湖湾》《乡间的小路》等,贴近年轻人心声,通俗易唱,广为流传。90年代,中国内地的校园民谣兴起,与香港音乐共同成为当时的主旋律。在与港台流行音乐不断交流和融合的过程中,中国内地的通俗音乐得到迅速发展,逐渐形成了华语音乐的特色。著名的华语流行音乐代表人物有刘欢、张学友、王菲等。此外,新一代的优秀华语歌手也在不断涌现。

(九)流行影视剧

中国的影视剧包括爱情片、功夫片、科幻片、战争片、悬疑片、动画片、喜剧片、仙侠片等多种类型。功夫片是中国影视剧中独特的一种类型,从20世纪70年代开始,李小龙、成龙、李连杰等出演的功夫片在海内外颇具影响力,提高了中国传统武术的名声。著名的功夫片有《少林寺》《卧虎藏龙》《英雄》《叶问》等,其中《叶问》系列电影以咏春拳宗师叶问为原型,生动展现了中国的武学精神和民族气节。根据金庸等所著的武侠小说拍摄的影视剧也广受欢迎,代表作品有《天龙八部》《射雕英雄传》等。家庭伦理剧从20世纪90年代走入大众视野,以家庭作为主体,反映生活现实,同时包含亲子关系、代际交往、城乡家庭相处等多重议题,代表作品有《渴望》《中国式离婚》《金婚》《父母爱情》等。历史剧包括以反映历史为主的正剧,如《汉武大帝》《雍正王朝》等,以及戏说历史剧,如《康熙微服私访记》《包青天》等。著名历史剧还有《霸王别姬》《觉醒年代》等。根据四大古典名著拍摄的影视剧《三国演义》《西游记》《水浒传》《红楼梦》等也值得一提。

(十)经典纪录片

中国的纪录片兴起于20世纪50年代末,改革开放后发展迅速,开始受到人们的关注。这一时期的纪录片代表作有《丝绸之路》《话说长江》等。进入21世纪后，中国的纪录片进入了一个发展的黄金时期，涌现出了一批内容丰富、质量较高的优秀作品，内容主题和表现风格更为多样。美食纪录片《舌尖上的中国》内容贴近生活，展现民俗风情，富含人文气息，具有较高的观赏性。人文纪录片如《河西走廊》梳理了从汉代到中国新时期的河西走廊的历史，讲解细致、演绎专业，展现了河西走廊跨越千年的雄壮和辉煌；《我在故宫修文物》朴实大气地刻画了故宫书画、青铜器、陶器的修复过程，展现了文物修复背后鲜为人知的文化渊源。其他经典纪录片还有《航拍中国》《如果国宝会说话》《风味人间》等，展示了中国人文、历史、地理、民俗等各方面的丰富内涵。进入新世纪以来，网络技术的发展也极大地促进了纪录片的制作和传播，民间创作中也出现了不少优秀作品，如广受国内外网友关注的李子柒的短视频作品等。

二、文化教学参考

文学艺术（中学）

教学目标：

1. 了解并欣赏中国现当代文学的代表性作品及其艺术特色。

2. 了解并欣赏中国当代电影的代表作品及其艺术特色。

3. 了解并欣赏中国当代音乐的代表作品及其艺术特色。

关键词：

鲁迅 / 茅盾 / 老舍 / 巴金 / 冰心 / 海子 / 刘慈欣 // 李小龙 / 成龙 / 功夫片 // 华语流行音乐

讨论题举例：

1. 你知道中国现当代特别有名的作家是谁吗？他们有什么作品？他们在中国为什么有名？

2. 小说、戏剧、散文、诗歌中，你喜欢的文学类型是什么？你对什么主题的文学作品感兴趣？

3. 你对科幻小说感兴趣吗？你了解的科幻小说主题一般有哪些？你知道中国的科幻作品吗？

4. 你看过哪些中国电影？你觉得中国的功夫片为什么吸引人？你觉得中国的功夫片跟好莱坞的动作大片有什么异同？

5. 你会唱中文歌吗？你喜欢或不喜欢华语歌曲的原因是什么？平时你喜欢听什么样的歌，喜欢哪些歌手？

教学活动举例：

1. 诗歌朗诵：选择中国现当代著名短诗，进行有感情的朗诵，全班投票评选出最佳朗诵者。

2. 比较异同：比较中国的科幻作品与你感兴趣的科幻小说的异同。（主题、故事情节、人物等）

3. 学唱中文歌：学唱经典的华语流行歌曲，理解歌词的含义，并体会歌曲的音乐特色。

4. 项目与演讲：介绍一部受青少年喜爱的中国或自己国家的影视剧，并评价其在主题、人物形象、艺术风格等方面的特点。

文学艺术（大学及成人）

教学目标：

1. 了解并欣赏中国现当代著名作家的代表作品及其艺术特色。

2. 了解并欣赏中国现当代的代表性影视剧及其艺术特色。

3. 了解并欣赏中国现当代的代表性音乐作品及其艺术特色。

4. 理解中国现当代文学作品、影视剧与时代和社会生活的关系。

关键词：

鲁迅 /《呐喊》/《阿Q正传》/ 曹禺 /《雷雨》/ 老舍 /《茶馆》/《骆驼祥

子》/史铁生/《我与地坛》//家庭伦理剧/历史剧/《霸王别姬》//《黄河大合唱》/《梁祝》

讨论题举例：

1. 鲁迅是谁？他有什么作品？为什么鲁迅在中国这么有名？什么是"阿Q精神"？为什么"阿Q"这一形象受到人们关注？

2. 中国经典的话剧作品《雷雨》和《茶馆》，为什么这么有名？有什么特色？你喜欢看话剧吗？你觉得你们国家的话剧跟中国的话剧有何异同？

3. 你喜欢看散文还是小说？你看过哪个中国作家的作品？喜欢哪个作品？喜欢的理由是什么？

4. 你看过哪些中国的影视剧？什么类型的中国影视剧比较吸引你？你喜欢看的原因是什么？

5. 听过小提琴曲《梁祝》吗？听了有什么感受？你喜欢现代流行音乐还是经典音乐？

教学活动举例：

1. 作品分析：阅读鲁迅的《阿Q正传》或《祝福》的片段，分析其在主题、人物形象等方面的特点，以及与中国社会的关系。

2. 话剧表演：表演或改编中国的小说或话剧作品。

3. 比较异同：观看中国当代流行的家庭伦理剧比如《都挺好》《媳妇的美好时代》等片段，并比较中国家庭伦理剧与你们国家的家庭主题电视剧的异同。（题材、角色、艺术特点等）

4. 项目与演讲：介绍中国或自己国家现当代著名的文学家和代表作品，以及对社会和文学方面的影响。

5. 课外活动：

（1）了解你周围的人看过哪些中国影视剧，了解他们喜欢看或没有看过的原因。

（2）从网络上查找中国最近流行或受欢迎的影视剧，了解它们的特点和受欢迎的原因。

第九节　科技

一、文化教学内容概要

（一）当代科技成就

中国当代科技经过几代人的努力，在核技术、载人飞船、卫星导航、空间站建设、高铁、5G、智能机器人、新能源汽车等领域取得了重要成就，处于世界领先水平。人工智能技术得到创新，智能机器人在电子电器、汽车制造、安防行业、物流运输等领域运用广泛。5G、人工智能、大数据等技术融合与发展，推动了中国智慧城市建设的日趋成熟，城市管理数字化转型得到实现。在通信工程方面，"墨子号"量子卫星使量子通信技术的应用突破距离的限制，促进全球范围内量子通信的最终实现。"天河"系列超级计算机在解决能源危机、污染、气候变化问题上发挥着重要作用。但是中国在一些领域如芯片、精密仪器、生物工程等方面与世界科技先进水平相比还存在一定的差距。

（二）著名科学家

中国在各个领域都有很多做出杰出贡献的科学家。例如，空气动力学家钱学森在20世纪50年代留学归国，率领团队研究导弹与火箭等国防工程，为中国开创了航空航天事业，被称为"中国航天之父"和"中国导弹之父"。中国工程院院士袁隆平自20世纪60年代开始研究杂交水稻技术，经过多年试验终于成功，促进了稻谷的增产，并被多个国家引进，为世界粮食增产发挥了重要作用，被称为"杂交水稻之父"。药学家屠呦呦自20世纪60年代开始率团队研究中医药，开创了应用青蒿素治疗疟疾的新方法，使数亿疟疾患者受益，为全球健康问题做出了重要贡献，也为西方架起了认识中医药的桥梁。她于2015年获得诺贝尔生理学或医学奖，是中国科学家首次获得该奖项。

（三）航空航天技术

中国航空航天事业经过60多年独立自主的探索和发展，已成为世界航天强国之一。中国始终坚持为了和平目的探索和利用外层空间。自2016年以来，中国的空间科学技术取得了飞速发展。北斗卫星导航系统（BDS）已建成并投入使用，这是中国自行研制的全球卫星导航系统，为全球用户提供全天候、全天时、高精度的定位、导航和授时服务，在交通运输、农林渔业、水文监测、气象测报等多个领域得到广泛应用。探月工程"三步走"圆满收官，"嫦娥五号"月球探测器已实现人类首次软着陆月球背面，并首次完成地月采样往返任务。"天问一号"火星探测器实现从地月系到行星际探测的跨越，首次着陆火星即取得成功，刷新了人类探测火星的纪录。"神舟"号载人飞船多次将宇航员送入太空并顺利返回。长征系列运载火箭具备发射低、中、高不同地球轨道，不同类型卫星及载人飞船的能力，并具备无人深空探测能力。中国空间站建设已全面开启。

（四）高铁技术

中国已形成较为完善的高铁技术体系，达到了世界先进水平。自20世纪90年代开始探索试验，中国在吸收借鉴外国技术的基础上，逐步形成了拥有自主知识产权的高铁建设和装备制造技术体系。"复兴号"列车是这一阶段的代表，运行时速可达到350千米。截止到2021年年底，中国高铁运营里程突破4万千米，位居世界第一，高铁网已实现对全国31个省市区的全覆盖。高铁的建设和发展提高了交通效率和便利性，推动了城市化进程，促进了区域经济的协调发展。此外，中国的高铁也已经走向世界，服务于"一带一路"建设，为其他国家承建高铁。目前，中国已与多个国家签署高铁项目合作协议，并向多个国家出口铁路技术装备。

（五）5G技术

2019年中国正式进入5G时代。目前，中国5G基站总量已占全球60%以上，网络覆盖范围持续扩大并已居全球第一。中国的5G网络建设迅速发展。现阶段5G的发展以行业需求为导向,与各行业融合度不断提升,出现了"5G+工业互联网""5G+医疗健康""5G+智慧教育""5G+智慧城市""5G+文化旅游""5G+物联网"等融合方式。5G技术不仅使生产更便捷,同时民生服务类5G应用也日益增加,使得生活更便捷。例如,人们将能够通过VR、AR技术进入虚拟教室,支持"云上办公",提高图像识别的准确率和速度等。5G通信能够提高数据传输能力,对股票市场、自动驾驶、智能家居、人机交流、娱乐和教育等领域都产生了巨大影响。

(六)新能源汽车

中国新能源汽车技术进步显著,已经实现在电池、电机、电控等核心技术方面的自主可控。其中,动力电池技术处于世界领先水平,中国满足了全球近一半的动力电池需求,并建成了全球最大规模的充换电网络。中国的新能源汽车行业逐渐呈现繁荣态势,产销量连续7年居世界第一。数据显示,截至2021年,中国新能源汽车在中国市场的占有率已提升至13.4%。民众对新能源汽车的接受度不断提高,越来越多的年轻人成为购买新能源汽车的主力消费者。

(七)科技教育

中国致力于向青少年普及传播科技知识,激发他们学习科学的兴趣。为此,中国定期推出全国青少年科技创新大赛、英才计划、机器人竞赛、青少年高校科学营、"一带一路"青少年创客营等活动。从2017年起,教育部调整了科学课程,增加了"技术与工程领域"的相关内容,并将科学课开课时间提前至小学一年级,更加重视培养孩子的创新能力、动手操作和实践能力。课程目标除了包括科学知识、科学探究、科学态度外,还新增了"科学、技术、社会与环境",要求学生了解人类活动对自然环境和社会变迁的影响,并在科学技术的研究实验中考虑伦理道德的价值取向。中国的青少年从小就对科技很感兴趣,学习科技专业的学生越来越多。国务院发布了《全民科学素质行动规划纲要(2021—2035

年)》,提倡普及科技、提高全民科学素质。

(八)科教兴国

中国一直重视科技的发展,强调尊重知识、尊重人才,并提出了"科学技术是第一生产力""科教兴国""人才强国""创新驱动发展"等战略思想。中国坚持教育为本,把科学技术和教育摆在经济、社会发展的重要位置。中国对科研经费投入不断增加,已成为科技人力资源大国,专利申请量居世界第一。全国各地积极搭建产学研相结合的创新人才培养平台,相继出台各项政策以构建科技人才队伍,在引进全球科技人才方面推出了一系列政策。

二、文化教学参考

科技(中学)

教学目标:

1. 了解中国当代科技的发展和取得的成就。
2. 了解中国当代杰出科学家的故事和主要贡献。
3. 了解中国在航天航空领域科技成果的特点和意义。
4. 理解中国青少年学习科技的特点和态度。

关键词:

两弹一星 / 杂交水稻 / 青蒿素 // 钱学森 / 袁隆平 / 屠呦呦 // 航空航天 / 天问一号 / 嫦娥五号 / 北斗卫星导航系统 / "神舟"号载人飞船

讨论题举例:

1. 中国在哪个科技领域的发展让你印象深刻?你是从哪里获得有关中国科技成果的信息的?请举例说明一下。
2. 你知道中国哪些著名的科学家?他们的主要贡献是什么?如果有机会,你特别想采访哪位中国科学家?

3. 中国在航天航空领域的主要成就是什么？跟世界科技先进的国家相比，有什么不同之处？

4. 中国哪些领域的科技处于世界领先地位？哪些方面还不够先进？

5. 中国年轻人对学习科技的态度是什么？喜欢学习哪些学科？与你们国家的年轻人有什么不同？

教学活动举例：

1. 看图说话：描述中国航天航空四项最新成果的特点。

   （1）"神舟十四号"载人飞船　　　　（2）北斗卫星导航系统

   （3）"嫦娥五号"月球探测器　　　　（4）"天问一号"火星探测器

2. 故事分享：分享你喜欢或崇拜的中国或其他国家的科学家的故事，说明他们对世界所做的贡献是什么。

3. 比较异同：

   （1）比较中国空间站（CSS）和国际空间站（ISS）的异同。

   （2）比较中国"嫦娥五号"登月和美国"阿波罗"登月的异同。

4. 项目与演讲：

   （1）你崇拜的一个科学家。

   （2）你设计的空间站或航天器。

5. 课外活动：采访中国学生，了解他们是否喜欢学习科学，对科学的哪个领域更感兴趣，原因是什么。

科技（大学及成人）

教学目标：

1. 了解中国当代科技的发展和最新成果。

2. 理解科技发展对中国经济和社会生活的影响。

3. 了解中国科技发展的政策和人才培养的举措。

4. 理解中外在科技发展特点和科技政策方面的异同。

第六章 "当代中国"的文化教学内容与应用

关键词：

高铁 / 5G通信 / 智能机器人 / 新能源汽车 // 科技教育 / 科教兴国 / 科技人才引进和培养

讨论题举例：

1. 中国当代科技发展让你印象最深的是哪方面？你是如何得到这些信息的？
2. 你认为中国当代科技发展的主要原因是什么？（国家政策、经费投入、科技教育等）
3. 中国在高铁、5G、新能源汽车等方面的主要成就是什么？这些成就对中国人的工作和生活有什么影响？
4. 你在生活中用到的当代科技成果是什么？给你和周围的人带来了什么变化？
5. 中国在科技方面的主要理念和政策是什么？和你们国家相比有什么异同？

教学活动举例：

1. 故事分享：中国当代科技成果如高铁、人工智能、5G通信技术给中国人的工作和生活带来的变化和影响。（衣食住行、工作、休闲、教育等）
2. 比较异同：比较各国政府在科技人才的培养和任用方面的政策和举措，这些科技人才政策与本国科技发展的关系是什么？
3. 分组辩论：智慧课堂或机器人可以代替教师的工作吗？
4. 项目与演讲：

    （1）中国的高铁、5G、新能源汽车等科技发展对中国社会生活的影响。

    （2）比较中国与你们国家在科技发展和政策方面的异同。

5. 课外活动：

    （1）参观或网络浏览中国科技馆、航空航天科技馆等，了解中国当代科技成就。

    （2）采访中国人，了解高铁、5G、新能源汽车技术给他们的生活和工作带来的影响和变化。

第十节 传媒

一、文化教学内容概要

（一）主流官方媒体

在中国，主流官方媒体是信息发布的重要渠道，具有其他媒体不可企及的专业性和权威性优势。《人民日报》是中国共产党中央委员会的机关报，承担着每天向全国和世界传播与介绍中国的方针、政策和主张的任务，是中国最具权威性和影响力的全国性报纸，于1992年被联合国教科文组织评为"世界十大报纸"之一。新华社是世界四大通讯社之一，所有官方重大新闻和重大消息一般都以新华社的权威发布为准，国内外很多报社和电视台都会转载新华社的新闻通稿。中央广播电视总台是中国国家广播电视媒体机构，由中央电视台、中国国际电视台、中央人民广播电台和中国国际广播电台组成，是中国最权威、影响力最大、势能最高的主流媒体。

（二）电视节目

中央广播电视总台旗下的中央电视台是中国国家级的电视媒体，是世界上电视频道数量最多的电视台，始终在电视节目的导向上扮演引领者的角色。为适应不同受众的需求，中央电视台制作了许多家喻户晓的节目。例如，每晚7：00播出的《新闻联播》是中国收视率最高、影响力最大的电视新闻栏目，被称为"中国政坛的风向标"；《中央广播电视总台春节联欢晚会》在每年的除夕夜播出，是中国最重要、最具标志性的电视综艺类节目；《动物世界》从1981年开播至今，几乎陪伴了每一个中国青少年的成长，让他们认识地球上生存的各种生命，了解自然对人类的影响。此外，中国各地的地方台推出的一些特色节目也深受大家喜爱，例如浙江卫视的《中国好声音》和东方卫视的《中国达人秀》等。

(三) 广告

随着媒体的多样化和广告形式的不断创新，中国的广告形式已不再局限于传统的广播、电视、报纸、杂志等。电商直播打造的场景化广告吸引众多年轻人在抖音、快手等社交媒体上消费。在中国的广告文化中，产品常与"家"的主题相结合，强调家庭和亲情，并表现个体与亲朋共享产品带来的欢乐。另外，中国人对悠久的历史传统感到自豪，广告中经常突出历史传承的概念，如"数百年的工艺""传统的酿造"等。现代产品广告形象塑造中还常融入中国传统的诗歌、曲艺、服装、书法、道具等元素。这些新颖的广告形式和文化内涵使中国的广告行业充满活力，并为消费者带来了更丰富的购物体验。

(四) 互联网门户网站

20世纪90年代，中国相继出现了网易、搜狐、腾讯、新浪等门户网站。其中，新浪网是商业网站发布新闻的领军平台，"上新浪看新闻"已成为众多网民获取时事资讯的主要途径。腾讯网是时尚感、互动性较强的互联网娱乐型媒体平台，财经类信息占比较大，受众群体以中青年为主，并通过网络游戏、网络聊天、网络教育等吸引人们消费。百度是中国最流行的搜索引擎，是中国最大的以信息和知识为核心的搜索网站。淘宝网作为中国主要的电子商务网站，拥有8亿注册用户，彻底改变了中国人的购物方式。

(五) 社交媒体

如今，中国社交媒体广泛渗透到互联网应用的各个方面，包括虚拟社区、即时通信、即时直播等。普通民众通过微博、微信、抖音、小红书等平台发布个人观点或获取信息。微信作为中国目前拥有用户量最多的社交媒体平台，已发展为一个集社交、购物、游戏、阅读、娱乐、运动、理财等方面于一体的生活服务型互动平台。微博是中国最大的公共信息传播平台之一，用户根据自身喜好对平台上的信息进行关注、点赞、评论和分享等。抖音（海外版为TikTok）是中国最流行的制作和分享短视频的社交媒体平台，通过设置话题、影音模板等方式鼓励用户表达自我。随着社交媒体的发展,直播带货成为新的现象,网络主播也成了中国的一种新兴职业。

（六）媒体与流行文化

在全媒体时代,网络文学、网络影视剧、网络流行音乐、流量明星等流行文化兴起,主要受众是青少年群体。网络文学的语言诙谐简洁,具有多样性和前卫性的特征,比较有名的文学类网站有起点中文网、创世中文网、晋江文学城等。网络文学不断与影视、动漫、游戏等产业合作,着力打造泛娱乐、大文娱生态圈。一些网剧内容精彩、情节紧凑、制作精良,受到广大网友的追捧和喜爱,如《白夜追凶》《梦华录》等。以偶像为消费核心的文化现象在青少年中颇为流行,例如真人选秀等,由此催生了粉丝群体。中国很多明星重视偶像道德品质和理想人格的塑造,大力引导粉丝文化向积极方向发展。

（七）媒体与舆论

随着智能手机的普及,中国人对媒体的接触越来越频繁,对媒体的依赖也逐渐加强。每个人都成为舆论监督的一部分,都可以对新闻热点问题进行讨论、发表意见,甚至对当事人进行支持或声讨。然而,由于网民素质不齐,又会出现网络暴力、网络谣言等问题。为了净化网络环境,中国政府采用网络过滤、内容审查、网络实名制等技术方法遏制网络谣言的传播。主流媒体也积极参与治理网络谣言,通过微博、微信等移动端发布权威消息以纠正错误。媒体受众大多从大众传媒中了解国家和世界的信息,舆论导向会影响人们的认知。因此,让民众接受真实客观的信息,培养理性的判断与思考并传播正能量,成为大众传媒需要关注和重视的任务。

二、文化教学参考

传媒（中学）

教学目标：

1. 了解中国主要报纸、电视台、网站的名称和特点。
2. 了解中国门户网站在内容和受众方面的特点。
3. 理解和描述大众传媒对中国社会和个人生活的影响。

关键词：

《人民日报》/ 新华社 / 中央电视台 /《新闻联播》/ 综艺节目 // 广告 // 明星偶像 / 粉丝

讨论题举例：

1. 你看过哪些中国的电视节目？有什么特点？你觉得跟你们国家的电视节目有什么不同？
2. 你有喜欢的明星偶像吗？你们国家的年轻人对偶像明星的态度和做法是什么？你觉得什么样的人才是真正的偶像？
3. 你是如何管理学习、上网和课外活动的时间的？人们应该怎么防止网络成瘾的现象？
4. 你喜欢看什么类型的广告？给你印象最深的中国广告是什么？你曾经因为广告买过东西吗？
5. 你知道哪些网络文学作品或者网剧？你觉得为什么大家会在网上看小说？你觉得什么样的网络文学或影视作品容易受欢迎？

教学活动：

1. 排序：学生按照兴趣度对中国的电视节目进行排序，并说明原因。(《新闻联播》《中国好声音》《中国达人秀》《脱口秀大会》《汉字听写大

赛》《中国诗词大会》《动物世界》《最强大脑》等）

2. 课堂采访：采访你们同学使用社交软件的情况。（使用最多的软件的名称、观看的时长与内容、使用的动机等）

3. 比较异同：分析一则在中国和你们国家常见的国际品牌广告，如耐克、可口可乐等，比较内容和风格的异同。

4. 课堂演讲：描述一个你心中的文艺或体育的偶像，说明喜欢的理由。

5. 课外活动：制作一份调查问卷，调查中国中学生使用社交软件的情况。

传媒（大学及成人）

教学目标：

1. 了解中国主要的互联网门户网站的内容和特点。
2. 了解中国新媒体和自媒体的特点及其对社会生活的影响。
3. 理解大众传媒对信息传播和舆论导向的影响。

关键词：

网站 / 新浪 / 百度 // 自媒体 / 抖音 / 微信 // 网剧 / 粉丝文化 // 网民 / 信息传播 / 舆论

讨论题举例：

1. 你有没有使用过抖音或微信？它们有哪些特点？它们和你所使用的其他社交媒体有什么区别？

2. 你最喜欢的一个关于中国的短视频是什么？在你们国家的年轻人中，最流行的社交软件是什么？为什么受欢迎？

3. 在你们国家有没有网络主播？你们国家的网络主播有什么特点？你认为我们需要什么样的网络主播？

4. 你认为在大数据时代下，保护个人的隐私方面存在什么问题？我们应该如何保护自己的隐私？

5. 你们国家有没有网络谣言的问题？政府有什么解决对策？普通人如何应对

网络谣言的传播？

教学活动举例：

1. **课堂调查：** 调查本班学生使用社交软件的基本情况，使用在线投票小程序完成统计，并分析结果。（使用社交软件的时长、内容偏好、平台偏好等）

2. **案例分析：** 选取关于中国或世界的重要事件的中外新闻报道，分析中国和你们国家的媒体是如何报道和评论的，解释产生这种不同的原因是什么。

3. **分组辩论：** 社会媒体的发展使人际关系变得越来越亲近还是越来越疏远？

4. **项目与演讲：**

   （1）大众传媒是如何影响对其他国家的刻板印象和成见的。

   （2）新媒体的发展对社会生活的影响和应对策略。

5. **课外活动：** 制作一份大学生日常生活与互联网使用习惯调查问卷，通过调研结果对比分析中国和自己国家互联网使用情况的异同。

第十一节　对外关系

一、文化教学内容概要

（一）外交关系

截至2019年9月，中国已经和世界上180个国家建立了正式外交关系。中国与建交国家的关系分为不同的类型，包括单纯建交关系、睦邻友好关系、伙伴关系以及传统友好合作关系等。一些著名的外交关系条约包括《中美联合公报》《中日和平友好条约》《中俄睦邻友好合作条约》等。中美关系被认为是21世纪最重要的双边关系之一。中美两国1979年正式建立了外交关系，美国承认"一个中国"原则。自建交以来，中美两国在经济贸易、科技、文化教育、医疗卫生、环境等领域展开了广泛的交流与合作。由于中美关系对世界的和平和发展影响重大，务实理性、合作共赢将有利于两国关系和世界和平。

（二）中国与联合国

中国是联合国的创始国之一，也是联合国安全理事会5个常任理事国之一。1971年联合国恢复了中华人民共和国在联合国的一切合法权利。50多年来，中国为联合国各项事业和维护世界和平贡献了中国力量。中国在裁减军队、防止核扩散、环境保护、反对恐怖主义、解决地区冲突等全球性问题上发挥着重要作用。作为联合国安理会常任理事国之一，中国遵守《联合国宪章》的原则和宗旨，支持联合国的相关决议和方案，并履行会员国的义务。同时，中国也一贯主张用和平协商的方法解决地区和国家之间的争端和冲突，并积极派出维和部队。

（三）国际组织

国际组织是现代国际生活的一部分，可分为政府间组织和非政府间组织，也可分为区域性国际组织和全球性国际组织。中国已经加入了许多全球性的国际组织，例如世界贸易组织、世界卫生组织、联合国教科文组织、国际奥林匹克委员会等。除了这些全球性国际组织之外，中国还加入了很多区域性国际组织，如上海经济合作组织、亚洲太平洋经济合作组织、亚洲基础设施投资银行等。中国加入这些国际组织的目的是加强与其他国家和地区的合作，推动世界的和平和发展。

（四）外交宗旨和原则

维护世界和平，促进共同发展，是中国外交政策的宗旨。中国始终奉行独立自主的和平外交政策，包括一贯坚持和平共处五项原则，以及在和平共处五项原则的基础上发展演变而来的其他政策措施处理方法。1953年，中国政府总理周恩来第一次完整提出和平共处五项原则，内容包括：（1）互相尊重主权（后改为"互相尊重主权和领土完整"）；（2）互不侵犯；（3）互不干涉内政；（4）平等互惠（后改为"平等互利"）；（5）和平共处。和平共处五项原则是中国对外关系的基本准则，也成为全世界大多数国家的共识。中国坚定奉行"一个中国"原则，即大陆和台湾同属一个中国的原则，体现了中国对国家主权和领土完整的信念。这个原则是中国政府开展外交工作的基本原则之一，也是实现和平统一的基础和前提。"一个中国"原则已经成为国际社会的普遍共识和公认的国际关系准则之一。

（五）友好城市

中国很多城市与世界很多国家的城市建立了友好城市关系。这些友好城市的政府和民间在经贸、科技、医疗、文化、教育、环保、青少年项目等领域开展交流与合作，不仅促进了国家之间的友好关系和经济方面的互利互惠，也增进了人民之间的相互了解和友谊，是促进世界和平的有效方式。北京作为国际交往中心，已经与世界上50多个城市建立了友好城市的关系。

（六）孔子学院

孔子学院是中外合作建立的非营利性教育机构，旨在促进中文传播，加深世界人民对中国语言文化的了解，增进国际理解。2004年第一所孔子学院在韩国首尔成立，迄今全球已建立了500多所孔子学院和1100多个孔子课堂。孔子学院的主要工作包括：开展中文教学；培训中文教师，提供中文教学资源；开展中文考试和国际中文教师资格认证；提供中国教育、文化、商贸等方面的信息咨询；开展中外语言文化交流活动等。孔子学院是世界人民了解和理解中国的窗口，是中外人文教育交流的平台。

（七）文明交流互鉴

"文明交流互鉴"是中国国家主席习近平2014年在联合国教科文组织会议上首次提出的文化交流理念，其核心内涵是文化之间没有高低贵贱之分，任何文化都不应该有优越感。文明交流互鉴的原则是互相尊重、平等对待，坚持美人之美、美美与共。中国希望加强与世界上不同国家、不同民族、不同文化的交流互鉴，文明交流互鉴是建设人类命运共同体的人文基础。

（八）人类命运共同体

"人类命运共同体"是中国政府提出的全球价值观，旨在追求本国利益时兼顾他国合理关切，在谋求本国发展中促进各国共同发展。其核心内容包括：（1）坚持对话协商，建设一个持久和平的世界；（2）坚持共建共享，建设一个普遍安全的世界；（3）坚持合作共赢，建设一个共同繁荣的世界；（4）坚持交流互鉴，建设一个开放包容的世界；（5）坚持绿色低碳，建设一个清洁美丽的世界。

二、文化教学参考

对外关系（中学）

教学目标：

1. 了解中国外交概况和特点。

2. 了解和理解中国外交五项基本原则的内容和意义。

3. 了解和理解中国在联合国的地位和作用。

4. 了解和理解中外民间友好交往的特点和意义。

关键词：

外交关系 // 联合国安理会常任理事国 / 国际组织 / 友好城市 / 人文交流

讨论题举例：

1. 中国与你们国家有什么样的外交关系？有哪些重要事件？（国家领导人的互访、签订外交方面的条约等）

2. 中国外交的五项基本原则是什么？你们国家有什么外交原则？与中国五项基本原则在内容方面有什么异同？

3. 中国在联合国的地位和角色是什么？中国在国际事务中做了什么工作？你希望中国在联合国发挥什么样的作用？

4. 你们国家哪个城市和中国哪个城市是友好城市关系？友好城市之间有什么

交往的重要事件？请举例说明一下。

5. 你们国家民众对中国的感知和印象是什么？产生这些印象的原因是什么？

教学活动举例：

1. 故事分享：在小组中分享你们国家民众与中国人友好交往的故事，或者分享你和你周围的人学习中文和中国文化的经历和故事。

2. 角色扮演：模拟联合国。学生代表中国、美国或者其他国家，以"全世界如何应对全球变暖所带来的危害和挑战"为题发表演讲，指出每个国家的承诺是什么和全世界合作的建议是什么。

3. 课堂采访：如果你出国旅游、留学、工作或生活，你会选择去中国吗？理由是什么？

4. 项目与演讲：

（1）中国与你们国家的外交关系和民间交往。

（2）你与中国的故事。

5. 课外活动：

（1）采访中国人：你最关心的国际关系和世界议题是什么？为什么？

（2）采访自己国家的人：你最关心的关于中国的消息是什么？为什么？

对外关系（大学及成人）

教学目标：

1. 了解中国与世界各国关系的特点及对世界的影响。
2. 理解中国的外交原则和外交政策。
3. 理解中外交流的理念、现状和未来方向。
4. 理解民心相通和文化交流的意义和实际行动。

关键词：

中美关系 / 中国与邻国的关系 / 和平共处五项原则 / "一个中国"原则 / 人类

命运共同体 / 文明交流互鉴 // 孔子学院 / 来华留学 / 出国留学

讨论题举例：

1. 中国和美国的关系有什么特点？中美关系对世界和你们国家有什么影响？

2. 中国与主要邻国如俄罗斯、日本、韩国和东南亚国家的关系有什么特点？这些特点背后的原因是什么？

3. 在全球化时代，中国提出"人类命运共同体"的全球价值观有何意义？

4. 你最关心的世界性问题是什么？为什么？

5. 各国人民之间的交往对促进世界和平有什么作用？你认为青年人在促进民心相通方面应该做些什么？

教学活动举例：

1. 经历分享：分享你们国家年轻人出国留学方面的情况和态度，或者你在孔子学院学习中文的经历和感想。

2. 专题讨论：青年一代应该做什么来促进世界和平和繁荣？你的建议或解决方案是什么？

3. 分组辩论：联合国是否在国际事务中发挥了重要作用？存在的问题和未来方向是什么？

4. 项目与演讲：

　　（1）中美关系的特点以及对世界的影响。

　　（2）联合国在未来国际事务中的作用和改革。

5. 课外活动：采访中国人和自己国家的人，了解他们眼中中国的发展和强盛对世界的影响是什么。

《国际中文教育用中国文化和国情教学参考框架》的教学案例

教案一：中国珍稀动物

教学对象：小学生（中文初级水平）

教学目标：

1. 了解中国珍稀动物的特点和栖息地。

2. 了解并描述自己国家的动物的特点和栖息地。

3. 学会描述动物颜色的词语和形容动物的词语。

4. 学会如何描述动物的特点和表达喜爱。

教学时长：80分钟（两节课）

教学材料：

1. 中国地图。

2. 学生所在国地图。

3. 熊猫、金丝猴、藏羚羊等中国珍稀动物的图片。

4. 学生自备喜欢的小动物的玩具或图片。

教学步骤：

第一节课

1. 热身活动：头脑风暴（5分钟）

教师展示熊猫等动物玩具和中国地图，用学生母语提问学生喜欢什么动物，让他们猜一猜熊猫可能生活在中国什么地方。

2. 教师介绍中国珍稀动物（10分钟）

（1）教师展示中国的珍稀动物如熊猫、金丝猴和藏羚羊等的图片，用学生的母语讲解这些动物的生活习性、名字来历。

（2）从中国地图上找出动物栖息地的位置，并把动物图片贴上去。

（3）学生用母语介绍自己国家的珍稀动物，并在本国地图上指出栖息地的位置。

3. 语言学习：学习动物相关的生词和句式（15分钟）

（1）学习描述动物颜色的词语，如"黑色、白色、金色"等。

（2）学习形容动物的词语，如"可爱、漂亮"等。

（3）学习描述动物的特点和表达喜爱的句式：……是+颜色词；……很+形容词；我喜欢……。

4. 语言练习：（10分钟）

（1）教师把带有拼音和汉字的大熊猫、金丝猴、藏羚羊图片贴在黑板上，全班练习新学的生词和句式。

（2）学生两人一组，介绍自己喜爱的小动物的玩具或图片。

第二节课

1. 复习上节课学过的内容。（5分钟）

2. 教师说学生做（15分钟）

教师提问时，学生挑出有拼音的生词卡片或图片，回答并做出模拟动作。学生回答时，教师注意纠正语音和语法的错误。

（1）大熊猫是什么颜色？什么样子？喜欢吃什么？喜欢做什么？

（2）（图片中）你最喜欢哪个动物？什么颜色？什么样子？

（3）你们国家最可爱的动物是什么？什么颜色？什么样子？你为什么喜欢？

（4）介绍一下你带来的动物玩具或图片。

3. 画画比赛（15分钟）

（1）每个小组挑选一个最喜欢的中国的或自己国家的动物，画一幅图并涂上喜欢的颜色。

（2）小组绘画作品展示，并用中文描述所画动物的特点。全班投票选出最佳图画。

4. 教师总结并留作业（5分钟）

5. 课外活动

以小组为单位，举办以"我的动物朋友"为主题的贴画比赛。从网上搜集动物图片，打印后贴在教师印发的中国地图或学生本国地图上，下次上课介绍给其他学生。

教学解读：

1. 本课以中国珍稀动物为主题，教学目标是让学生了解中国代表性的珍稀动物及其特点和栖息地，理解动物特点与地理环境之间的关系，并关联学生所在国家的珍稀动物。动物这一文化主题有趣易懂，特别适合小学生的认知特点和知识背景，有助于激发他们学习中国文化的热情和动机。

2. 本课采用了图片和玩具展示、师生问答、地图定位、模拟动作、动物绘画涂色、贴画比赛等多样化教学活动。这些活动具有很强的参与性、体验性、互动性、趣味性，满足了儿童多元智能发展的需求。

3. 本课将文化教学与语言教学相结合。学生学习中文的动物名称、颜色词、形容词和句式"……是（+颜色词）的""……很+形容词""我很喜欢……"等，以描述动物的特点和表达对动物的喜爱。同时，教师在关注意义的问答中，自然地纠正他们在语音、词汇和句法方面的错误。

4. 针对小学生而且是中文初级阶段的文化教学，适当使用学生的母语或媒介语解释和回答一些文化问题是必要的。这样可以确保学生获得可理解性的输入和产生有意义的语言输出，同时更好地理解中国文化的特点和内涵。

教案二：中国的家庭

教学对象：小学生（中文初级水平）

语言教学目标：

1. 学会亲属称谓、宠物等相关词语的含义和用法。

2. 学会简单的动词主谓句和特殊疑问句的含义和用法。

3. 学会量词"口"和"只""个"的区别和用法。

4. 学会使用词语和句式描述和询问家庭成员和宠物。

文化教学目标：

1. 了解中外家庭成员关系的特点。

2. 理解中国家庭尊老爱幼的特点和观念。

3. 理解中外家庭对宠物态度的异同。

教学时长：80分钟（两节课）

教学材料：

1. 课文《你家有几口人？》。

2. 家庭成员的照片。

3. 家庭宠物的照片或图片。

4. 课堂活动任务单。

> **你家有几口人？**
>
> 王老师：这是你们家的照片吗？
>
> 小　明：是的。
>
> 王老师：你们家有几口人？
>
> 玛　丽：我们家有五口人。这是我外婆、妈妈、两个哥哥和我。
>
> 王老师：你们家呢？
>
> 小　明：我们家有四口人，这是我爸爸、妈妈、我和妹妹。
>
> 王老师：你们家有狗吗？
>
> 玛　丽：我们家有一只狗，两只猫。
>
> 小　明：我们家没有狗。
>
> 王老师：你们觉得狗是家人吗？
>
> 玛　丽：是的。
>
> 小　明：狗不是家人，可是我喜欢狗。

教学步骤：

第一节课

1. 热身活动（5分钟）

教师把"家"的汉字和拼音写在黑板上，用学生的母语提问学生，当他们想到"家"时，他们会想到谁、想到什么。教师把学生用母语说出的词语写成汉字和拼音，并进行解释。目的是激活学生已有的知识，导入"家庭"的主题。

2. 生词学习（15分钟）

（1）教师展示一张家庭合影的照片，介绍自己的家庭成员并教授亲属称谓词，同时把"爸爸、妈妈、哥哥、姐姐、弟弟、妹妹、爷爷、奶奶、外公、外婆"等生词和拼音写在黑板上。

（2）教师领读生词，学生齐读、单读，教师注意纠音。

（3）教师展示宠物的照片或图片，教授"狗、猫、只"等生词，并解释"口"与"只""个"的区别。

3. 句式学习（10分钟）

（1）"有"字句

（2）用"几"提问

4. 看图说话（10分钟）

使用以上所学的生词和句式描述自己家照片上的家庭成员和宠物。

第二节课

1. 课文学习（15分钟）

（1）教师领读课文，学生齐读课文、分角色朗读课文，教师纠音。

（2）根据课文，提问以下问题，尽量用所学的生词和句式来回答。

①玛丽家有几口人？他们是谁？

②小明家有几口人？他们是谁？

③外婆是爸爸的妈妈吗？爸爸的妈妈叫什么？

④玛丽家有狗吗？有几只狗？

⑤小明家有狗吗？他喜欢狗吗？

⑥玛丽和小明觉得狗是家人吗？你的想法是什么？

2. 双人活动：课堂采访（10分钟）

学生就各自的家庭情况进行采访，把采访的结果填在任务单中。信息填写可以用汉字、拼音或母语，要求在采访中尽量使用学过的词语和句式。

采访问题	回答
1. 你家有几口人？他们是谁？	
2. 你有哥哥/姐姐吗？叫什么名字？你叫他们什么？	
3. 你家有狗或猫吗？有几只？你觉得狗和猫是家人吗？	
备选词语： 爸爸、妈妈、哥哥、姐姐、弟弟、妹妹、叫……名字、狗、猫、口、只 备选句式： 1. 我家有……人，他们是…… 2. 我的哥哥/姐姐叫……，我叫他/她…… 3. 我家有……只……，我觉得它是/不是家人。	

3. 全班活动（10分钟）

让学生介绍他/她采访的同伴的家庭情况，然后教师询问被采访者这些信息是否准确。教师对学生的发言进行评价和语言反馈。

4. 教师总结并留作业。（5分钟）

5. 课外活动：用中文采访中国或华人学生：

（1）你家有几口人？

（2）你家有没有宠物？你喜欢什么宠物？

教学解读：

1. 本课的文化教学内容是"家庭"，包括中文亲属称谓的特点，兄弟姐妹的称呼，中国家庭长幼有序、尊老爱幼的观念，中外对宠物的观念和态度等文化因素。这些文化点又具体又简单，与学生的生活息息相关，适合小学生认知特点。课文内容和教学活动都有跨文化的对照和关联，有利于提高学生的跨文化意识。

2. 本课的内容不是通过教师讲解来呈现，而是通过师生互动和学生间互动来完成，而非常单纯依靠教师讲解。具体的教学活动包括照片和图片展示、师生问答、看图说话、课堂采访等。其中看图说话和课堂采访的教学活动适合小学生的认知水平和动觉学习的特点，贯彻了"做中学"的原则，提高了学生的参与度，也增强了他们学习语言和文化的兴趣。

3. 本课实现了语言教学与文化教学的有机结合。在词语学习、课文理解和课堂练习活动的各个环节，文化因素自然地融入学习过程。例如，在词语学习环节，学生了解中文亲属称谓的特点及其所体现的家庭关系；在师生问答中，讨论中外家庭结构、亲属称谓规则、对宠物的态度等；在采访活动中，描述并关联自己家庭的特点和对宠物的态度等。无论是师生问答还是学生活动，始终使用所学词语和句式进行交流。另外，教师在关注意义交流的对话中融入纠错反馈、语言规则提示、文化点的提示等，体现了语言教学与文化教学的自然融合。

4. 对本课教学的两点建议：（1）对于初级中文水平的学生，在互动交流中遇到理解和表达障碍时，教师可以适当使用学生的母语或媒介语解释语言关键词和文化要点，帮助学生理解中国文化的特点和内涵；（2）若有学生认为家庭话题涉及个人隐私，不愿意在他人面前谈论自己的家庭，教师应尊重他们的选择，避免追问或强迫回答。

教案三：中国茶文化

教学对象： 中学生（中文中级水平）

教学目标：

1. 学习茶文化相关的词语。

2. 学习描述中国茶馆特点的句式及用法。

3. 了解中国各地茶馆的特点、习俗和体现的文化观念。

4. 比较中外茶馆和咖啡馆习俗的异同。

教学时长： 90分钟（两节课）

教学材料：

1. 课文《入乡随俗》。

2. 中国各地茶馆的图片或视频。

3. 学生活动的任务单。

课文

《入乡随俗》

服务员：几位来点儿什么？

陆雨平：来一壶茶，再来一些点心。

服务员：好的，请稍等。

> 陆雨平：这就是我常说的老茶馆。今天我把你们带到茶馆来，你们可以了解一下我们这儿的风俗。
>
> 马大为：茶馆里人不少，真热闹。
>
> 林　娜：他们说话的声音太大了。
>
> 服务员：茶——来——了！您几位请慢用。
>
> 马大为：我们正在说声音大，这位服务员的声音更大。
>
> 王小云：茶馆就是最热闹的地方，有的人还把舞台搬进茶馆来了，在茶馆里唱戏，比这儿还热闹呢。
>
> 林　娜：我觉得，在公共场所说话的声音应该小一点儿。来中国以后，我发现在不少饭馆、商店或者车站，人们说话的声音都很大。说实在的，我真有点儿不习惯。
>
> 王小云：到茶馆来的人都喜欢热闹。大家一边喝茶，一边聊天儿，聊得高兴的时候，说话的声音就会越来越大。喜欢安静的人不会到茶馆来。他们常常到别的地方去，比如去咖啡馆。
>
> 陆雨平：林娜说得对。在公共场所，有的人说话的声音太大了。
>
> 王小云：我想在这儿聊一会儿天儿，可是你们都觉得这儿太闹。好，咱们走吧。前边有一个公园，那儿人不多。咱们到那个公园去散散步。
>
> 马大为：好的，咱们一边散步，一边聊天儿。

教学步骤：

第一节课

1. 热身问题（5分钟）

（1）你去过中国的茶馆吗？

（2）你去过什么地方的中国茶馆？有什么特点？

（3）你知道这是中国什么地方的茶馆吗？你有什么印象？

2. 学习新词语（10分钟）

在语境中讲练生词"点心、茶馆、习俗、热闹、舞台、唱戏、公共场所、说话声音、安静、习惯、咖啡馆"等。

3. 语义联想图（5分钟）

让学生把与中国茶馆特点相联系的词语写在下图中，并对词语进行归类。

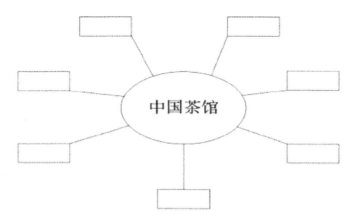

4. 学习新句式（15分钟）

（1）一边……一边……

　　例句：大家一边喝茶，一边聊天儿。

（2）比较句：……最＋形容词

　　例句：茶馆就是最热闹的地方。

（3）比较句：……更/还＋形容词

　　例句：这位服务员的声音更大。

5. 看图描述（10分钟）

展示中国北京、成都、苏州、广州等地的茶馆或茶楼的图片，让学生用"一边……一边……"描述人们在茶馆里做什么。

例句：在北京老茶馆里，人们一边看戏，一边聊天儿。

第二节课

1. 课文学习（20分钟）

（1）教师领读、学生分角色朗读课文，教师纠正发音。

（2）根据课文，提问以下问题，尽量用所学的生词和句式来回答。

① 北京老茶馆里人们在做什么？（一边……一边……）

② 北京老茶馆有哪些特点？（热闹、说话声音大）

③ 茶馆的服务员为什么会说"请慢用"？这反映了茶馆的什么特点？

④ 林娜对中国茶馆哪些方面不适应？她的想法是什么？（公共场所、说话声音）

⑤ 王小云如何解释中国茶馆里人们说话声音大的？你同意吗？

⑥ 王小云认为什么地方比较安静？你同意吗？（咖啡馆、安静）

⑦ 在你们国家的茶馆或咖啡馆中，人们说话的声音大吗？与中国茶馆有什么不同？

⑧ 中国现在的茶馆是什么样的？与旧时的茶馆有什么变化？

2. 小组活动（10分钟）

比较中国茶馆与自己国家的茶馆或咖啡馆在环境、活动等方面的异同，讨论在哪些公共场所不应该大声喧闹。

（备选词语：说话、声音、热闹、安静、闹；聊天儿、看戏、吃点心；

备选句式：一边……一边……；……最+形容词；……更/还+形容词）

3. 全班活动（10分钟）

小组代表汇报讨论结果，教师对学生的语言表达进行反馈和纠错。

4. 总结并布置作业（5分钟）

5. 课外作业

（1）观看电影《茶馆》，了解旧时代北京茶馆的特点，理解电影的主题。

（2）到中国茶馆或者当地华人华侨的茶楼进行实地考察，了解当代中国茶馆的特点。

教学解读：

1. 本课的文化内容主要是中国茶文化中的茶馆特点和习俗。课文描述了北京老茶馆的特点，并由教师补充介绍了中国各地茶馆的习俗。学生不仅了解了中国茶馆在环境、习俗等方面的主要特点，还了解了中国各地茶馆习俗的多样性。通过比较中外茶馆或咖啡馆在环境和习俗方面的异同，深化了学生对中国茶文化的理解，也提高了跨文化意识。通过讨论哪些公共场所不宜大声说话的问题，消除了外国人认为中国茶馆太闹、说话声音太大的负面印象。这些内容的学习和讨论实现了文化知识、文化理解、跨文化意识和文化态度等四个维度的教学目标。

2. 在教学方式方面，本课改变了传统语言课堂仅通过课文和补充文化知识材料呈现文化特点的方式，转而通过师生互动和生生互动实现文化教学的过程化。学生通过课堂讨论、看图说话、比较异同等教学活动获得文化知识、提高文化理解力、培养跨文化意识和积极的文化态度，同时完成描述、解释、比较和评价文化的技能训练，体现了文化教学新模式的特点。

3. 本课是语言课堂中的文化教学，学生运用所学的词语和句式来描述中国茶馆的特点和多样性、比较中外茶馆和咖啡馆的异同、评价中国茶馆的特点和表达自己的态度，真正实现了结构—功能—文化的结合。

教案四：教育家孔子

教学对象：中学生（中文中级水平）

教学目标：

1. 了解孔子作为教育家的故事和在中国历史上的地位。

2. 理解孔子关于教育的主要语录和思想。

3. 理解孔子的教育思想对中国教育的影响和意义。

4. 比较孔子教育思想与其他国家教育思想的异同。

教学时长：90分钟（两节课）

教学材料：

1. 孔子和《论语》的图片、视频。

2. 《论语》中关于教育的语录和故事。

3. 《闻斯行诸》原文及译文。

4. 孔子学院在全球的分布图。

5. 其他人对孔子的评价。

课文

【原文】

　　子路问："闻斯行诸？"子曰："有父兄在，如之何其闻斯行之？"

　　冉有问："闻斯行诸？"子曰："闻斯行之。"

　　公西华曰："由也问'闻斯行诸'，子曰'有父兄在'；求也问'闻斯行

诸',子曰'闻斯行之'。赤也惑,敢问。"子曰:"求也退,故进之;由也兼人,故退之。"(《论语·先进》)

【译文】

(公西华陪着先生孔子在房中闲坐)

子路问:"听到了什么马上就去做吗?"孔子说:"你父亲和兄长还健在,怎么能听到就马上去做呢?"

冉有问:"听到了什么马上就去做吗?"孔子说:"听到了就马上去做。"

公西华问:"子路问'听到了什么马上就去做吗?',您说'父亲和兄长还健在';冉有问'听到了什么马上就去做吗?',您说'听到了就马上去做'。我不明白,斗胆想问问老师。"孔子说:"冉有做事畏缩,所以我鼓励他积极进取;子路好勇过人,所以我提醒他谦虚退让。"

教学步骤:

第一节课

1. 热身问题(5分钟)

(1)你知道孔子是谁吗?孔子是什么样的人?

(2)你知道孔子在教育方面的名言吗?

(3)你们国家有孔子学院吗?孔子学院主要做什么?

2. 教师讲解(10分钟)

教师用PPT简介孔子的生平、思想和地位,PPT上有孔子的图片、《孔子》视频(《Hello China 你好,中国》第3期)。重点讲解孔子作为教育家的思想和影响,解释《论语》中相关语录。

3. 全班讨论(10分钟)

(1)孔子是谁?生活在什么时期?他对中国为什么重要?

(2)孔子有哪些主要思想?

（3）孔子作为教育家的主要思想是什么？

（4）孔子哪些教育思想影响了中国的现代教育？举例说明。

（5）你知道《论语》这部书吗？你听说过其中哪些句子？是什么含义？

4. 小组学习（10分钟）

分发孔子关于教育方面的语录（中英文），学生讨论表达的主要意思是什么，并根据喜爱程度进行排序。

孔子的语录	主要含义	喜欢程度
1. 学而时习之，不亦说乎？		
2. 敏而好学，不耻下问。		
3. 学而不思则罔，思而不学则殆。		
4. 温故而知新，可以为师矣。		
5. 知之者不如好之者，好之者不如乐之者。		
6. 有教无类。		

5. 全班讨论（10分钟）

（1）小组分享讨论的结果，把排序的情况写在黑板上，大家选出最喜欢的语录。

（2）个人分享自己认为最具有现代意义的孔子语录，并联系自己国家的教育和个人学习情况说明理由。

第 二 节 课

1. 教师讲解（10分钟）

教师讲解孔子"因材施教"的故事。在讲解中介绍与故事相关的背景知识，并通过故事讲解启发学生思考孔子的教育理念（因材施教）、教育方式（循循善诱）以及师生关系等方面的内容。

2. 全班讨论（10分钟）

（1）孔子的三个学生性格有什么不同？

（2）你最喜欢哪个学生的性格？为什么？

（3）孔子对弟子的教育方式有什么特点？

（4）孔子与弟子的关系有什么特点？

（5）根据这个故事，你觉得孔子是一个什么样的人？请用三个形容词来描述。

（6）你们国家著名的教育家是谁？他/她的教育思想与孔子有什么不同？

3. 情景模拟（10分钟）

3—4个人一组，根据这两节课学到的孔子教育思想，编写一段你们与孔子谈论学习或教育问题的对话，每个角色至少两句话。

4. 全班活动（10分钟）

让准备好的学生在全班表演与孔子的对话，师生对角色扮演的情况进行点评。

5. 总结并布置作业（5分钟）

6. 课外活动：采访中国人：

（1）你觉得孔子的哪些教育思想对你的学习和教育有影响？

（2）你最喜欢哪些孔子的教育语录？为什么？

教学解读：

1. 本课的文化主题是孔子和孔子的教学思想。孔子是中国文化的代表人物，他的思想对中国文化和世界文明都具有重要价值和意义。本教案主要针对中学生的认知特点和背景知识，选取孔子作为教育家的内容，主要讨论孔子的主要教育思想和对中国现代教育的影响，并联系当代海外孔子学院与孔子的关系。将孔子的教育思想与学生的教育经历产生联系，有助于提高学生的学习兴趣和教育理念方面的跨文化意识。

2. 在文化教学方式方面，本课采用了过程化教学。学习孔子的生平和教育思想是通过教师讲解、师生讨论、学生互动完成的。教学过程中采用了多媒体展示、师生讨论、讲故事、语言分析、角色扮演等多种教学活动，强调以学生为中心、以教师为主导的原则，以及文化教学过程体验性、互动性和任务型的特点。

3. 本课内容适合文化知识课程或者文化专题讲座，既可以用中文作为教学语言来实施,也可以用学生的母语或其他媒介语来实施。如果将这个文化教学内容作为语言课的文化话题,学生的中文水平应为中级以上。教师应该根据学生的中文水平选择《论语》的语录和编写孔子有关教育的故事,另外增加词语和句式的讲练,或者进行阅读理解练习,以体现语言教学与文化教学的结合。

教案五：中国脱贫减贫的故事

教学对象：大学及成人（中文高级水平）

教学目标：

1. 了解中国脱贫减贫的历史背景和主要内容。

2. 了解中国脱贫减贫给中国普通民众带来的影响。

3. 理解中国脱贫减贫所取得的成就和未来面临的挑战。

4. 理解脱贫减贫的"中国方案"对世界的意义。

教学时长：100分钟（两节课）

教学材料：

1. 中国贫困地区的分布图和变化图。

2. 中国脱贫攻坚的图片、数据图表、大事记、新闻报道等。

3. 纪录片《走近大凉山》（竹内亮导演）。

4. 国外媒体对中国脱贫事业的报道和评价。

教学步骤：

第一节课

1. 热身问题（5分钟）

（1）你们国家有贫困人口吗？比例大约是多少？

（2）你知道二十世纪八九十年代中国贫困人口有多少吗？他们主要生活在中国哪些地区？

（3）你知道哪些关于中国脱贫事业的信息或故事？从哪里知道的？

2. 讲解与演示（15分钟）

教师用PPT（包括图片、图表、大事记、新闻报道等）讲解中国脱贫减贫的背景、举措、成就以及对中国和世界的意义等。

3. 阅读新闻报道：一个脱贫致富的故事（10分钟）

教师解释主要的生词和句式，学生进行阅读理解练习，并提问相关问题。

4. 课堂讨论（15分钟）

（1）中国什么时候开始实施脱贫方针的？当时的背景是什么？

（2）中国采取了哪些脱贫的举措？取得了哪些成就？

（3）你们国家的贫困问题有什么特点？政府采取了哪些举措？效果如何？

（4）中国脱贫事业对普通民众的影响是什么？

（5）中国的脱贫对世界和你们国家有启发和借鉴意义吗？

（6）你认为中国和世界今后的脱贫减贫事业面临的挑战是什么？应该如何应对？

5. 总结和布置作业（5分钟）

观看纪录片《走近大凉山》，网上搜索相关信息，准备第二节课上讨论。

第 二 节 课

1. 热身活动（5分钟）

教师提问关于《走近大凉山》内容的问题，展示图片、视频片段等，激活学生的信息储备，引入新的话题。

2. 课堂讨论（20分钟）

（1）大凉山在哪儿？有什么特点？

（2）大凉山彝族村民的生活状况怎么样？他们的行为习俗有什么特点？有什么梦想和困难？

（3）大凉山脱贫过程中政府做了哪些工作？取得了什么效果？

（4）两位支教老师是如何看待支教工作的？教育与脱贫的关系是什么？

（5）大凉山脱贫遇到的挑战是什么？你对此有什么建议？

（6）纪录片让你印象最深刻和最感动的部分是什么？为什么？

（7）这个纪录片改变了你对中国的原有认知和态度吗？

在师生讨论中，教师解释、澄清学生对中国脱贫特点的疑问，并纠正语言错误。

3. 小组讨论（10分钟）

以下哪些中国脱贫的举措对你们国家来说是可行的方案？请按照重要性进行排列。

中国的脱贫举措	可行的方案
1. 基础设施建设	1.
2. 教育扶贫或支教	2.
3. 发展旅游	3.
4. 农业技术扶贫	4.
5. 村民住房搬迁	5.
6. 再就业培训	6.

4. 全班活动（10分钟）

（1）每个小组代表汇报讨论的结果并阐述理由，教师在黑板上列出每个组的前三个选项。

（2）全班投票选出中国最有成效或最具有借鉴意义的脱贫举措，教师公布投票结果。

5. 总结并布置作业（5分钟）

（1）采访有农村背景的中国人：中国脱贫事业对你的家庭或者你周围的人有什么样的影响？对未来有什么期望和建议？

（2）用中文写一篇200字的作文："《走近大凉山》观后感"或者"全球减贫的中国方案"。

《国际中文教育用中国文化和国情教学参考框架》应用解读本

教学解读：

1. 本课的文化主题聚焦于中国社会减贫脱贫的故事，特别通过客观的数据和真实的报道来展示中国脱贫的实绩和"以人为本"的理念。另外，通过比较中国和其他国家在减贫事业的背景、举措、成果、挑战等方面的异同，凸显全球减贫事业中"中国方案"的特点和成效，从而提升学生的跨文化意识和对学习中国文化的兴趣。

2. 在教学方法方面，体现了文化教学过程化和学生"做中学"的特点。通过师生之间、学生之间的讨论，提高了学生文化学习的参与度和自主性。另外，把课堂教学与课外实践相结合。课上学习与搜索网络、观看纪录片、课后采访、写作结合起来，使学生更广泛地接触真实的生活，避免过度概括，同时培养独立学习和分析解决问题的能力。

3. 体现了语言教学与文化教学相结合。中国脱贫的主题或话题既可以在以中文为教学语言的文化课或讲座中实施，也可以在中文高级水平的听说课或者综合课中进行。无论是哪种课程类型，都体现了文化内容的学习、讨论与语言听说读写综合技能训练的结合。本课中看纪录片、阅读、小组讨论、采访和写作等教学活动，也是在提高学生综合语言能力。

教案六：中国画与中国文化

教学对象：大学及成人（中文高级水平）

教学目标：

1. 学习与中国画相关的词语。

2. 学习表达中国画艺术特点的句式及用法。

3. 了解中国画的特点和文化含义。

4. 比较中外绘画艺术及其文化内涵的异同。

教学时长：100分钟（两节课）

教学材料：

1. 课文《怎样欣赏中国水墨画》。

2. 中国画图片。

3. 学生活动的任务单。

课文

怎样欣赏中国水墨画

中国水墨画是世界上很独特的画种。它不用或少用色彩，一般只用浓淡不同的黑色墨水，在白色的纸上作画。水墨画在中国画中的地位，就好像油画在西方绘画中的地位。它是中国画的典型形象，也是最能代表中国艺术精神的形式之一。

中国为什么会出现水墨画，显然有技术材料和艺术传统方面的原因。中国造纸技术发达，纸的质感和渗透性是水墨画出现的基础，同时中国书法的创作方式对水墨画有直接的影响，但更主要的原因来自观念方面。

其实，中国画自古是很重视色彩的，所以中国画也叫做"丹青"。唐朝以后，中国画受到道家思想的影响，开始崇尚水墨的"黑白世界"。对于中国人来说，水墨不是完全没有颜色，而是没有丰富多样的颜色，就像"道"一样朴素，是最自然、最根本的颜色，能包含所有的颜色。因此，在中国人看来，水墨不仅能表现出色彩的感觉，还能表现出色彩无法传达的内容，比如对精神境界的追求。

欣赏一幅中国水墨画，你或许会发现，画里无论风景还是花草都不太像是真实世界的，因为不仅颜色，就是比例或者视角也不合理，似乎不符合科学。如果你看出来了这些，那恭喜，你发现了真相！实际上，中国画画的是想象中的空间和事物，为的是表现一种人的精神境界。这就是中国画，特别是水墨画的美。

教学步骤：

第一节课

1. 热身问题（5分钟）

（1）你喜欢画画吗？喜欢什么样的绘画作品？为什么？

（2）你看过中国传统绘画作品吗？在哪儿看到的？是什么内容？

（3）你对中国传统绘画有什么印象？

2. 学习新词语（10分钟）

讲练新词语"水墨、独特、浓淡、典型、质感、渗透性、创作、丹青、崇尚、朴素、传达、比例、视角、真相"等。

3. 语义联想（10分钟）

把提到中国传统绘画时想到的词语写在黑板上，并对词语进行归类。如：

颜色：黑、白、水墨、色彩简单/丰富、丹青、浓淡

工具：毛笔、墨、水、白纸（质感、渗透性）

主题：风景（山水）、植物（花、草、树）、动物（鸟、蝴蝶、鱼、虾）、人物

感受：漂亮、美、独特、朴素、精神世界

4. 学习新句式（15分钟）

（1）……是……之一

（2）为什么……显然有……方面的原因

（3）对……来说，……不是……而是……

（4）在……看来，……不仅……而且……，比如……

5. 看图说画（10分钟）

展示文房四宝的图片，学生用所学的词语和句式描述图片上是什么，与中国画有什么关系。

第二节课

1. 课文学习（15分钟）

（1）学生分段朗读课文，教师纠正发音。

（2）根据课文提问，尽量用所学的词语和句式来回答。

① 水墨画是一种什么样的绘画？（不用或少用、浓淡、黑色墨水、白色的纸）

② 水墨画在中国画中的地位怎样？（……是……之一）

③ 中国出现水墨画有哪些方面的原因？其中最主要的原因是什么？（为什么……显然有……方面的原因）

④ 唐朝以后中国画发生了什么变化？怎么引起的？（重视、道家、崇尚）

⑤ 中国人认为水墨是一种什么样的颜色？跟"道"有什么关系？你怎么理解的？（朴素、自然、包含）

⑥ 中国人觉得水墨能表现出来什么？根据你的观察，你同意吗？（色彩、传达的内容、精神境界的追求）

⑦ 欣赏中国水墨山水画时，你发现了哪些特别的地方？画家为什么这么画？（颜色、比例、视角、真实）

2. 艺术欣赏（15分钟）

欣赏中国代表性绘画作品，如《富春江山居图》《清明上河图》、齐白石的虾、徐悲鸿的马等，让学生欣赏并描述这些作品的特点和观赏后的感受。教师将关键词写在黑板上，全班讨论归纳主要印象。

3. 小组活动（10分钟）

比较中国水墨画与西方油画在材料、色彩、构图、主题、绘画手法、艺术风格等方面的异同，理解中国水墨画的独特性。

4. 总结并布置作业（5分钟）

5. 课外作业：采访2—3位中国学生：

是否喜欢中国传统绘画？喜欢哪一种主题的？理由是什么？

教学解读：

1. 本课选择中国画作为教学主题，旨在让学生了解中国绘画艺术的特点，理解中国绘画所传达的文化内涵，并对比中外绘画艺术的异同，培养对中国文化的欣赏态度。本课的教学目标和内容侧重点遵循了《参考框架》文化教学的四个目标——文化知识、文化理解、跨文化意识、文化态度。

2. 本课展现了文化教学过程化的特点。本课没有采用传统的教师讲解中国绘画知识的方式，而是通过课文阅读、课堂讨论、看图说话、艺术欣赏、小组活动等教学活动，让学习者参与到文化教学过程中。通过描述、解释、比较、表达感受等活动，学习者能够了解中国绘画艺术的特点，理解中国艺术的内涵与观念，培养对中外绘画艺术异同的敏感性以及对中国艺术理解和欣赏态度。这种教学模式体现了以学习者为中心、教师为主导的原则，提升了学习者的文化学习能力和内在动力。

3. 本课还体现了文化教学与语言教学相结合的模式。本课是以文化为话题的高级水平的语言课。本课内容涉及了绘画相关的词语、语篇表达的句式的学习，课堂活动如看图说话、师生问答、艺术欣赏、文化比较等，又要求学习者尽可能使用所学词语和句式进行表达，体现了结构—功能—文化的结合。此外，这些以文化为话题的讨论增加了学习者的意义协商、语言产出和调整，促进了中文语言的习得。在描述、解释、比较、评价中国绘画的过程中，学习者的阅读能力、听力和口语表达能力也得到了锻炼。